L'ISLAMISME, UNE RÉVOLUTION AVORTÉE ?

DU MÊME AUTEUR

Guerres secrètes au Liban, Gallimard, 1987. (coauteur)

ANTOINE BASBOUS

L'ISLAMISME, UNE RÉVOLUTION AVORTÉE ?

Préface d'André Fontaine

HACHETTE
Littératures

PRÉFACE

Trame serrée, sans digression ni recherche d'effet, abondance et exhaustivité de la documentation, tirée d'une lecture extrêmement vigilante de tout ce qui a pu paraître sur le sujet traité, notamment dans la presse arabe, ainsi que de nombreux entretiens avec des acteurs et observateurs des développements analysés, le livre qu'on va lire présente à bien des égards toutes les qualités d'une bonne thèse. On ne s'étonne pas qu'Antoine Basbous, qui l'a écrit, ait obtenu les félicitations du jury pour celle, consacrée au Liban et à son voisinage, dont il a été le coauteur en 1986.

Il s'agit cette fois de l'islamisme. Le mot a changé de sens depuis le temps où Littré le définissait comme « la religion de Mahomet », sans cacher l'admiration qu'elle lui inspirait, puisqu'il l'assortissait de cette citation de Voltaire : « Ce ne fut point par les armes que l'islamisme s'établit dans plus de la moitié de notre hémisphère, ce fut par l'enthousiasme, par la persuasion. » Il va de soi que ce n'est pas de cet islamisme-là dont il est question sous la plume de notre ami, mais de celui qui, depuis plus de vingt ans, prêche la stricte observance de l'enseignement du Prophète, sans hésiter à faire abondamment couler le sang à cette fin en de nombreux endroits.

C'est peu dire que, d'une manière générale, l'opinion occidentale a de la peine à s'y retrouver. Jour après jour, elle apprend que l'Elysée et Matignon divergent sur la nature des actes commis par les « Fous de Dieu » du *Hezbollah*, que des touristes ont été abattus en Egypte, que des guérilleros ont massacré la population d'un village de la banlieue d'Alger, que des kamikazes d'un nouveau genre se sont fait sauter avec leur voiture piégée. Elle se demande s'il existe un lien, et lequel, entre toutes ces manifestations de violence, et comment on pourrait bien y mettre fin une fois pour toutes.

Antoine Basbous serait sans doute le dernier à prétendre répondre à toutes les questions que l'on peut se poser. Il n'empêche qu'on a le sentiment, après la lecture de son livre, d'y voir infiniment plus clair. Car il ne se lasse pas d'expliquer, en se mettant constamment à la place de son public, à la différence de trop d'experts qui paraissent n'écrire que pour d'autres experts. A ce Franco-Libanais, très engagé jadis aux côtés des chrétiens les plus déterminés du pays du Cèdre, on saura également gré de ne manifester aucune trace de cet esprit de vengeance qui a tant de fois ensanglanté les rives de la Méditerranée ou du Golfe, lorsqu'il s'interroge sur les motivations de ceux qui, sans s'inquiéter de la souffrance que répandent leurs actes, ont choisi de tuer.

Sur ces motivations, on n'a que l'embarras du choix : l'humiliation née de la colonisation, puis de la création de l'Etat d'Israël et de ses victoires dans tant de domaines, la corruption de trop de régimes arabes, l'effroyable misère qui frappe les populations de beaucoup d'entre eux. D'où la croyance dans la nécessité d'un retour aux règles de l'Islam, à laquelle le wahhabisme, que Poutine accuse les Tchétchènes de pratiquer, fournit sa doctrine. Antoine Basbous nous montre qu'il s'agit d'une école théologique sunnite du XVIIIe siècle qui « récuse toute tentative d'interprétation des textes religieux par la pensée humaine » et prescrit un formalisme, notamment vestimentaire et liturgique, d'une extrême rigueur. Géré, dans son « Vatican » du Najd, par une direction collégiale, constituant, avec la dynastie des Saoud, l'un des deux piliers du royaume d'Arabie, il dispose de moyens financiers colossaux.

Oussama Bin Laden, le milliardaire saoudien déchu de sa nationalité dont les Américains ont en vain tenté de détruire à coups de missile les repaires vrais ou supposés, avant d'offrir cinq millions de dollars à qui les aiderait à mettre la main sur lui, a été profondément marqué par le wahhabisme. Celui qu'un de ses compatriotes journalistes a appelé le « Che Guevara de l'islam » était jusqu'à présent pour nous un personnage très mystérieux : le portrait qu'en brosse Antoine Basbous l'éclaire parfaitement. De même fait-il la lumière sur ces « Afghans » — pas tous afghans, loin de là — que l'on retrouve aujourd'hui, entre autres, dans les maquis algériens : il s'agit de combattants recrutés dans divers pays arabes avec la bénédiction des Etats-Unis, pour aller prêter main-forte aux *moudjahedin* après l'entrée de l'Armée rouge en Afghanistan, et qui depuis la défaite de celle-ci sont engagés sur d'autres fronts du *djihad*, de la guerre sainte.

C'est dans les derniers jours de 1979 que Brejnev, après avoir beaucoup hésité, s'est décidé à donner à ses troupes l'ordre d'intervenir : il s'agissait essentiellement à ses yeux de sauver le régime communiste installé à Kaboul par le coup d'Etat d'avril 1978, et que menaçait une guérilla islamiste dont le succès aurait pu avoir un effet de contagion sur les républiques musulmanes soviétiques d'Asie centrale. Il ne se doutait pas que l'URSS allait trouver là son Vietnam et qu'elle signait ainsi son arrêt de mort. Survenant quelques mois après l'avènement à Téhéran de l'imam Khomeiny, l'invasion de l'Afghanistan contribue donc à faire de 1979, comme le souligne justement Antoine Basbous, une année charnière, et pas seulement pour cette partie du monde. Pendant quelques années en effet c'est là, et au Liban, que vont s'écrire des pages essentielles du duel soviéto-américain. L'auteur montre bien comment, en soutenant les *moudjahedin*, les Etats-Unis ont nourri une force qui allait bientôt se retourner contre eux, trouvant un encouragement considérable dans le fait qu'elle a réussi à obliger les deux superpuissances, jusqu'alors réputées invincibles, à se retirer l'une d'Afghanistan, l'autre de Beyrouth.

Qui trop embrasse mal étreint ; notre ami le sait bien qui n'est pas allé jusqu'à analyser les remous créés par l'islamisme dans des pays comme la Turquie, le Pakistan ou l'Indonésie. Il étudie à fond en revanche la situation de l'Arabie Saoudite, de l'Iran, de l'Algérie et de l'Egypte. Cette « révolution » est-elle « avortée », comme il se le demande dans le titre ? C'est difficilement discutable pour l'Iran, où la mollarchie a vécu la chute du chah comme le prélude d'une nouvelle révolution universelle et où le président Khatami s'emploie aujourd'hui à renouer avec le monde extérieur et à libéraliser en douceur la société. Mais le tableau que nous livre Antoine Basbous tant du royaume saoudien que du pays des pharaons révèle tant de lézardes qu'on se demande si leurs régimes, à défaut de réformes en profondeur que rien n'annonce vraiment, parviendront un jour à se tirer d'affaire. Reste l'Algérie, où Bouteflika a manifestement décidé de nous surprendre et sur laquelle ce livre contient toutes sortes de révélations passionnantes — notamment à propos de l'assassinat du président Boudiaf. Mais là aussi, le poids conjugué de la corruption des uns et du désespoir des autres ne peut manquer de se faire sentir longtemps encore.

Reste que toute révolution est condamnée qui n'atteint pas ses objectifs dans un délai relativement court, et que l'islamisme n'a marqué nulle part, en fin de compte, de succès décisifs. Il lui aura manqué une véritable unité de commandement, une stratégie claire et le soutien des masses. Même en Algérie, où il a remporté deux victoires électorales auxquelles l'armée a mis le holà, il a manifestement perdu la partie. Mais combien de temps faudra-t-il pour que la violence disparaisse pour de bon de ces terres qu'elle a tant éprouvées et que s'y établissent de véritables démocraties ?

André Fontaine
Le 6 mars 2000.

INTRODUCTION

D'Alger à Riyad en passant par Louxor, Jérusalem, Dar Es-Salam et Nairobi, une mouvance islamiste [1] a fait couler beaucoup d'encre tout au long de la décennie passée, avant que ses violences ne s'étendent à d'autres contrées. En Algérie, il s'agit de mener une guerre contre les dirigeants « impies [2] », des musulmans sunnites autochtones. Dans le Golfe, ce courant veut lutter contre les « profanateurs américains » qui « souillent » la Terre sainte de l'islam et apportent le soutien nécessaire à la dynastie des Saoud pour maintenir son règne sur les Lieux saints. En Egypte, la cible des islamistes est la *nomenklatura*, les touristes, ainsi que la minorité copte. En Israël, les partisans des mouvements islamistes du *Hamas* et du *Djihad islamique* se sont attaqués au processus de paix qu'ils jugent injuste et humiliant pour les musulmans.

La fièvre islamiste a débordé ses premières « terres de mission » afghanes, arabes et israéliennes. L'attentat contre le World Trade Center de New York, en février 1993, qui a fait six morts et un millier de blessés, a été le premier acte terroriste sur le continent américain, lié aux vétérans de la guerre d'Afghanistan. En août 1998, des islamistes ont frappé les ambassades américaines dans deux capitales d'Afrique de l'Est, faisant deux cent cinquante-

1. Islamiste : c'est la qualité du musulman qui va au-delà de la pratique religieuse et de la piété et qui fait du militantisme, voire du prosélytisme dans le but non dissimulé de conquérir le pouvoir politique. Dans l'usage courant, l'islamiste est un musulman radical qui prône ou pratique le recours aux armes, par opposition au musulman simplement pieux.

2. *Kouffars*, pluriel de *kafer*, impie, celui qui offense Dieu et ses enseignements.

huit morts, dont douze Américains, et environ cinq mille blessés. Ces combattants ont fait escale au Cachemire avant de gagner les Etats du Caucase, nés après l'effondrement de l'Union soviétique. De Washington à Moscou, les spécialistes redoutent une évolution qualitative de la violence islamiste, c'est-à-dire le recours à des armes non conventionnelles.

Si les organisations terroristes traditionnelles ont entamé leur déclin à la fin des années 90, une poignée d'hommes déterminés qui détestent l'Occident et rejettent violemment ses valeurs, s'arme de *fatwas* [1] pour légitimer toutes les formes de guerre contre cette civilisation. Ils profèrent des menaces contre certains pays occidentaux, lesquels mobilisent des moyens colossaux pour se prémunir contre ce risque. Cette minorité conduite par Oussama Bin Laden, un milliardaire saoudien déchu de sa nationalité, est suspectée d'avoir organisé les attentats de Dar Es-Salam et de Nairobi en août 1998, et de disposer de moyens supérieurs à ceux de la secte japonaise Aum (qui avait répandu, en mars 1995, des substances chimiques dans le métro de Tokyo, provoquant la mort de douze personnes et l'intoxication de cinq mille autres). L'organisation de Bin Laden, *Al-Ka'ida* (la Base), a été créée en 1988. Ses dirigeants, ainsi que leurs proches, sont traqués sur les cinq continents par des Etats qui tentent de suivre leurs déplacements, de cerner leurs réseaux et de répertorier leurs achats de matières sensibles. Washington offre une prime de cinq millions de dollars à quiconque contribuerait à l'arrestation de Bin Laden, qualifié à juste titre par le journaliste saoudien Jamal Khachokji de « Che Guevara de l'islam ». Mais l'idéologie nourricière de cet extrémisme continue à fabriquer, dans des pays arabes amis de l'Occident, des partisans radicaux susceptibles de prendre la relève de la génération des « Afghans arabes ».

Le terrorisme qui a ensanglanté l'Afrique du Nord, le Proche-Orient et le Golfe au cours des années 90 est le

---

1. *Fatwa* : décret religieux promulgué par un *mufti* ou un imam chargé de diriger la communauté d'une localité, d'une ville ou d'un pays. L'autorité de ce dernier dépend du nombre des adeptes qui le reconnaissent. Mais il peut y avoir des *muftis* « autoproclamés », reconnus par une poignée de partisans seulement.

prolongement des combats que les islamistes ont livrés, une décennie plus tôt, contre l'Armée rouge en Afghanistan et les armées occidentales au Liban. Il puise ses racines dans l'année charnière de 1979, qui a été inaugurée par l'instauration d'un pouvoir théocratique révolutionnaire à Téhéran, après le renversement du pouvoir impérial du chah, par l'imam Khomeiny, Mouhammad Redha Pahlawi, et qui s'est achevée par l'invasion soviétique de l'Afghanistan. Ces deux événements, en raison de la dynamique qu'ils ont instaurée et à cause des manipulations dont l'islamisme militant a été l'objet, tantôt par les Américains, tantôt par les Soviétiques, marquent la fin du siècle.

En effet, la lame de fond provoquée par la révolution khomeinyste a enflammé toutes les communautés chiites[1] du Proche-Orient au Golfe. Les soldats d'*Allah* se sont multipliés et le mythe du martyre chiite a infligé des pertes sévères aux puissances qui se sont opposées au khomeinysme : les Etats-Unis, la France, Israël, l'Irak...

En l'espace de quelques années, les chiites du monde musulman, dopés par la dynamique de la révolution de l'ayatollah Khomeiny, ont acquis un sentiment de puissance, une capacité de défier et de défaire l'ordre établi par les grands de ce monde — l'Amérique en tête, baptisée le « grand Satan » —, qui les ont conduits à une volonté hégémonique de domination.

Parmi les premiers actes symboliques et lourds de conséquences pour l'avenir, qui ont succédé au renversement du chah d'Iran, figure la prise d'otages à l'ambassade américaine de Téhéran, le 4 novembre 1979.

Cet acte, demeuré impuni, a doublement humilié les Etats-Unis. En effet, non seulement cinquante-deux Amé-

1. Les sunnites et les chiites sont les deux principales branches de l'islam, qui s'est scindé vingt-six ans après la mort du Prophète. En effet, l'accession au pouvoir du quatrième calife Ali Bin Abi Taleb, le gendre du Prophète, fut contestée par le gouverneur de Syrie, Mouawiya. Leurs armées s'affrontèrent à Siffine, en 658. Ali sortit victorieux de la guerre, mais il fut dépossédé de son titre par une ruse du vaincu, qui fonda la dynastie des Omeyyades à Damas où elle régna jusqu'en 750. Aujourd'hui, les sunnites sont largement majoritaires parmi les musulmans. Les partisans d'Ali *(Chi'at Ali)* furent appelés depuis les chiites.

ricains ont été détenus en otage par les « étudiants islamiques » dans l'enceinte diplomatique pendant quatre cent quarante-quatre jours, mais, en outre, la tentative de leur libération, en avril 1980, a lamentablement échoué. Les avions de l'expédition américaine sont entrés en collision dans le désert de Tabas, à plusieurs centaines de kilomètres de Téhéran, faisant huit morts parmi les forces d'élite. Ce raid manqué a rappelé la déconfiture américaine lors du débarquement des exilés cubains, sous la présidence de Kennedy, dans la « baie des Cochons ».

Les chiites, en quête d'émancipation, retiendront plusieurs enseignements de cette double défaite américaine : d'une part, qu'il est désormais possible de renverser les régimes autoritaires les plus enracinés, puisqu'il n'y a pas de puissance invincible face à des hommes déterminés, et, d'autre part, qu'ils peuvent dorénavant compter sur le soutien franc et massif de la première puissance régionale qu'est l'Iran de Khomeiny pour répandre la révolution islamique. L'Ayatollah en effet n'a jamais fait mystère de sa volonté « d'exporter la révolution dans les monarchies corrompues » du Golfe. Dans leur ensemble, les peuples musulmans, assoiffés de reconnaissance, ont répondu favorablement aux sirènes de l'islamisme, car ils avaient accumulé un grand nombre d'échecs qu'ils souhaitaient compenser en se repliant sur la gloire d'un passé lointain.

L'islamisme a exercé une séduction sur l'ensemble des classes sociales arabes, qui étaient avides de changements. Les sociétés riches du Golfe ont cru aux promesses formulées par les islamistes, de même que les déshérités qui s'entassent dans les banlieues des villes arabes ou dans les campagnes privées d'infrastructures. Encouragés par leurs gouvernements respectifs, les milliardaires du Golfe ont généreusement financé ces mouvements afin de restaurer l'islam authentique, en vigueur à l'époque du Prophète et des premiers califes.

Les motivations des uns et des autres étaient doubles : défaire les gouvernements islamiques qui n'appliquaient pas la *Chari'a* [1] de façon exclusive, et islamiser les sociétés qui avaient été marquées par la culture étrangère héritée du colonisateur chrétien. Ils voulaient retrouver leur identité première et rejeter les cultures qui s'opposaient à la leur.

Les organisations islamistes ont incarné cette volonté de rupture, et elles ont placé leur combat sous la tutelle de Dieu, comme le suggèrent leurs appellations : les nombreux *Hezbollah* (Parti de Dieu), les *Djound Allah* (les Soldats de Dieu), les différents partis du *Djihad* (l'une des obligations de l'islam), les *Djama'a islamiyya* égyptiennes et algériennes (les Groupes islamistes)..., sans qu'il n'existe une autorité suprême reconnue capable d'évaluer les prétentions des uns et des autres et de s'exprimer au nom du Prophète et du Coran. De ce fait, chaque groupe armé a fait appel à ses propres *muftis* et a mis en œuvre son interprétation de l'islam.

Globalement, deux types de statuts ont été attribués à cette mouvance islamique : les formations qui se sont attaquées à Israël, qui avait occupé des territoires arabes, ont incarné la « résistance », et elles ont reçu le soutien de l'opinion publique musulmane et de certains gouvernements, qui se sont servis de ces organisations comme d'un instrument dans leur stratégie diplomatique. En revanche, les groupes islamiques qui ont décrété des *fatwas* considérant les peuples musulmans qui ne les soutenaient pas comme « impies » — en les condamnant à mort et en engageant contre eux une forme de guerre civile — ont été qualifiés de « terroristes » et ont souvent été discrédités aux yeux de l'opinion publique.

---

1. La *Chari'a* est la loi divine qui repose sur deux piliers : le Coran et la *Sounna*. Le Coran est la parole d'Allah transmise par un ange au début du VIIe siècle, par étapes pendant vingt-deux ans (610-632), sous la forme de 114 sourates qui forment un total de 6 200 versets. La *Sounna* est la Tradition orale et les actes attribués au Prophète, par ses compagnons et par les deux générations suivantes. Les auteurs divergent sur le nombre de *hadith* (commandements), qui varient du simple au septuple. Ces *hadith* ont été consignés et ont été considérés comme étant la parole du Prophète, deux siècles après avoir été transmis. Selon Tariq Ramadan, il existe une « classification des textes, selon leur degré d'authenticité », voir *Islam, face-à-face des civilisations,* Ed. Les Deux Rives, 1995, p. 43.

CHAPITRE PREMIER

LES ISLAMISTES PRIS DANS LE CONFLIT AMÉRICANO-SOVIÉTIQUE

La croisade islamiste en Afghanistan

L'invasion de l'Afghanistan par l'Armée rouge, à la fin de l'année 1979, a fait entrevoir aux Américains, à cette époque de guerre froide, la possibilité d'une confrontation avec les Soviétiques par tiers interposé, afin d'affaiblir l'empire soviétique et de venger par la même occasion leur défaite au Vietnam. Les Américains ont conçu un scénario dans lequel ils étaient les auteurs, et en partie les financiers, de la destruction du mythe de l'armée soviétique. Ils ont combattu l'Armée rouge par l'intermédiaire de la mouvance internationale des islamistes, qui comptait en son sein des *muftis* qui sympathisaient avec les Etats-Unis, perçus comme la principale force capable de s'opposer à la puissance soviétique athée. Washington a été l'instigateur et l'organisateur de cette armée islamiste, dont les soldats étaient qualifiés de « combattants pour la liberté ». La croisade anti-soviétique avait notamment pour objectif de réveiller l'islam dans les républiques de l'ex-URSS[1].

Les gouvernements arabes, alliés de l'Occident, se sont alignés sur les Etats-Unis pour encourager le *djihad*[2] et inciter leurs propres citoyens à s'y engager. Si les Américains ont essentiellement mis au point la logistique et fourni les financements, les militants islamistes du monde entier ont offert leur sang avec enthousiasme. De plus, les

1. Lire à ce sujet l'édifiant récit du « guépier afgan », raconté par André Fontaine, *Après eux, le déluge. De Kaboul à Sarajevo,* Fayard, 1995.
2. *Djihad* : la guerre sainte menée pour le triomphe de l'islam.

associations arabes constituées dans le Golfe en faveur de la cause afghane ont reçu beaucoup de dons.

Les stratèges américains imaginaient-ils à l'époque comment se ferait la reconversion des *moudjahedin*[1], rescapés de cette meurtrière guerre d'Afghanistan, et quelles seraient les conséquences de leur retour dans leur pays d'origine ? Ou bien ont-ils voulu parer au plus pressé, en estimant qu'ils pourraient, le moment venu, gérer les retombées de la guerre d'Afghanistan ? Les avis sont partagés.

Pendant les années 80, les pays arabes alliés de Washington ont largement servi les intérêts américains en Afghanistan. Ils ont contribué à la défaite et à l'humiliation de l'Armée rouge, en procédant à la fanatisation religieuse d'une partie de la société, par l'idéalisation des valeurs religieuses et du *djihad*.

Au début de cette décennie, le prix du pétrole flambait et le royaume d'Arabie Saoudite encourageait les jeunes à s'engager aux côtés des islamistes d'Afghanistan. Une *fatwa* a décrété que le *djihad* en Afghanistan était une « obligation impérieuse » *(Fard aïn),* qui dispensait de l'accord du tuteur légal. Cela a permis aux jeunes encore mineurs de s'engager sans solliciter l'autorisation de leurs parents.

L'engagement dans le *djihad* a représenté pour des milliers de jeunes Arabes la possibilité de faire triompher leurs convictions religieuses et de s'émanciper. Souvent réprimés dans leur pays d'origine et peu instruits sur le plan doctrinal, les « Afghans arabes » se sont lancés dans la promulgation de *fatwas*, alors qu'ils n'avaient pas suffisamment d'autorité ni de culture religieuse pour assumer les décrets condamnant à mort les « déviants ». Ils ont menacé leurs interlocuteurs et les ont qualifiés de *« kafer »*, ce qui est une accusation passible de la peine capitale selon la *chari'a*. Ces jeunes gens, très souvent âgés de moins de vingt ans, avaient une vision manichéenne du

1. *Moudjahidin*, pluriel de *moudjahed* : combattant de la foi qui s'engage dans le *djihad*.

monde. Leur immaturité politique et sociale les a rapidement conduits à se diviser et à s'entre-déchirer.

En ce début des années 80, les *moudjahidin* ont connu l'abondance, grâce à l'aide américaine et aux apports des pays riches du Golfe, notamment de l'Arabie Saoudite. Encouragés par des *muftis* qui faisaient autorité, car ils avaient promulgué des *fatwas* appelant les « bons musulmans » à mener le *djihad* en Afghanistan, les *moudjahidin* arabes ont accepté d'aller se battre contre l'Armée rouge qui occupait un territoire musulman.

L'appel de certains *muftis* de grande renommée a conféré un caractère sacré à cette croisade islamique. Le plus illustre d'entre eux était le cheikh palestinien Abdallah Azzam, qui a donné une grande publicité à sa *fatwa* dans la revue koweïtienne *Al-Moujtamah* (« La Société ») en 1984. Il a recueilli un vif soutien du *mufti* d'Arabie, le wahhabite Abdelaziz Bin Baz, de l'Egyptien Omar Abdelrahmane, du Yéménite Abdel Magid Al-Zanadani et de bien d'autres. Cheikh Azzam, qui a été assassiné avec deux de ses fils, Mouhammad et Ibrahim, lors de l'explosion d'une voiture piégée à Peshawar, en octobre 1989, avait décrété que le « *djihad* [était] une obligation impérieuse » *(Fard aïn)*, et non « une obligation facultative » *(Fard kifaya)*.

La cause afghane fut initialement perçue par les islamistes arabes comme une occasion pour faire renaître le sens du *djihad* et le valoriser aux yeux des populations. L'Afghanistan fut pour les musulmans arabes un théâtre de combat idéal, alors même que les Afghans sollicitaient simplement une aide matérielle. Mais les islamistes arabes, Azzam et Bin Laden en tête, ne se satisfaisaient plus d'un apport financier. A partir de 1984, ils exigèrent une participation aux combats. L'ancien professeur à la faculté islamique d'Islamabad (au Pakistan), Abdallah Azzam, a prononcé une conférence à l'occasion du grand pèlerinage en Arabie, en présence de la plus haute autorité islamique du royaume, cheikh Bin Baz. Il a déclaré : « A l'issue de mon séjour en Afghanistan, je décrète en votre présence qu'ils [les Afghans] ont besoin d'hommes pour combattre à leurs côtés autant qu'ils ont besoin de fonds. C'est pourquoi j'ordonne à quiconque le pourrait de s'engager dans le combat. »

Azzam et Bin Laden ont alors mis au point une sorte d'assurance vie au bénéfice des combattants qui les rejoindraient, par l'intermédiaire du Bureau des services pour les *moudjahedin*. A l'origine, cette assurance indemnisait les combattants et leur famille, grâce à un financement saoudien.

Le nombre de ces volontaires, toutes missions confondues, représentait environ 30 000 *moudjahidin*. Plus de la moitié d'entre eux étaient affectés aux œuvres sociales, à l'enseignement, à la prédication et aux services sanitaires. Qualifiés en Occident — jusqu'à la défaite et au retrait de l'Armée soviétique en 1989 — de « combattants pour la liberté », ils ont été rebaptisés « terroristes ».

Au lendemain de l'invasion soviétique de l'Afghanistan, les Etats-Unis ont invité leurs alliés à lutter contre l'Armée rouge, en recourant chacun aux moyens dont ils disposaient. L'un des tout premiers Etats à s'engager dans ce combat fut l'Egypte du président Sadate. Celui-ci encouragea l'envoi d'hommes, notamment de médecins et d'infirmiers, dont la majorité était issue du mouvement politico-religieux des Frères musulmans.

L'Arabie Saoudite fournit pour sa part un important contingent au brasier afghan, beaucoup d'aides financières au *djihad* et une armée de prédicateurs de choc, chargés du prosélytisme. Cette cause mobilisait tous les efforts du pays chargé de la garde des Lieux saints de l'islam. Pour Riyad, il convenait de contrer la poussée du communisme athée et de rivaliser avec le khomeinysme expansif. Le *djihad* afghan bénéficiait d'un parrainage officiel de la famille royale pour la collecte des fonds destinés aux combattants, aux œuvres caritatives, à la propagation de la foi et aux écoles coraniques installées en Afghanistan et sur la frontière pakistanaise. Le Comité populaire d'aide aux *moudjahedin* afghans était présidé par le prince Salmane Bin Abdelaziz, gouverneur de la capitale. Le slogan appelant à « verser un riyal (1,60 F) pour sauver un Afghan » s'est substitué à : « Offrez un riyal pour sauver un *moudjahed* arabe en Palestine. » Le chef des renseignements extérieurs saoudien, l'émir Turki Al Faïçal, s'était lui-même rendu à maintes reprises en Afghanistan pour apporter la caution de la famille royale au *djihad* et encourager les *moudjahedin* et les autres missionnaires. En dépit de conditions climatiques très sévères et d'un combat très rude, les Saoudiens, pourtant habitués au confort, ont participé avec enthousiasme à cette « guerre sainte ». Plus de trois cents combattants y ont laissé leur vie, dont le premier fut Yahyia As-Saniour, tombé à Jaji[1].

Le principal fait d'armes des « Afghans arabes » a eu lieu en 1986, lors de la bataille de Jaji, à l'issue de laquelle le chef de guerre afghan, Abd Rab el-Rassoul Sayyaf, a interpellé les Arabes en ces termes : « Vous étiez nos hôtes tout au long de la guerre. Désormais, nous sommes nous-mêmes devenus vos hôtes. » Lors de cet affrontement, les *moudjahedin* arabes combattaient dans des unités totalement indépendantes. Puis ils ont participé aux combats de Jelalabad, au cours desquels soixante-dix « Afghans arabes » ont trouvé la mort. Ces derniers avaient baptisé leur principale base la Tanière des lions, et ils avaient donné des noms arabes aux montagnes qui l'entouraient.

En 1986, les Américains ont livré à la guérilla afghane une réserve de deux cents missiles sol-air Stinger. L'engin s'est révélé une arme redoutable contre les avions volant à basse altitude. Le Stinger est très facile à manier, il ne pèse que seize kilos et ne nécessite aucun équipement spécifique puisqu'il est lancé à partir de l'épaule. Les *moudjahedin* recevaient deux missiles pour chaque avion soviétique abattu. Ceux qui manquaient leur cible étaient renvoyés au Pakistan pour y subir un nouvel entraînement.

Après le retrait de l'Armée rouge, les Américains, craignant de voir leurs Stinger tomber aux mains de groupes islamistes incontrôlés ou hostiles, ont cherché à les récupérer. Le Congrès américain a voté à cette fin un fonds secret de 65 millions de dollars. En fait, les Etats-Unis ont réussi à racheter une quarantaine de Stinger. Les vingt autres manquant étaient détenus par le chef du *Hezbi*

1. *Al-Majallat*, 11 mai 1996.

islami, Gulbuddin Hekmatiyar, et par Sayyaf, un dissident de ce parti islamiste afghan. Un coin du voile s'est levé quand, à la fin de l'année 1996, les talibans[1] — devenus les nouveaux maîtres de Kaboul, et soutenus à l'époque par Washington et Islamabad — ont annoncé qu'ils avaient récupéré les seize Stinger de Hekmatiyar, stockés dans la ville de Sarabé, et qu'ils avaient abattu un avion du général Ouzbek Abdel Rachid Dostom. Les quatre autres Stinger n'ont toujours pas été retrouvés.

Derrière l'apparente unanimité des combattants « afghans », beaucoup de dissensions étaient apparues entre eux. Mais tant que Abdallah Azzam était en vie, il était considéré comme le guide religieux et moral de la majorité des « Afghans arabes ». Après son assassinat, ces derniers ont été désorientés et chacun a forgé sa propre interprétation de la *Chari'a*. Ainsi, une cinquantaine de *moudjahedin* ont créé une antenne de l'organisation *Al Takfir wal Hijra* (Rédemption et exil), majoritairement composée de combattants libyens et algériens, qui a soutenu ultérieurement le GIA algérien. Mais, rapidement, cette organisation a distribué sans compter anathèmes et accusations d'apostasie à l'encontre de certaines autorités établies au Pakistan et en Afghanistan, ce qui a beaucoup nui à l'image des volontaires arabes et a précipité le déclin de cette organisation.

En 1992, un autre mouvement a vu le jour, le Groupe du Califat, soucieux de rétablir le califat[2] sous la bannière d'un descendant du Prophète. Il a vite disparu à la suite d'une bataille rangée avec des tribus pakistano-afghanes.

---

1. Les talibans sont un mouvement intégriste afghan, majoritairement issu de l'ethnie *pashtoun*, qui a été encouragé et utilisé par Islamabad. Il s'est développé dans les écoles coraniques du Pakistan. Les talibans détiennent sans doute la palme du conservatisme islamique puisque leurs « seize commandements » interdisent aux femmes de sortir sans être couvertes des pieds à la tête. Ils prohibent la télévision — un média « anti-islamique » — et les cassettes vidéo. Ils interdisent de se raser ou de se tailler la barbe, d'élever des pigeons, des cailles, de posséder des cerfs-volants, des photos, de confectionner des habits féminins, de jouer du tambour, de chanter, de danser. S'inspirant des wahhabites d'Arabie, ils ont décrété que la prière à la mosquée était obligatoire cinq fois par jour.

2. Le gouvernement de tous les musulmans, présidé par un calife, un successeur du Prophète, investi des pouvoirs spirituel et temporel.

D'autres mouvements sont apparus, comme *Al-Amaém Essoud* (les Turbans noirs) ou *Jama'at al Fitra* (le Groupe instinctif) ; ce dernier interdisait à ses partisans de monter en voiture et invitait les jeunes gens à marcher pieds nus, à laisser pousser leur barbe, en qualifiant les chaussures et les vêtements d'« invention occidentale qui tend à détruire les cœurs ». Mais ces mouvements se sont rapidement éteints.

Même si ces formations ont été marginales, si on les compare à celles qui représentaient un islamisme traditionnel, comme les Frères musulmans et les *salafites* [1], l'ensemble des « Afghans arabes » a néanmoins prôné un ordre moral, interdisant de fumer, exigeant le port du *hidjab* (le voile), empêchant les femmes de sortir seules, et incitant vivement les gens à fréquenter les mosquées. Ainsi, quand les « Afghans arabes » se sont reconvertis dans le soutien aux musulmans bosniaques dans l'ex-Yougoslavie, la fréquentation des mosquées a-t-elle été rapidement multipliée par vingt dans les villes où ils se sont établis.

Au cours des années 90, les principaux idéologues de ces « Afghans », pourchassés par les gouvernements arabes, se sont installés en Occident, notamment à Londres, comme le Syrien Abou Messaab, le Palestinien Abou Katada et l'Egyptien Abou Hamza. Ils ont édité le bulletin d'information du GIA algérien, *El Ansar*. L'installation d'Abou Katada à Londres fut d'autant plus surprenante que, lorsqu'il se trouvait à Peshawar, il était extrêmement critique à l'égard des musulmans qui vivaient en Occident.

Mais au lendemain de l'explosion du World Trade Center, Washington a pressé le premier ministre pakistanais, Nazari, de livrer les trois mille « Afghans arabes » à leurs pays d'origine, en menaçant de placer le Pakistan sur la liste des pays soutenant et abritant des terroristes. Nazari a répliqué, en mai 1993 : « Les Américains nous ont amené

1. Ce terme se réfère aux salafs, les premiers ancêtres de l'islam, qui ont vécu aux trois premiers siècles de l'hégire. Cette époque est considérée par les wahhabites comme étant la plus pure, puisqu'elle est chronologiquement la plus proche du Prophète.

ces jeunes gens, ils les ont entraînés et leur ont versé des salaires. Il serait normal que Washington les reprenne maintenant. »

Les « Afghans arabes » ont connu ultérieurement des fortunes diverses. Il y a ceux — rares — qui sont revenus dans leur pays d'origine en réintégrant leur emploi précédent. Mais la majorité a poursuivi le combat aux côtés de l'une ou l'autre des factions afghanes, jusqu'à la chute du gouvernement communiste de Najibullah, installé à Kaboul. D'autres ont porté le combat à l'intérieur même des mouvances islamistes afghanes qui se disputaient le pouvoir à coups de canon. D'autres encore, les missionnaires de l'internationale islamiste, ont été sur tous les fronts où des musulmans étaient engagés : du Cachemire à la Bosnie en passant par le Tadjikistan, la Somalie, le Daghestan, les Philippines et la Tchétchénie... Enfin, il y a ceux qui, désireux d'introduire le changement dans leur pays d'origine, où le mécontentement était réel, ont voulu rééditer l'expérience afghane en s'attaquant aux régimes en place.

La meilleure réinsertion des « Afghans arabes » a été celle des Jordaniens. En raison de son appartenance à la descendance directe du Prophète, la dynastie des Hachémites au pouvoir en Jordanie dispose d'une légitimité religieuse, peu contestée par les islamistes. Au Yémen, le retour des « Afghans » s'est fait en douceur. Ils ont été intégrés par les deux principales formations du pays, le parti du Congrès du président Ali Abdallah Saleh et le parti islamiste *Al Islah* (la Réforme), dont l'homme fort n'est autre que Abdel Magid Al-Zanadani, qui a effectué plusieurs séjours en Afghanistan.

Les vétérans de l'Afghanistan sont unis par une solidarité à toute épreuve. A l'époque où Al-Zanadani faisait partie du Conseil présidentiel yéménite, il favorisait l'accueil des « Afghans arabes » en mal de pays d'adoption. Leur principal quartier général se situait au nord du pays, à Sa'ada. Ces Afghans ont mené plusieurs expéditions punitives contre le Sud — qui a été soumis par les armes en 1994 — pour y instaurer un ordre moral. Ils ont par exemple tiré sur la foule lors de cérémonies de mariage, pour

« non-observation de la loi islamique », faisant des morts et des blessés. Les « Afghans arabes », au service du régime, ont également assassiné une centaine de cadres du Parti socialiste yéménite (PSY), alors même que celui-ci faisait partie de la coalition au pouvoir.

Les volontaires du *djihad,* toutes nationalités confondues, ont retenu de leur participation au combat un enseignement fondamental : la volonté d'un groupe, déterminé à se battre, suffit pour mettre en échec l'une des plus grandes armées du monde et provoquer un séisme géopolitique. Forts de cette conviction et guidés par de petits chefs religieux autoproclamés, en manque de légitimité, ils ont entrepris, dans les années 90, la déstabilisation des Etats dont ils étaient issus, considérant que ces régimes n'observaient pas les enseignements de la *chari'a.*

La défaite occidentale dans le « marécage » libanais

Dans la logique de la guerre froide, l'Union soviétique n'a pas tardé à retourner l'arme islamiste contre les Etats-Unis, en s'appuyant sur d'autres Etats arabes ou islamiques. La riposte soviétique a eu lieu au Liban. Quand quatre armées occidentales, regroupées au sein de la Force multinationale de sécurité (FMS)[1], sont revenues dans le « bourbier » libanais, à la fin du mois de septembre 1982, pour protéger les Palestiniens au lendemain des massacres de Sabra et de Chatila, les Soviétiques ont saisi cette occasion pour prendre leur revanche.

Dès la fin des années 60, le Liban s'était progressivement transformé en une base de l'Organisation de libération de la Palestine (OLP), et Beyrouth en capitale de l'exil palestinien, avec le soutien de la Syrie, de l'URSS et de l'ensemble des pays arabes qui venaient de subir l'humiliante défaite de juin 1967 face à Israël. La constitution d'une armée palestinienne au Liban et l'invasion syrienne (1973-1976) ont provoqué l'effondrement de l'Etat libanais et nourri une guerre civile régionale. Le conflit entre Israël et l'CLP a entraîné des bombardements systématiques du

1. Les armées américaine, française et italienne, rejointes, en février 1983, par les Britanniques.

Liban. L'Etat hébreu a envahi le Sud-Liban en 1978, avant d'étendre son occupation à Beyrouth en 1982, pour en déloger l'OLP. La Force multinationale d'interposition (FMI), comprenant exclusivement des armées occidentales, est alors intervenue pour assurer l'évacuation d'Arafat et de ses hommes, et s'est aussitôt retirée.

Mettant à profit la nouvelle donne, l'URSS a utilisé quatre auxiliaires : l'armée syrienne et ses services, les chiites pro-iraniens du *Hezbollah* (Parti de Dieu), les pétrodollars du Libyen Kadhafi [1], ainsi que le maigre apport du Parti communiste libanais.

Conduits par la dynamique khomeinyste et financés par le colonel Kadhafi, le *Hezbollah* et les agents syriens ont infligé de terribles pertes à la présence militaire occidentale la contraignant à s'échapper rapidement du piège libanais. Ils ont également commis des actes de violence à l'encontre des représentants politiques et culturels occidentaux. En juillet 1982, soit un mois après le début de l'invasion israélienne au Liban, l'enlèvement du président de l'Université américaine de Beyrouth, David Dodge, a inauguré la longue liste des otages occidentaux qui allaient payer, de leur vie ou de leur liberté, les conséquences de la guerre qui se déroulait sur le théâtre libanais. Transporté dans le coffre d'une voiture jusqu'à Damas, Dodge a rejoint Téhéran par avion. Depuis sa cellule, il pouvait apercevoir l'indication désignant l'aéroport de Téhéran, « aéroport de Mahrabad ».

L'ambassadeur de Moscou à Beyrouth, Alexandre Soldatov, avait confié à un ministre libanais que « l'URSS [avait] pris la décision stratégique de combattre la présence américaine au Liban, par tous les moyens disponibles ».

1. Selon le témoignage de l'ancien président de la République libanaise, Amine Gémayel, le colonel Kadhafi avait envoyé trois cents soldats « pour combattre les forces de l'OTAN » à Beyrouth, prétextant une invitation syrienne. « Après avoir rompu nos relations diplomatiques avec la Libye, le roi Hassan II du Maroc m'a transmis une invitation de la part de Kadhafi pour me rendre à Tripoli. Il m'a fortement conseillé de l'accepter et m'a fait accompagner de son conseiller personnel Mouhammad Khodira, en pensant sans doute au précédent de l'enlèvement de l'imam libanais Moussa Sadre en Libye, et à sa disparition depuis. Kadhafi m'a dit alors : "Je suis prêt à consacrer la somme qu'il faut pour obtenir la défaite et le départ des marines du Liban." » Entretien avec le président Gémayel.

Il avait déclaré au président de la République nouvellement élu, Amine Gémayel : « Nous ne laisserons pas l'Amérique sortir indemne du marécage libanais. » Au début de l'été 1982, des tractations diplomatiques entreprises entre Beyrouth, Washington et Paris débouchèrent sur l'envoi de la FMI, chargée d'assurer le retrait de l'OLP de Beyrouth.

Elles ont été marquées par une bataille diplomatique acharnée. En effet, Washington avait exigé du Liban qu'il refuse la participation de l'Armée rouge ou de toute autre armée du pacte de Varsovie à la FMI, et en avait fait la condition *sine qua non* de la constitution de cette force internationale. De ce fait, Beyrouth avait conclu des accords bilatéraux avec Washington, Paris et Rome pour l'envoi d'un contingent de deux mille hommes au total, en passant outre le Conseil de sécurité, instance dans laquelle Moscou pouvait exercer son droit de *veto*. Selon Fouad Boutros[1], le ministre libanais des Affaires étrangères de l'époque, la tâche se révélait très difficile pour ses diplomates. Néanmoins, l'entrée de l'armée israélienne dans Beyrouth et la menace militaire que celle-ci faisait peser sur Damas abrégèrent le bras de fer entre Washington et Moscou. L'URSS céda devant les pressions américaines.

L'invasion israélienne du Liban déplaça momentanément la ligne de démarcation de la guerre froide qui, jusqu'au déclenchement du conflit libanais, longeait la frontière libano-syrienne. La constitution d'une armée palestinienne au Liban, suivie de multiples invasions israéliennes et syriennes de différentes envergures, modifia le tracé des lignes d'influence américaine et soviétique au gré des mouvements de troupes de leurs alliés respectifs sur le territoire libanais.

Le 18 avril 1983, un attentat à la voiture piégée pulvérisa le siège de l'ambassade américaine d'Aïn-Mréissé, à l'ouest de Beyrouth, faisant soixante-trois morts, dont dix-

1. Cet ancien magistrat fut appelé sur la scène politique par le président réformateur Fouad Chéhab (1958-1964). Il se distingua du reste de la classe politique libanaise par son intégrité, sa claivoyance et son patriotisme.

sept Américains. Parmi eux figurait l'un des plus hauts responsables de la CIA, Robert Clayton Ames, directeur du bureau d'analyses pour le Proche-Orient, ainsi que trois de ses collaborateurs. Beaucoup de mystères continuent à entourer cet acte terroriste. Mais selon de très bonnes sources, le principal auteur de l'attentat serait un Egyptien, Sami El-Hajji, un agent du vice-président syrien Rifa'at El-Assad, qui avait passé cinq ans en URSS. Irrégulièrement payé par ce dernier, il avait, quelques semaines avant l'attentat contre l'ambassade américaine, proposé ses services à l'armée libanaise contre un logement, une voiture avec chauffeur et un peu d'argent de poche, en insistant pour être « traité » par le commandement de l'armée et non par le « deuxième bureau ». Lors de son interrogatoire, à la suite de l'attentat qu'il avait personnellement télécommandé, il a révélé le nom de plusieurs complices, dont un certain Nimr, originaire de Jezzine (au Sud-Liban). Interrogé alternativement par une double équipe de trois officiers libanais et américains, Nimr mourut mystérieusement dans sa cellule au siège du ministère de la Défense, à Yarzé. Le médecin légiste n'a pas réussi à expliquer les raisons de son décès. Par la suite, les officiers libanais ont suspecté leurs homologues américains d'avoir éliminé cet homme, grâce à des produits non décelables. El-Hajji fut libéré par le ministre de la Justice, Nabih Berri, après le retrait de l'armée américaine du Liban.

L'offensive des islamistes contre la Force multinationale de sécurité (FMS) s'est poursuivie avec intensité tout au long de l'année 1983. Le premier attentat contre le contingent français a eu lieu le 29 janvier. A partir du mois de mars, la fréquence des attaques s'est accélérée. Le 17 mars, l'Organisation du *Djihad islamique* a fait son apparition dans les médias. Elle a revendiqué la plupart des attentats contre la FMS et les prises d'otages de ressortissants occidentaux. C'est une signature téléphonique derrière laquelle se dissimulent plusieurs services de renseignements (syrien, iranien, libyen, soviétique...). L'un des principaux dirigeants du *Hezbollah*[1], cheikh Sobhi Toufaïli, a déclaré : « Le *Djihad islamique* regroupe tous ceux qui veulent se dissimuler derrière une appellation sans révéler leur identité[2]. » Les actions terroristes n'étaient que la manifestation visible du bras de fer que se livraient Washington et Moscou par islamistes interposés. Constatant l'impasse dans laquelle se trouvait le Liban, le président Gémayel annonça au diplomate américain en charge de la crise, Philip Habib, qu'il comptait se rendre à Moscou pour demander au gouvernement soviétique d'intervenir auprès de ses alliés syrien et libyen qui avaient refusé la médiation des diplomates américains. « Le représentant de Washington, qui avait exclu tout rôle de Moscou dans la solution de la crise, me dit alors : "Dans ce cas, nous retirerons immédiatement nos forces du Liban" », nous confia Gémayel.

La double explosion du 23 octobre 1983 a provoqué la mort de cinquante-huit parachutistes français dans l'immeuble *Drakkar*, et celle de deux cent quarante et un marines américains stationnés à l'intérieur de leur quartier général, à l'aéroport de Beyrouth. Cet attentat a infligé à l'armée américaine la plus lourde perte enregistrée en une seule journée, depuis la guerre du Vietnam. Le double attentat a satisfait les intérêts des quatre Etats impliqués. L'URSS a vengé ses pertes en Afghanistan, a élargi sa zone d'influence et a contre-attaqué par le biais de trois autres puissances régionales, la Syrie, l'Iran et la Libye, qui ont également tiré profit de cet épisode meurtrier.

La Syrie voulait éliminer l'influence occidentale au Liban en faisant du pays du Cèdre sa « chasse gardée ». En dépit de la guerre sans merci qu'elle menait contre ses propres islamistes sunnites depuis le début des années 70 (qui a culminé avec le massacre de Hama, en février 1982, faisant plus de trente mille morts en six jours), la Syrie a entretenu et exploité l'islamisme chiite au Liban, au service de sa stratégie régionale. De son côté, l'Iran a mis son

1. Lire à ce sujet l'ouvrage de Waddah Charara : *L'Etat du* Hezbollah. *Le Liban, une société islamique. (Daoulat Hezbollah. Loubnave Moujtama'an islamiyyan)*, Ed. Dar An-Nahar, Beyrouth, 1996.

2. *Magazine*, 15 novembre 1986.

potentiel de « bombes humaines » au service de Damas, son unique allié régional dans la guerre qui l'opposait à l'Irak, pour permettre l'émancipation de ses protégés chiites au Liban et pour châtier les « Satans » occidentaux, notamment américain et français. Ce dernier pays était coupable de l'aide multiforme qu'il avait apportée à l'Irak dans sa guerre contre le régime des mollahs. Quant à la Libye, elle s'était engagée à combattre les Etats-Unis et les armées européennes, en mettant à la disposition des trois premières puissances son potentiel, notamment financier. Kadhafi a reconnu ultérieurement que la guerre au Liban lui avait coûté plusieurs centaines de millions de dollars.

Le Parti communiste libanais (PCL) a également contribué à la campagne d'attentats par de petites opérations ponctuelles et par la diffusion de tracts subversifs adressés aux soldats de la FMS au nom des Patriotes libanais et du Comité des parents des victimes. Les tracts menaçaient : « Le Liban peut tourner pour vous en un Vietnam proche oriental. »

En dépit des déclarations de dirigeants politiques occidentaux affirmant qu'ils ne céderaient pas sous la pression du terrorisme, les soldats de la Force multinationale s'occupaient, dès le lancement de la campagne d'attentats, à renforcer leur protection et à préparer leur retrait.

Les représailles annoncées par les Occidentaux ont échoué ; le raid français du 17 novembre contre la caserne de cheikh Abdallâh, près de Baalbek, a été un fiasco, et celui qui a été mené par les Américains, le 4 décembre 1983, contre les positions syriennes du mont Liban, a tourné à la catastrophe : deux avions américains se sont écrasés au sol, un pilote a été tué, un autre a été fait prisonnier par les Syriens. En outre, cette réaction orpheline des Américains, loin d'intimider l'adversaire, a provoqué le bombardement, le même jour, des positions des marines près de l'aéroport de Beyrouth. Bilan : huit soldats américains tués, deux autres blessés.

L'échec militaire des Occidentaux a été suivi par un désengagement politique. Dès février 1984, les trois contingents américain, britannique et italien impliqués dans la FMS ont quitté le pays du Cèdre. La France est restée jusqu'au 31 mars de la même année.

Avec cette défaite occidentale sans appel, le mythe de l'invincibilité américaine a été réduit en poussière. Les *moustadifoun* [1] ont réalisé le rêve des nationalistes arabes, en démontrant qu'ils étaient capables de chasser « le grand et les petits Satans » de ces « terres d'islam ». Ils ont fait mieux que tous leurs prédécesseurs nationalistes ou islamistes, et notamment sunnites, qui maniaient les menaces sans recourir aux actes.

En outre, les « bombes humaines » chiites ont fini par forcer l'admiration des acteurs régionaux. En quinze mois, de septembre 1982 à décembre 1983, les attentats contre l'armée israélienne — plus d'un par jour en moyenne — ont causé la mort de deux cent sept soldats et environ huit cents blessés, alors que la guerre proprement dite, entre juin et septembre 1982, avait coûté la vie à moins de trois cents soldats israéliens.

Les attentats suicides contre l'armée israélienne ont fait leur apparition avec la spectaculaire pulvérisation du quartier général israélien à Tyr, le 11 novembre 1982, faisant soixante-quinze morts. Les chiites ont pris le relais de l'OLP dans la lutte anti-israélienne, mais cette fois avec succès.

L'essor de l'islamisme chiite au Liban

Les années 80 ont été marquées par l'affirmation de la communauté chiite au Liban, dont l'ascension progressive remonte aux années 60. Le *Hezbollah* chiite, qui s'inspire doctrinalement de l'Iran et bénéficie d'un soutien logistique syrien, a enregistré d'incontestables succès, à tel point qu'il a été acclamé par le gouvernement de Beyrouth, au cours des années 90, comme étant l'incarnation de « la résistance » à l'occupation israélienne. C'est une belle conversion et une honorable réhabilitation pour le *Hezbollah* qui s'était illustré, lors de la précédente décennie, par les prises d'otages d'Occidentaux au Liban et par les actes

1. Les déshérités chiites, faibles et méprisés par les puissants.

terroristes contre la FMS. Cette reconnaissance gouvernementale s'explique par le fait que le *Hezbollah* a servi les intérêts de la Syrie, qui a remporté la guerre du Liban. Le gouvernement de Damas a défendu avec acharnement la distinction entre les concepts de « terrorisme » et de « résistance », en condamnant le premier et en louant le second. Mais il n'a jamais autorisé le *Hezbollah* à tirer un seul coup de feu à partir du Golan syrien, également occupé par Israël.

Il serait faux de réduire la propension des chiites à la révolte et au martyre à une simple manipulation par les services de renseignements syriens et iraniens. Leur révolte est fondée sur une idéologie qui favorise les comportements sacrificiels pour faire triompher une cause sacrée. Elle est également motivée par la violence et l'injustice subies, par la souffrance et le sentiment d'infériorité accumulés au fil des siècles. Les recruteurs des mouvements islamistes ont bénéficié d'un environnement extraordinairement favorable pour réussir leur embrigadement et attirer un très grand nombre de volontaires afin d'alimenter le *djihad*. Dans l'inconscient populaire, c'est bien ce dernier qui a vengé l'impuissance arabe, et qui a fait changer la peur de camp.

L'essor des chiites au Liban date d'avant la chute du chah. A cette époque, le pays du Cèdre servait déjà de foyer et de champ d'expérimentation au mouvement chiite. L'Etat, tiraillé entre ses dix-sept communautés religieuses, entrait dans une phase de décomposition progressive. Les Palestiniens entraînaient dans leurs bases militaires des chiites libanais, « déshérités » comme eux. La Syrie encourageait cette association explosive afin de déstabiliser son voisin et de parvenir à exercer sur lui une tutelle exclusive. L'URSS voyait d'un bon œil la fragilisation du « ventre mou » du Proche-Orient, qui allait lui ouvrir de nouvelles perspectives stratégiques à l'échelle de la région.

En 1969, le Haut Conseil islamique chiite a été créé, sous l'impulsion de l'imam Moussa Sadre. Ce bel homme, grand et plein de charme, qui n'a pas réussi à se départir de son accent iranien, est né en 1928, dans la ville sainte de Qom, en Iran. Il est issu d'une famille originaire du Sud-Liban, qui a émigré à Nadjaf en Irak, avant de gagner l'Iran. Sadre a effectué son retour au Liban en 1959 comme une « aliah [1] », et a acquis la nationalité libanaise en 1963, tout en conservant sa nationalité iranienne.

L'imam Sadre s'est d'abord appuyé sur les notables pour forger une identité spécifiquement chiite et soustraire sa communauté à l'influence qu'exerçait sur elle *Dar-al Fatwa* [2], une institution exclusivement sunnite. Son activisme était apprécié par les masses chiites, qui lui versaient des aides au titre de la *zakat* [3], l'une des cinq obligations de l'islam. Il recueillait également les fonds provenant de la hiérarchie chiite d'Iran par l'intermédiaire de l'ayatollah Kalbaïkani.

En mars 1974, l'imam Sadre organisa une gigantesque manifestation à l'ombre du merveilleux temple romain de Baalbek, à l'est du pays, où défilèrent pour la première fois près de cent mille chiites en armes, qui prêtèrent le serment de poursuivre la lutte jusqu'à ce qu'il n'existe plus au Liban « aucun déshérité ». L'imam déclara ce jour-là : « Les armes anoblissent l'homme qui les porte. »

Mais ce noyau chiite de « déshérités » ne pouvait acquérir l'art de la guerre qu'auprès de ses aînés de l'organisation palestinienne ; le mouvement de Sadre coordonna donc secrètement ses activités avec l'OLP. Les Iraniens Abou Charif et Moustapha Tchamran, qui dirigeaient un collège technique à Tyr, se chargèrent de l'encadrement militaire des nouvelles recrues et organisèrent leur entraînement dans les camps palestiniens.

C'est dans ces conditions que le mouvement chiite *Amal* a été fondé dans le secret, « car je ne veux pas être

1. La montée ou le retour des Juifs vers la Terre promise.

2. « La maison de la décision », où siège un *mufti* et où se prennent les décrets religieux. C'est le siège de l'administration sunnite juridictionnelle, civile et religieuse.

3. L'impôt versé par un musulman pour le salut de son âme. « Ces aumômes sont destinées : au pauvres et aux nécessiteux, à ceux qui sont chargés de les recueillir et de les répartir, à ceux dont les cœurs sont à rallier, au rachat des captifs, à ceux qui sont chargés de dettes, à la lutte dans le chemin de Dieu, et au voyageur » (*L'Immunité*, v. 60) ; Il s'agit d'un « impôt social purificateur », selon Tariq Ramadan, *op. cit.*, p. 196.

dévoré avant d'avoir grandi », confiera plus tard Moussa Sadre. Mais son existence a été accidentellement découverte en juillet 1975, à cause de l'explosion d'une mine dans un camp d'entraînement du *Fatah* dans la Bekaa, faisant quarante morts et plus de cent blessés parmi les chiites et leurs entraîneurs palestiniens. Moussa Sadre, qui se présentait comme un militant « pacifiste », effectuait à ce moment-là un sit-in à l'académie chiite Aamiliya pour protester contre la guerre ! Il se vit alors contraint de révéler l'existence de sa milice, *Amal,* dont le sigle en arabe signifie : les « Bataillons de la résistance libanaise ».

Mais la coopération militaire chiito-palestinienne s'est interrompue en 1980, quand la milice *Amal* a accusé les Palestiniens de provoquer par leurs attaques des représailles israéliennes et l'exode des habitants du Sud-Liban. Cette décision a été prise de concert avec les Syriens, auxquels *Amal* n'a jamais fait défection.

L'action de Sadre a permis, dès 1976, à plus de sept cents Iraniens de recevoir un entraînement au Liban. A la fin de 1979, quelques mois à peine après le retour triomphal de Khomeiny à Téhéran, des combattants et des responsables politiques iraniens, dont l'imam Montazéri, débarquèrent à Beyrouth à bord d'avions de la compagnie aérienne syrienne, malgré le refus des autorités libanaises. L'envoi de ces Gardiens de la révolution déstabilisateurs au Liban s'inscrivait dans le cadre de l'alliance entre l'Iran et la Syrie.

Pour Téhéran, le Liban abritait une importante communauté chiite qui constituait une étape essentielle sur la voie de la réalisation du dessein impériyal. Le nouveau régime iranien ambitionnait de créer un empire chiite qui s'étendrait des confins du Pakistan à la Méditerranée, et le pouvoir sunnite, minoritaire, établi à Bagdad représentait pour lui un obstacle majeur. La conquête du Liban devait permettre d'exporter la Révolution vers d'autres contrées. Les chiites iraniens entendaient donc subjuguer et mobiliser leurs coreligionnaires libanais en leur insufflant un esprit révolutionnaire susceptible de renverser le système politique considéré comme l'émanation de l'Occident « oppresseur et colonisateur ».

Le dessein impérial des chiites avait déjà été caressé par le chah Mouhammad Redha Pahlawi, qui avait soutenu les projets de l'imam Sadre. Téhéran versait des subventions aux œuvres sociales de l'imam. Selon l'ancien Premier ministre du Chah, Chahpour Bakhtiar, Moussa Sadre, « aussi iranien que je le suis moi-même [...], avait été envoyé au Liban pour remplir une mission secrète et avait même pris la nationalité du pays qui l'abritait pour y travailler plus à son aise [...]. Le Roi rêvait de rassembler les trois pays [l'Iran, la Syrie et le Liban] en une grande fédération sous sa houlette. Sadre devait permettre aux chiites libanais de dire qu'ils étaient soutenus par une grande puissance de la même confession. Les détails de la mission furent réglés par la Savak [les services secrets iraniens] [...]. L'envoyé spécial avait une influence certaine dans le pays. Il y vivait fort bien. Puis, tout s'est gâté à propos d'un chèque de 500 000 dollars que devait lui remettre le Chah. Il a rompu avec celui-ci et s'est mis à le critiquer ouvertement[1] ».

Conséquence de cette brouille ou opportunisme politique, Moussa Sadre a travaillé dès 1971 pour le compte de l'opposition au Chah dirigée par Khomeiny, alors exilé à Nadjaf (en Irak), dont il avait été le disciple.

Montazéri s'est installé au Sud-Liban pour former ses « brigades internationales islamiques » composées de chiites libanais et iraniens, mais aussi de musulmans d'autres nationalités. La Syrie lui facilitait la tâche et jouait le rôle de passeur. La mobilisation fut loin d'être exclusivement militaire ; elle fut aussi et surtout politique et religieuse.

Un autre événement a contribué à l'endoctrinement religieux des chiites au Liban dans les années 70. Le régime irakien avait entrepris de réprimer les facultés religieuses chiites (*Hauzat*) de Nadjaf. Quatre académies furent alors créées au Liban, sur la route de l'aéroport de Beyrouth, à Baalbek, à Hay Selloum (dans la banlieue sud de Beyrouth) et à Siddikin (dans le sud du pays). Les Iraniens, formés dans ces académies avant la révolution, sont

1. C. Bakhtiar, *Ma fidélité*, Albin Michel, 1982, p. 217.

retournés au Liban en juin 1982, conformément à un accord conclu entre la Syrie et l'Iran pour faire face à l'invasion israélienne du pays.

Un premier contingent de cinq cents hommes comprenant des Gardiens de la révolution et des soldats de l'armée régulière arriva au Liban à la mi-juin ; il devait être rejoint un peu plus tard par trois mille autres volontaires. Symboliquement, il importait que les soldats iraniens se battent aux côtés des soldats syriens contre l'armée israélienne de Tsahal qui venait d'envahir le Liban et d'occuper, pour la première fois, une capitale arabe.

Les Iraniens se comportèrent au Liban comme en territoire conquis et imposèrent aux chiites des changements radicaux dans leurs habitudes : interdiction de la vente d'alcool, port obligatoire du tchador, enseignement obligatoire du Coran même dans les écoles chrétiennes, enlèvements de plusieurs dizaines de chrétiens dont l'évêque de Baalbek, Mgr Elias Zoghbi, etc. L'esprit de sacrifice et le culte du martyre qui caractérisent la spiritualité chiite furent exaltés pour permettre la formation des commandos suicide qui ont attaqué les unités israéliennes.

Jusqu'à ce qu'il envahisse le Liban en 1982, le jeune Etat hébreu était resté invaincu par les armées arabes. Il avait remporté toutes les guerres, même celles qu'il n'avait pas déclenchées. Mais la technique des chiites s'est révélée imparable ; quand un individu embrigadé et fanatisé décide de se donner la mort pour provoquer celle du plus grand nombre possible de personnes dans les rangs ennemis, il est très difficile de trouver une parade. La stratégie chiite a coûté très cher à l'occupation israélienne du Liban dans les années 80. Au cours des années 90, elle a infligé à Tsahal, qui occupait un territoire d'environ mille kilomètres carrés au Sud-Liban, une trentaine de morts en moyenne par an, sans compter les blessés.

C'est pour répliquer à l'invasion israélienne du Liban que le *Hezbollah* a été créé. Après l'enlèvement et la disparition de l'imam Sadre lors d'une visite officielle en Libye en août 1978, les chiites libanais ont multiplié les formations politiques. Les structures du *Hezbollah* virent officiellement le jour en 1985. Ce mouvement, qui prit une importance croissante dans la vie politique libanaise, dépendait ouvertement de l'Iran qui finançait ses cadres, ses miliciens et ses œuvres sociales, ainsi que de la Syrie sur le plan opérationnel. A partir de 1992, il intégra le Parlement.

Le *Hezbollah* représente une exception notable dans le tableau de la défaite islamiste des années 90. Sa télévision, *Al-Manar*, filme et diffuse les opérations militaires qu'il mène contre l'armée israélienne au Sud-Liban, qui sont retransmises par toutes les chaînes de télévision arabes. Malgré l'incontestable avancée technologique de l'armée israélienne, il continue à lui infliger de sérieuses pertes tout en réussissant désormais à réduire les siennes. Mais son aura pourrait décliner dès la signature d'un traité de paix entre Israël, le Liban et la Syrie. La paix posera une sérieuse question à la formation chiite qui s'est illustrée dans les prises d'otages et autres formes de guerre. Réussira-t-elle à s'adapter à la nouvelle situation tout en gardant son audience, sera-t-elle tiraillée par ses deux parrains syrien et iranien, ou bien se divisera-t-elle et s'affaiblira-t-elle par la volonté de ceux-là mêmes qui en avaient fait un acteur d'envergure ?

L'incontestable succès du *Hezbollah* contre Tsahal a fait des émules auprès des islamistes palestiniens du *Hamas* et du *Djihad islamique.* Après avoir imité les méthodes de la formation chiite et mené de meurtrières opérations suicide contre des cibles israéliennes, les organisations palestiniennes qui ont assumé la relève de l'OLP, souffrent aujourd'hui d'un « étranglement » concerté par les régimes palestinien, jordanien, syrien et bien entendu israélien, qui coordonnent leur répression avec la CIA. Les progrès de la *pax* américaine au Proche-Orient exigent une coopération entre les Arabes et Israël en matière de sécurité. En cas d'une paix honorable, l'islamisme, dans sa version actuelle, devrait connaître un certain déclin faute d'objectif mobilisateur. Les Etats arabes continueront à le réprimer, en asséchant ses viviers et en s'attaquant à ses sources de financement.

La révolte islamiste en Arabie et l'occupation de La Mecque

L'appel de la révolution khomeinyste a été entendu dans l'ensemble du monde arabe et notamment en Arabie. Les chiites qui vivaient sur la côte est de l'Arabie, qui étaient traités comme des citoyens de seconde zone, se sont révoltés au mois de novembre 1979. Ils ont été réprimés dans le sang. Les adeptes sunnites d'un wahhabisme[1] pur et dur, conduits par Jouhaïmane Al-Outaïbi, ont pris d'assaut la Grande Mosquée de La Mecque le 20 novembre de cette même année, date qui correspondait au 1er de Moharram de l'an 1400 de l'Hégire[2]. Jouhaïmane et ses hommes ont fait vaciller le trône des Saoud pendant trois semaines. En s'emparant de la mosquée la plus sainte de l'islam, Jouhaïmane a proclamé au micro l'arrivée du Prophète attendu (*mahdi*), Mouhammad Bin Abdallah Al-Kahtani, « l'homme qui [allait] faire régner la justice sur la terre et nettoyer le pays de la corruption ». Ce dernier a trouvé la mort lorsque la Mosquée a été reprise par le pouvoir saoudien. Grâce aux puissants haut-parleurs, Jouhaïmane a inondé la ville de ses virulentes critiques contre les « Saoud corrompus », et il s'est barricadé avec plus de deux cents hommes en armes à l'intérieur de la Sainte mosquée. Profitant de la crise qui avait secoué la dynastie en opposant le roi Saoud au prince héritier Faïçal, au début des années 60, le groupe de Jouhaïmane avait été créé pour relancer le prosélytisme des « Frères[3] », qui avaient été sévèrement réduits en 1929. Dès 1912, ils avaient constitué, aux côtés des forces régulières, l'armée bédouine de Abdelaziz Ibn Saoud, fortement endoctrinée

1. Le wahhabisme est une école théologique qui adopte l'enseignement très rigoriste du cheikh Mouhammad Bin Abdel Wahab (1703-1791), qui est né dans le Najd, au centre de l'Arabie Saoudite.

2. Le calendrier musulman qui débute en l'an 622 de l'ère chrétienne, lorsque le Prophète Mouhammad a émigré de La Mecque vers Médine.

3. Les Ikhwans. Ils ont vécu dans des colonies établies au cœur du désert, la première étant Artawiya située sur la route entre Koweït et Kassim, qui fut une sorte de kibboutz du début du siècle. Ils étaient les soldats endoctrinés par les wahhabites au service des conquêtes de Abdelaziz. Lire à ce sujet *L'Histoire du Najd* de John Philby, diffusion Madbouli, Le Caire, 1994.

par des commissaires wahhabites. Mais en échappant définitivement au contrôle du roi et en décidant de poursuivre le *djihad* contre les impies au-delà des frontières, ils furent vaincus par Abdelaziz, lors de la bataille de Sabilat, en mars 1929. Le groupe de Jouhaïmane, nostalgique de cette époque de conquête territoriale et d'expansion religieuse, a plaidé pour l'application du concept de la « censure du pouvoir », à chaque fois que celui-ci s'éloigne des enseignements du Coran. Il était lui-même responsable de la « section déplacements », chargée de répandre la foi wahhabite dans le pays, sous l'autorité de la plus importante personnalité religieuse d'Arabie, le *mufti* Abdelaziz Bin Baz. Dès 1976, Jouhaïmane se fit remarquer par la violence de ses discours et par son appel à la rébellion contre le « pouvoir impie » des Saoud. Il les accusait d'être « liés à l'Occident chrétien » et de ne pas respecter les enseignements de la loi islamique, et il appela au *djihad* [1].

Informé sur-le-champ de l'occupation de la Grande Mosquée, le roi Khaled convoqua les oulémas [2] dans l'urgence et leur demanda une *fatwa* autorisant la prise d'assaut de la Mosquée. Ces derniers lui fournirent, non sans une certaine réticence, une réponse mitigée qui lui permit néanmoins d'agir.

Les militaires saoudiens piétinaient et subissaient de lourdes pertes. La Mosquée avait été transformée en forteresse, permettant à quelques centaines d'hommes aguerris de repousser les assaillants. Les Saoudiens firent appel aux troupes d'élites jordaniennes, en vain. C'est alors qu'ils eurent recours, dans le plus grand secret, à une unité française du GIGN, commandée par le capitaine Paul Barril, qui parvint à obtenir la reddition de Jouhaïmane et de ceux de ses hommes qui avaient survécu, aux premières heures du 5 décembre 1979.

Le 9 janvier 1980, soixante-trois personnes parmi les insurgés furent conduites dans huit villes pour être décapi-

---

1. Lire à ce sujet *Les Rois et les princes de l'Etat et de la religion en Arabie* (*Moulouk wa oumaraa aldaoulat waldine fi assououdiya*) de Sayyed Zahrane, diffusion Madbouli, Le Caire, 1992, p 315-370.

2. Les théologiens, les docteurs de la loi islamique et, plus généralement, les autorités religieuses reconnues.

tées au sabre. Le communiqué annonçant leur mort a révélé que le verdict n'avait pas emprunté les voies normales de la justice. Il n'y a pas eu de jugement en première instance ni en appel. Leur exécution a ressemblé à une sentence royale. Riyad voulait sans doute éviter une confrontation ouverte, qui aurait mis au jour les contradictions du régime et aurait porté gravement atteinte au wahhabisme, le principal socle doctrinal du pouvoir.

Le passage de ces radicaux sunnites à l'action révolutionnaire n'a pas été fortuit. Il correspondait à une conviction forgée, de longues années durant, chez les disciples de l'institution religieuse wahhabite, qui n'ont fait qu'appliquer rigoureusement l'enseignement qu'ils avaient reçu. Les conjurés ont réussi à garder le secret absolu de leurs intentions, en montant l'opération sous les tentes du désert, loin des yeux et des oreilles indiscrets.

Il convient de souligner l'influence de la dynamique khomeinyste sur ce mouvement révolutionnaire, qui avait apporté la preuve par l'exemple que les régimes en place pouvaient être défaits et réformés. Mais aucun indice probant n'a permis d'établir une quelconque ingérence étrangère dans l'attaque de la mosquée de La Mecque, en dépit de la présence d'une vingtaine de ressortissants arabes non saoudiens parmi les comploteurs.

Malgré cet épisode, la presse saoudienne a glorifié le *djihad* en Afghanistan tout au long des années 80. Le commandant islamiste afghan, Abd Rab el-Rassoul Sayyaf, a reçu le prix international « Roi Faïçal » pour les services qu'il avait rendus à l'islam au cours de cette décennie, et d'autres commandants afghans, comme Gulbuddin Hekmatiyar ou Ahmed Chah Massoud, ont été très généreusement soutenus par la dynastie Saoud.

Bin Laden, le « Che Guevara de l'islam »

Le chef incontestable des « Afghans arabes », Oussama Bin Laden, est né à Riyad en 1957. Lorsqu'il est âgé de six mois, sa famille s'installe à Médine où il fait ses études avant d'entrer à l'université Roi Abdelaziz de Jeddah et d'obtenir un diplôme de gestion et d'économie. Son père, Mouhammad Bin Aouadh Bin Laden, originaire du Yémen, est arrivé en Arabie sous le règne du roi fondateur Abdelaziz. Il a construit les murailles des résidences royales et les villes qui allaient accueillir les pèlerins. Sous le règne du roi Faïçal, il a été nommé ministre sans portefeuille. Il a amassé une fortune colossale grâce à son association avec la dynastie des Saoud pour effectuer les travaux d'agrandissement des Lieux saints de La Mecque. Depuis 1982, les dépenses consacrées à ces chantiers ont dépassé les 165 milliards de francs[1]. Sa famille est classée par les revues américaines *Fortune* et *Forbes* comme étant l'une des plus riches au monde. Ses sociétés de bâtiments et de travaux publics ont largement contribué à l'édification des routes et des autres infrastructures saoudiennes.

Mouhammad Bin Laden est mort en 1967, victime d'un accident d'avion, laissant derrière lui au moins soixante-quatre enfants. Lors de sa disparition, le roi aurait versé quelques larmes et déclaré : « J'ai été amputé de mon bras droit[2]. » Les frères Bin Laden, au nombre de vingt-cinq, n'avaient été « élevés que pour le *djihad* » par leur père[3]. Ils occupent aujourd'hui environ le tiers des conseils d'administration des quinze premières sociétés privées d'Arabie. Pour satisfaire le roi Fahd, le doyen de la famille, Bakr Bin Laden, a publié dans la presse saoudienne un communiqué dans lequel il reniait son petit frère Oussama, et assurait que celui-ci ne bénéficiait d'aucune retombée financière des opérations que l'entreprise Bin Laden réalisait en Arabie.

Oussama est l'enfant unique de sa mère d'origine syrienne. Benjamin de ses nombreux frères et sœurs, lui-même entrepreneur de BTP, il a répondu à l'appel du *djihad* dès le lendemain de l'invasion de l'Afghanistan. Il a ouvert la Maison des *Ansar* (partisans), qui formait les candidats au *djihad*. Il a connu personnellement les dirigeants afghans, a mené une vie de nomade clandestin au cours de

1. Déclaration du ministre saoudien du Pèlerinage, *Al-Quds Al-Arabi*, 2 avril 1999.

2. Déclaration d'Oussama Bin Laden citée par la publication islamiste saoudienne éditée à Londres, *Al-Houkouk*, n° 124, 14 mai 1997.

3. *Ibid.*

la dernière décennie et a échappé à plusieurs tentatives d'assassinat au Soudan et en Afghanistan. Son engagement progressif en faveur de la cause islamiste est devenu exclusif et total à partir de 1984.

Oussama a bénéficié du soutien financier de toutes les grandes fortunes d'Arabie, qui étaient vivement encouragées par le gouvernement à soutenir le *djihad*. Sous l'autorité du *mufti* des « Afghans arabes », le cheikh palestinien Abdallah Azzam, Oussama a organisé les *moudjahedin* sur le plan logistique et militaire, secondé dans cette tâche par un ingénieur irakien, Mouhammad Saad. Au cours de son exil soudanais, sa société de bâtiment et travaux publics, Akik, a construit 1 200 kilomètres de routes nationales entre Khartoum et Port-Soudan, situé sur la mer Rouge, ainsi que d'importantes infrastructures, notamment des aéroports et des centrales électriques. Le Soudan lui devrait encore environ 200 millions de dollars.

Cet homme grand et svelte, que ses intimes appellent Abou Abdallah du prénom de son fils aîné, porte une barbe abondante poivre et sel. Ses grands yeux en amande, protégés de sourcils semblables à deux épées, ont le regard d'un homme traqué de toutes parts. Il prend d'infinies précautions, surtout pour rencontrer les journalistes, et circule toujours avec une arme à portée de main, de préférence un kalachnikov, version raccourcie, qu'il prétend avoir récupéré sur un général soviétique mort au combat. (Cette redoutable arme automatique de fabrication soviétique, dont le débit de rafales est très rapide, a été l'arme individuelle la plus fabriquée au XXe siècle et celle qui a équipé toutes les guérillas du monde). Souvent vêtu d'une robe blanche immaculée, en référence à son origine saoudienne, recouverte d'une veste militaire et d'un châle afghan tissé à la main, signe de son engagement dans le combat armé, il se sépare rarement de l'indispensable couvre-chef caractéristique des combattants afghans. Oussama se déplace parfois en s'appuyant sur une canne, « en raison d'un mal de dos », assure-t-il. L'homme affiche une profonde conviction et s'exprime d'une voix douce, avec un débit lent mais assuré. Il se veut un saint de l'islam authentique, et tient à consacrer sa vie à faire triompher ses croyances religieuses, et « à conduire les Etats-Unis en enfer ».

Ses amis le décrivent comme un homme timide, modeste et qui dépense avec parcimonie, en dépit des moyens financiers colossaux dont il dispose et qu'il préfère consacrer au *djihad*. Ayant épousé quatre femmes, comme l'islam l'y autorise, Oussama est père de vingt enfants, dix garçons et dix filles.

C'est en 1988 que Bin Laden crée sa propre formation en Afghanistan, *Al-Ka'ida* (la Base), qui prône un panislamisme sans frontières. Elle était destinée à l'origine à combattre les régimes non arabes qui opprimaient des musulmans, comme les Palestiniens, les musulmans des Philippines, les musulmans du Cachemire et les musulmans de l'Union soviétique. Imprégné de la pensée *salafite* depuis sa première jeunesse, Oussama a glissé vers la pensée *takfiriste* [1] à partir de 1988, sous l'influence des idéologues égyptiens de la *Geama'a islamiyya*, et tout particulièrement d'Aïman Al-Zaouahiri, le chef du *Djihad*. Bin Laden mobilise tous les jeunes musulmans assoiffés de combats, en menant une politique de rassemblement universel.

A son retour d'Afghanistan en 1989, les autorités saoudiennes lui ont retiré son passeport, en raison de la doctrine d'*Al-Ka'ida* et des « fréquentations égyptiennes » de son chef. Il ne lui a été restitué qu'en 1991, avec la mention « valable pour un seul voyage ». Bin Laden est aussitôt reparti pour l'Afghanistan, mais il a vite été rebuté par la rivalité meurtrière qui s'était emparée des dirigeants afghans. Nommé président du Comité de réconciliation afghan, il a tenté de rapprocher les principaux chefs : Gulbuddin Hekmatiyar, Ahmed Chah Massoud et le président Rabbani. Mais au cours de l'année 1992, il a constaté son échec et a quitté l'Afghanistan pour le Soudan, non sans accuser Washington d'avoir provoqué la guerre

1. La doctrine takfiriste qualifie de *kafer* (apostat) tout musulman qui ne pratique pas l'islam selon le rite extrêmement rigoureux qu'elle prône. Le *kafer* est condamné à mort et son assassinat devient licite. Quand il désigne les chrétiens et les juifs, ce terme se traduit par impie.

civile afghane, dans le but de « discréditer l'expérience du *djihad* ».

Au Soudan, Oussama est vite devenu le premier entrepreneur de travaux publics, et il a mis ses moyens financiers à la disposition du régime. En 1993, il a prêté à Khartoum plusieurs millions de dollars pour importer de la farine en urgence, afin d'écarter une pénurie annoncée. A l'occasion de l'inauguration de l'aéroport de Port-Soudan, il a accordé une nouvelle aide de plusieurs millions de dollars au président Omar Al-Bachir. Déchu de sa nationalité saoudienne en 1994, Bin Laden a pu bénéficier d'un passeport diplomatique soudanais.

Depuis son exil soudanais, Oussama Bin Laden a créé le Comité du conseil et de la défense des droits légitimes (CCDDL), et il a ouvert une antenne à Londres. Ce courant fait une lecture politique, contestataire et combative de l'islam. Le programme du CCDDL se réfère au Coran, « seule source de légitimité », et il accuse le régime saoudien de nuire à l'islam, de mener la guerre contre les wahhabites réformateurs et de piller les richesses du pays. Il souhaite pouvoir demander des comptes au gouvernement et instaurer une solide coopération entre les forces islamistes du monde entier. Dans son manifeste, Bin Laden critique violemment l'armée saoudienne pour son « impuissance démontrée lors de la crise du Golfe, en dépit des sommes astronomiques qui ont été dépensées pour la mettre en place ». Il s'élève contre la gabegie, la pratique de l'usure bancaire et les taxes qui deviennent de plus en plus lourdes. Il dénonce les lois fondamentales promulguées par les autorités et prône le retour aux enseignements de Mouhammad Bin Abdel Wahab, le fondateur du wahhabisme.

Bin Laden a vigoureusement condamné la *fatwa* de Bin Baz qui avait légitimé la normalisation des relations avec Israël. « L'ennemi juif ne s'est pas installé dans son pays d'origine. Il n'a pas combattu des forces venues de l'étranger, ce qui aurait pu justifier l'armistice avec lui. Mais c'est un ennemi qui a violé la terre islamique sacrée.

[...] Le devoir légitime à l'égard de la Palestine est celui du *djihad,* mené par la *Oumma*[1] pour libérer ce territoire. »

Dès 1996, la justice égyptienne a réclamé son arrestation et l'a accusé de financer des actes de subversion contre le régime du Caire. Au lendemain de la tentative d'assassinat du président Moubarak à Addis-Abeba, en juin 1995, le Soudan a subi des pressions internationales pour extrader les personnes impliquées dans cette tentative avortée. Un accord a été passé entre l'éminence grise du régime, Hassan Tourabi, et Bin Laden, au terme duquel ce dernier, très amer, a regagné une nouvelle fois ses anciennes bases en Afghanistan.

Lorsque les talibans ont pris le pouvoir à Kaboul, en 1996, Bin Laden aurait dû être aux abois puisqu'il était proche de leurs adversaires. Or il s'est trouvé de bons alliés parmi eux, il a récupéré ses anciennes bases militaires et a reconstitué sa garde rapprochée. A partir de ce moment, il a ouvertement proféré des menaces à l'encontre de l'Arabie Saoudite et des Etats-Unis, exigeant que l'armée américaine se retire des « Lieux saints de l'islam ». Ces déclarations, ainsi que les deux attentats anti-américains à Riyad et à Al-Khobar en 1995 et 1996 (qui ont fait vingt-quatre morts et un millier de blessés) ont suscité deux demandes d'extradition de Bin Laden de la part de l'Arabie Saoudite et des Etats-Unis. Elles ont été rejetées par les talibans, mais les dirigeants afghans ont ordonné à Bin Laden de s'abstenir de toute déclaration publique et de respecter l'asile qu'ils lui accordaient.

Bin Laden dispose toujours d'un vaste réseau d'« Afghans arabes » qui constituent ses relais dans plus d'une vingtaine de pays arabes et occidentaux. Il est suspecté d'avoir financé certains des attentats commis en France en 1995. Les virements bancaires sur les comptes de Rachid Ramda, accusé d'être le financier direct de ces attentats, proviendraient de ceux de Bin Laden.

A partir de 1998, *Al-Ka'ida* s'est transformée en une véritable machine de guerre. Une *fatwa,* signée en février 1998 par Bin Laden et par les chefs égyptiens de la

1. La communauté des croyants.

Geama'a islamiyya et du *Djihad*, Rifa'ï Ahmed Taha et Aïman Al-Zaouahiri, constitue un solide argumentaire de six pages qui dénonce « l'occupation américaine de la Péninsule arabique, le pillage de ses ressources et la création de bases militaires en Arabie », ainsi que l'alliance « judéo-croisée » qui a tué plus d'un million d'Irakiens, en considérant que « ces guerres religieuses et économiques menées par les Américains servent les intérêts de l'Etat hébreu ». C'est pourquoi ces trois islamistes ordonnent à « tous les musulmans, où qu'ils se trouvent dans le monde, de satisfaire à l'obligation impérieuse de tuer les Américains et leurs alliés, qu'ils soient civils ou militaires, [...] jusqu'à ce que leur armée, battue, quitte les terres de l'Islam [...]. »

Bin Laden a la conviction que sa formation est capable d'infliger à l'Amérique une nouvelle défaite. Ses camarades, qui ont mené le *djihad* contre les Américains en Somalie, ont fait le « constat de la faiblesse morale du soldat américain et de sa lâcheté [1] ». Dans sa perception caricaturale du monde, Bin Laden considère que celui-ci est divisé en deux camps : d'un côté, celui de l'alliance judéo-croisée qui comprend principalement les Etats-Unis, la Grande-Bretagne et Israël, et de l'autre, le monde islamique. Son programme politique se résume en quelques points : d'abord, chasser les forces américaines des terres de l'islam, puis réformer les régimes de ces pays ou les renverser au cas où la réforme se révélerait impossible. Enfin, il prône l'application intégrale de la *Chari'a* dans la société islamique.

Bin Laden a justifié, sans pour autant les revendiquer, les attentats contre les « Juifs en Palestine » et l'armée américaine à Riyad, Al-Khobar, Nairobi et Dar Es-Salam, estimant que « c'[était] une réaction naturelle de jeunes qui ont voulu se sacrifier pour satisfaire Dieu. [...] Je voue un grand respect à ces hommes qui ont refusé le mépris réservé à la *Oumma* islamique et qui ont réagi sans lâcheté [...], ces hommes qui combattent tout ressortissant américain, qu'il soit soldat, ou qu'il verse cet impôt qui alimente le combat contre les musulmans ». Dans son interview à

1. *Al Jazira*, interview « Destruction de la *Ka'ida* », 15 juin 1999.

Al Jazira, il a approuvé l'attentat contre l'ambassade américaine de Nairobi d'août 1998, car, d'après lui, l'« ambassade de Nairobi abritait le siège régional de la CIA, où avait été programmée l'invasion de la Somalie et où avaient été menées les tentatives de frapper le Soudan afin de le diviser ». A la fin de l'année 1998, il a accordé une série d'interviews dans lesquelles il a réaffirmé son admiration pour les auteurs des attentats perpétrés contre les ambassades américaines du Kenya et de Tanzanie. Au quotidien saoudien *Al-Chark Al-Awssat* de Londres, il a déclaré le 25 décembre : « Les peuples britannique et américain ont largement fait état de leur appui aux décisions de leurs chefs d'agresser l'Irak, ce qui fait de chacun des ressortissants de ces pays, ainsi que des Juifs en Palestine occupée, des guerriers que tout musulman doit combattre et tuer. » C'est un changement de cap radical car, dans les années 80, Bin Laden avait donné des centaines de conférences pour expliquer les dangers que représentaient Saddam Hussein, le Parti du *Baas* irakien, ainsi que l'hypocrite Révolution iranienne.

A l'hebdomadaire *Times*, il a assuré : « Si l'incitation au *djihad* contre les Juifs et les Américains est considérée comme un crime, que l'histoire témoigne que je suis un criminel. Notre devoir est d'inciter au *djihad*, et par la grâce de Dieu, nous l'avons fait, et certaines personnes ont répondu favorablement à notre appel. » Déjà, en 1996, Bin Laden avait appelé les Saoudiens à mener une guerre d'usure contre les Américains dont les armées stationnaient en Arabie. Il a dénoncé l'alliance américano-israélienne comme étant « la plus grande impiété », ce qui équivaut au qualificatif de « grand Satan » attribué par Khomeiny à Washington.

Tout en invitant les Saoudiens à combattre l'armée américaine, il les a incités à préserver les richesses économiques du pays. Il a plaidé pour que les forces américaines soient remplacées par des forces islamiques, et il a invité l'armée saoudienne à observer la neutralité et à ne pas engager le fer avec l'armée américaine dans un rapport de forces défavorable, mais à opter pour une action de guérilla.

Les revendications à peine voilées des attentats anti-américains par Bin Laden ont jeté un certain froid sur ses relations avec ses protecteurs, les talibans. Leur chef, le mollah Mouhammad Omar, a contesté la *fatwa* décrétant l'assassinat, sans distinction, des Américains et des Juifs. Mais les talibans n'ont pas encore abandonné Bin Laden, désormais considéré par l'Amérique comme son ennemi numéro un, car le pouvoir afghan refuse de se compromettre avec Washington pour trahir un musulman qui bénéficie de sa protection. Bin Laden a quitté Kandahar pour se réfugier dans les montagnes afghanes, et un compromis a été arrêté entre les deux parties : si Bin Laden observe une discrétion totale, il continuera à bénéficier de l'hospitalité afghane.

Traqué de toutes parts, pourchassé par les agents saoudiens, jordaniens, égyptiens et américains infiltrés en Afghanistan, ayant vu ses bases afghanes bombardées par environ soixante-dix missiles *Tomahawk* en août 1998, Bin Laden, dont la tête est mise à prix, est devenu un enjeu diplomatique capital pour les talibans qui contrôlent 90 % de l'Afghanistan, sans toutefois disposer du siège réservé à leur pays aux Nations unies. Ils sont mis au pied du mur par les Etats-Unis, soutenus en cela par un ensemble d'Etats qui souffrent d'une façon ou d'une autre des actions menées par le courant représenté par Bin Laden, comme la Russie, l'Europe occidentale et même certains Etats arabes dont le pays d'origine de Bin Laden, l'Arabie Saoudite, ou encore l'Egypte et l'Algérie.

A trois reprises, le chef des services des renseignements extérieurs de l'Arabie, l'émir Turki Al Faïçal, s'est rendu auprès du mollah Omar pour que celui-ci lui livre Bin Laden, mais, à chaque fois, il s'est vu opposer un refus, d'autant plus que Bin Laden dispose depuis l'été 1998 de la citoyenneté afghane. Pourtant, l'Arabie a été le premier financier du *djihad* en Afghanistan, le premier pays qui a soutenu les talibans et l'un des trois pays qui a reconnu leur régime, aux côtés du Pakistan et des Emirats arabes unis.

Selon un journal de Londres[1], l'entretien entre l'émir Turki et le mollah Omar se serait très mal passé. Le mollah aurait répondu en ces termes à la demande du prince : « Comment, vous me demandez de vous livrer un homme que vous avez déchu de sa citoyenneté saoudienne, et qui a réclamé notre protection ? [...]. Comment pouvez-vous me demander de livrer un musulman à un Etat impie, même s'il est suspecté d'assassinats ? » Les échanges entre l'émir Turki et le mollah Omar auraient été marqués par des insultes que l'interprète n'a pas osé traduire. Il fut alors sommé par le mollah de les consigner avec précision, ce qui aurait conduit l'émir Turki à s'emporter : « Ces insultes sont indignes d'être prononcées par le Commandeur des croyants à l'attention de l'un de ses hôtes », et à exiger les excuses du mollah, qui aurait catégoriquement refusé de les présenter.

Dès son retour à Riyad, Turki Al Faïçal a eu vite fait de demander l'expulsion du chargé d'affaires afghan du royaume saoudien. Selon Bin Laden, l'émir Salmane Bin Abdelaziz, le puissant gouverneur de Riyad, aurait chargé trois Palestiniens de l'assassiner en leur promettant 300 000 dollars et la nationalité saoudienne. « Les talibans les ont arrêtés alors qu'ils s'apprêtaient à passer à l'acte [...]. Les dirigeants saoudiens ont gelé mes fonds et m'ont tout pris : ma nationalité, mes liens avec ma famille », assure-t-il. Le prince Salmane aurait chargé une autre équipe d'abattre Bin Laden, en 1998, mais elle a été appréhendée avant d'avoir pu passer à l'acte. En janvier 1999, la mère d'Oussama a été autorisée à se rendre en Afghanistan afin de transmettre à son fils un ultimatum de Riyad : il ne doit pas s'attaquer aux princes de la famille Saoud, sinon, sa propre famille ferait l'objet de terribles représailles. Mais le dissident saoudien est doublement protégé, par la *Chari'a* islamique, en vigueur chez les talibans, qui empêche de livrer un musulman à des « impies », et par les traditions tribales qui interdisent de livrer un « protégé », même si toute la tribu devait périr. A l'issue de la Seconde

1. *Al-Quds Al-Arabi,* 10 octobre 1998. Ce quotidien panarabe est l'un des mieux informés.

Guerre mondiale, les Afghans avaient refusé de livrer aux Alliés des Allemands qui étaient réfugiés chez eux. Cela fait partie de la personnalité afghane.

Les Américains ont tenté, eux aussi, de convaincre les talibans, sans rencontrer davantage de succès. En avril 1998, l'ancien représentant permanent de Washington auprès de l'ONU, Bill Richardson, s'est rendu à Kaboul pour proposer un marché : Washington reconnaîtrait le nouveau régime si celui-ci livrait les « Afghans arabes, Bin Laden en tête ». Afin de faire pression sur le gouvernement des talibans, Richardson était accompagné par une délégation d'entrepreneurs, représentant des sociétés américaines d'hydrocarbures qui comptaient construire un gazoduc destiné à acheminer le gaz du Turkménistan jusqu'au Pakistan sans transiter par l'Iran, alors soumis à un embargo américain. Deux compagnies américano-saoudiennes, Unocal et Delta, s'intéressent énormément à ce projet. Cette construction aurait créé des opportunités d'emplois et aurait procuré des *royalties* au gouvernement de Kaboul, estimées à 120 millions de dollars par an. Mais la négociation échoua, les deux parties n'ayant pas réussi à s'accorder. Les Américains ont commis un grave faux pas, confirmant l'argument développé par Bin Laden auprès des talibans selon lequel, même s'il devait être extradé, les Américains ne reconnaîtraient pas leur régime, mais leur dicteraient de nouvelles conditions. De fait, la réaction immédiate du porte-parole du département d'Etat américain, James Rubin, a laissé croire que l'expulsion éventuelle de Bin Laden n'allait pas améliorer les relations de Kaboul avec Washington, puisqu'il a dicté une longue liste d'exigences liées au problème de la drogue, du terrorisme, des droits de la femme, etc.

Face au refus des talibans, Washington a mobilisé le Conseil de sécurité de l'ONU pour exiger l'extradition de Bin Laden avant le 14 novembre 1999. La résolution 1267 datée du 15 octobre 1999, rédigée par les Américains et parrainée notamment par les Russes, déplore que les talibans continuent à donner refuge à Bin Laden et lui permettent de diriger un camp d'entraînement terroriste sur leur territoire. Le Conseil « exige » que Bin Laden soit livré aux

« autorités compétentes d'un pays où il a été inculpé, d'un pays qui le remettra à un pays où il a été inculpé, ou d'un pays où il sera arrêté et déféré devant la justice », faute de quoi tout Etat membre de l'ONU devra interdire aux avions afghans de décoller ou d'atterrir sur son territoire. Mais la compagnie afghane Ariana, propriétaire de trois vieux avions, ne dessert qu'une seule destination internationale. Le Conseil ordonne également le gel des comptes bancaires et d'autres biens des islamistes afghans. Néanmoins, on voit mal comment un pays si archaïque pourrait être affecté par ce type de sanctions, lesquelles n'ont pas réussi à faire céder des régimes beaucoup plus engagés dans le monde moderne, comme l'Irak et l'Iran.

Dès le mois de juillet 1999, Washington avait imposé des sanctions financières aux talibans. Bien qu'une minorité de talibans plaide pour se débarrasser de Bin Laden, la majorité, rassemblée autour du mollah Omar, demeure fidèle à une ligne intransigeante. Le chef des talibans a été soumis à d'énormes pressions ; le 24 août 1999, un camion chargé de trois tonnes d'explosif a sauté à proximité de sa résidence à Kandahar, faisant des dizaines de morts, ravageant le « quartier officiel », et provoquant de lourds dégâts jusqu'aux sièges de la Croix-Rouge internationale et de Médecins sans frontières. Washington a aussitôt démenti être le commanditaire de l'attentat, mais le secrétaire d'Etat adjoint pour l'Asie du Sud, Karl Inderfurth, aurait donné cet avertissement, en février 1999 : « Les talibans ont compris la détermination des Américains et ils ont pris conscience des menaces directes de bombardements qui pesaient sur la maison et les bureaux du mollah Omar à Kandahar. »

L'ensemble des mesures diplomatiques, militaires et financières auxquelles sont soumis les talibans expliquent sans doute les annonces, à intervalle régulier, du départ volontaire de Bin Laden. S'agit-il de brouiller les pistes ou cela reflète-t-il une lutte de clans au sein des talibans, qui s'exprimerait par le biais d'une agence de presse ? A la fin du mois de juillet puis à la fin du mois d'octobre 1999, l'agence islamique de presse a attribué à Bin Laden l'intention de trouver un autre pays d'accueil. Lequel ? Ce communiqué ne le révèle pas. Mais son éventuel départ de l'Afghanistan est aussi risqué que le choix de sa destination est restreint. Le Yémen est une destination problématique, car il a condamné à mort et a exécuté pour prise d'otages occidentaux un disciple de Bin Laden en octobre 1999, mais ce pays présente plusieurs avantages ; c'est le pays des ancêtres de Bin Laden et, dans cet Etat montagneux et tribal où soixante millions d'armes circulent en toute liberté, le courant islamiste est très bien implanté. L'autre solution est de « se jeter dans la gueule du loup » en rejoignant le Caucase, de se rendre en Irak après avoir fait son *mea culpa,* ou bien encore en Somalie, où il pourrait finir sa vie en martyr.

Mais Bin Laden dispose d'une fortune personnelle estimée entre 200 et 500 millions de dollars, et Washington suspecte toujours de richissimes ressortissants du Golfe de financer ses activités. L'ex-patron de la National Bank, le Saoudien Khaled Bin Mahfouz, serait placé en résidence surveillée pour avoir transféré des fonds à des œuvres islamiques caritatives qui servent de paravent à Bin Laden[1]. En octobre 1999, le ministre américain de la Défense et le secrétaire d'Etat britannique aux Affaires étrangères ont vivement incité le gouvernement des Emirats arabes unis à geler les fonds de Bin Laden et à traquer les mouvements qui alimentent les comptes dont il bénéficie indirectement. Ses partisans, notamment ceux installés aux Etats-Unis, ont réussi au cours des dernières années à envoyer des dons au chef islamiste, et ils ont même bénéficié d'une remise d'impôts de la part du fisc américain. En France, un diplomate nous a confié que, dans les premiers jours qui avaient suivi le bombardement au *tomahawk* des bases de Bin Laden en Afghanistan, douze mille adhésions de militants islamistes étaient parvenues à Abou Abdallah.

L'Arabie Saoudite, victime des attentats islamistes, et d'autres pays du Golf ont été vivement incités par les Etats-Unis, l'Algérie et l'Egypte à surveiller de très près la collecte de la dîme ainsi que d'autres offrandes à caractère religieux ou caritatif, en les soumettant à un strict contrôle

1. *Al-Quds Al-Arabi,* 30 octobre 1999, et *TTU,* 12 novembre 1999.

gouvernemental, afin d'empêcher que des sommes destinées à l'action socio-caritative se retrouvent sur les comptes qui financent les actions politiques et terroristes de Bin Laden et de ses camarades. En octobre 1998, le Comité du secours islamique mondial, dont le siège est situé à Jeddah en Arabie, a été mis en cause par la presse américaine pour ses relations avec Bin Laden. Cette ONG islamique, dont l'activité avait été temporairement suspendue au Kenya, s'est défendue d'entretenir aucune relation avec le dissident saoudien.

Le discours de Bin Laden s'adapte à la mondialisation. Ce « khomeiny », version sunnite, veut professer une doctrine universelle, qui va au-delà d'une identité nationale définie. Son « internationale » exerce une grande fascination sur les déshérités de l'islam. Bin Laden compte parmi les « stars » islamistes de ce monde, grâce à la publicité que lui a faite le gouvernement américain. En lui attribuant un très grand pouvoir de nuisance, Washington a éveillé beaucoup d'intérêt autour du nom de Bin Laden. Il a acquis une grande notoriété et il a fait des émules. Son compatriote Habib Abdelrahman El-Khattab, dit Ibn El-Khattab, mène le même combat dans le Caucase. A trente-quatre ans, il se proclame « chef des *moudjahedin* arabes dans le Caucase ». El-Khattab a combattu en Afghanistan, aux côtés de Bin Laden, avant de guerroyer au Tadjikistan (1993-1995), puis en Tchétchénie où, à l'issue du premier conflit russo-tchétchène, il a été nommé général. Son programme, diffusé sur Internet, se résume en quelques mots : « Nous voulons libérer les terres musulmanes du Caucase, après soixante-dix ans de tyrannie exercée par les communistes athées, et y créer un Etat islamique. » Avide de reconnaissance, il se fait suivre par une équipe de tournage qui filme ses faits de guerre, afin de les diffuser à ses recrues dans sa base d'entraînement, et d'en envoyer une copie à ses riches bienfaiteurs dans le Golfe pour les inciter à financer ses activités [1].

Les autorités russes ont accusé le « mouvement wahhabite » de Bin Laden d'inspirer et de financer les

1. *An-Nahar*, 8 novembre 1999.

troubles, sans toutefois avancer de preuves. Le porte-parole du gouvernement tchétchène, Saleh Brandt, accuse « l'université islamique de Médine [en Arabie Saoudite] d'être le centre qui œuvre pour répandre l'influence wahhabite dans le Caucase ». Cette université a été créée en 1960, à la demande très insistante des autorités wahhabites. Son siège a été installé dans un palais du roi Saoud. Son premier recteur fut Bin Baz. Elle forme des prédicateurs qui répandent le wahhabisme parmi les musulmans de la planète, à commencer par l'indomptable province du Hedjaz. Tous les cadres qui ont envahi la Grande Mosquée de La Mecque, aux côtés de Jouhaïmane, en étaient issus [1]. Un responsable russe a également accusé « l'Arabie saoudite, le Koweït, le Qatar, la Syrie [...] de financer les islamistes » dans le Caucase.

En réalité, le gouvernement saoudien s'abstient de financer directement des mouvements politiques — à l'exception notable de celui de Najmedine Erbakane, en Turquie — ainsi que les organisations qui appellent à la rébellion ou à la révolte. Seul, le roi Faïçal l'avait fait dans sa guerre ouverte contre Nasser. Depuis, le financement passe par les associations de bienfaisance et par le biais des fonds colossaux que gèrent les multiples institutions wahhabites.

Tout en s'engageant à aider les *moudjahedin* en Tchétchénie et au Cachemire, Bin Laden a répondu au défi de Washington qui a mis sa tête à prix, en faisant placarder dans certaines provinces afghanes, à la mi-septembre 1999, le portrait du président Clinton, et en invitant les musulmans du monde entier à l'arrêter. Il a annoncé que le XXIe siècle serait celui de l'hégémonie de l'islam et a prédit que l'effondrement des Etats-Unis succéderait à celui de l'URSS [2].

La traque de Bin Laden est désormais une priorité pour Washington, Moscou et d'autres capitales. Elle a déjà coûté des centaines de millions de dollars à l'Amérique qui

1. Lire à ce sujet *Les Rois et les princes de l'Etat et de la religion en Arabie* de Sayyed Zahrane, pp. 313-335.
2. *Al-Quds Al-Arabi*, 20 septembre 1999.

a capturé au moins six de ses principaux lieutenants. Parmi eux figurent l'ancien secrétaire particulier de Bin Laden, accusé d'avoir cherché à se procurer des armes chimiques pour le compte d'*Al-Ka'ida*, ainsi que son « ministre des Finances », un Soudanais d'origine irakienne, appréhendé en Allemagne puis extradé en décembre 1998 aux Etats-Unis, alors qu'il tentait de se procurer une arme nucléaire — cette accusation paraissant en l'occurrence peu fondée. Le précédent « ministre des Finances » de Bin Laden s'était rendu aux autorités de Riyad en 1996, en livrant ses anciens camarades.

Bin Laden est sans doute l'homme dont la traque aura été la plus coûteuse pour le gouvernement américain. Le seul coût des soixante-dix missiles *Tomahawk*, qui ont ciblé ses bases, s'élève à environ 500 millions de francs, sans compter les satellites mobilisés en permanence pour repérer ses moindres déplacements et les contacts qu'il peut chercher à établir avec son réseau planétaire. Le raid manqué contre ses bases afghanes s'est doublé d'un fiasco retentissant, avec la destruction d'une usine de médicaments à l'est de Khartoum, suspectée à tort de produire du gaz VX [1]. Cette grossière erreur a mis en cause la crédibilité du service des renseignements américain.

L'organisation clandestine de Bin Laden a contraint Washington et Londres à fermer préventivement quarante ambassades sur le continent africain, au lendemain du double attentat de Nairobi et de Dar Es-Salam, en août 1998. Washington affirme avoir mis en échec des attaques terroristes contre une base militaire et six de ses ambassades en Afrique. Le directeur de la CIA, George Tenet, a informé ses compatriotes qu'en 1998 ils avaient été la cible de 35 % des actes terroristes menés à travers le monde. Washington se dit aussi très préoccupé par le fait que le groupe de Bin Laden pourrait détenir des armes de destruction massive, et se montre très inquiet de la disparition d'importants stocks russes de plutonium et d'uranium enrichis, qui se trouveraient, via la mafia, entre les mains d'Abou Abdallah. Cette hypothèse semble peu crédible,

1. Un agent chimique qui attaque le système nerveux.

dans la mesure où la multinationale islamiste ne dispose pas d'installations ni de laboratoires de recherches susceptibles d'offrir aux ingénieurs les conditions nécessaires pour fabriquer la bombe atomique, et encore moins une bombe en miniature. Le manque de vecteurs pour la larguer sur les cibles privilégiées pose également problème.

Mais les armes chimiques et bactériologiques pourraient être sinon acquises, du moins à portée de main de ce groupe, en raison de la facilité avec laquelle il a pu se procurer ces substances. Le procès d'anciens « Afghans » instruit en Egypte, en mars 1999, a révélé que la multinationale de Bin Laden s'était fait livrer par des laboratoires de l'Europe de l'Est et d'un pays asiatique, via la poste, des substances chimiques et bactériologiques, contre une somme de seulement 11 185 dollars. Selon le plus haut responsable du groupe, Ahmed Salamé, Bin Laden projetterait d'utiliser ces armes contre des cibles américaines et israéliennes. D'ailleurs, le chef des « Afghans » a déclaré en décembre 1998 : « Ce n'est pas un crime de tenter de se procurer ces armes. C'est même un devoir religieux. Ce serait un péché pour tout musulman que d'y renoncer, car nos ennemis en ont. Disposons-nous de telles armes ? Sommes-nous capables de nous en servir ? C'est notre affaire. »

On ne s'étonne pas de voir le gouvernement fédéral américain vacciner certains responsables de la Maison-Blanche, du FBI, ainsi que les soldats américains déployés dans le Golfe contre les effets des armes bactériologiques. Il n'est pas non plus surprenant que l'administration américaine consacre trois milliards de dollars, échelonnés sur une durée de cinq ans, au renforcement de la sécurité de ses représentants diplomatiques.

Les Etats-Unis ont pris plusieurs mesures pour faire face aux *Rogue States*, les « Etats voyous », et les organisations susceptibles de détenir des armes de destruction massive : la désignation d'un coordinateur de la lutte antiterroriste, Richard Clarke, qui dispose d'un budget annuel de dix milliards de dollars, la formation de dix unités spéciales de la Garde nationale destinées à réagir dans un délai de quatre heures à toute agression toxique, et enfin le renforcement de la lutte contre la prolifération des armes de destruction massive. Fin octobre 1999, plusieurs dirigeants des services de renseignements américains, européens, russes, indiens et arabes se sont réunis dans le plus grand secret, sous la houlette de la CIA, pour débattre des capacités de nuisance éventuelles des groupes terroristes dans le domaine des armes non conventionnelles. Ils se sont interrogés sur les révélations du général russe Alexandre Liébed, selon lequel une centaine de bombes nucléaires en miniature auraient disparu de l'arsenal russe[1].

L'éventuelle élimination de Bin Laden, qui jouit désormais du statut de « Che Guevara de l'islam », ne manquerait pas de susciter de très violentes réactions dans le monde islamique. Si, à cause d'une simple rumeur qui répandait le bruit que l'armée américaine était entrée à La Mecque en 1979, 10 000 Pakistanais avaient envahi et détruit l'ambassade américaine de Karachi, en faisant plusieurs morts, quelle serait la réaction des militants islamistes si Bin Laden était éliminé ou même capturé ? L'un de ses amis et admirateurs nous a confié en août 1999 : « J'aurais souhaité qu'Oussama périsse en martyr dans les récents combats au Cachemire. Car j'ai bien peur de le voir un jour prochain sur CNN menotté, après un atterrissage à l'aéroport JFK de New York, et le lendemain portant le treillis des criminels ou des trafiquants de drogue dans le sous-sol d'un tribunal américain, avec son numéro de prisonnier affiché en gros caractère sur sa tunique. »

1. *Al-Chark Al-Awssat*, 11 novembre 1999.

CHAPITRE II

LA MOUVANCE ISLAMISTE MONDIALE PUISE SA DOCTRINE DANS LE WAHHABISME

Oussama Bin Laden ainsi que l'ensemble de la mouvance islamiste ont été profondément influencés par les principes et les pratiques en vigueur en Arabie Saoudite, marqués du sceau du courant wahhabite qui représente l'islamisme d'Etat.

Le wahhabisme est une école théologique sunnite qui adopte l'enseignement très rigoriste de cheikh Mouhammad Bin Abdel Wahab (1703-1791), le compagnon du chef politique et guerrier Mouhammad Ibn Saoud, avec lequel il a jeté les fondements du premier embryon étatique saoudien. Grâce à l'alliance de ces deux hommes et de leurs descendants, le wahhabisme a régné sur le centre de la Péninsule arabique, de 1743 à 1818. Ce courant s'appuie sur le sens littéral du Coran et de la Sounna [1], en refusant toute tentative d'interprétation *(al-ijtihad)* du texte religieux par la pensée humaine, « comme si les textes étaient créés par Dieu et que la pensée humaine était l'œuvre de Satan [2] ». Il se fonde également sur les enseignements de l'imam Ahmed Ibn Hanbal, mort autour de 855, dont la justice saoudienne adopte les *fatwas* pour sa juridiction courante, et sur ceux de Ibn Taïmiyya (1263-1328), en ce qui concerne notamment les relations entre le pouvoir politique et le peuple.

Les wahhabites ont la certitude d'être les seuls repré-

1. La Tradition, c'est-à-dire l'ensemble des paroles et des actes du Prophète, rapportés par ses compagnons et par les deux générations suivantes. *Op. cit*, p. 43.
2. Nabil Mouhammad Rachouane, *Al Islam Al Saoudi*, éd. Madbouli, Le Caire, 1994, p. 6.

sentants de l'islam véritable, qu'ils situent dans la lignée du Prophète et de ses premiers compagnons. Ils qualifient tous ceux qui ne partagent pas leurs croyances, fussent-ils sunnites, de « polythéistes » ou d'« impies ». Ils ordonnent de les rejeter et proscrivent toute relation avec eux, comme le mariage avec leurs sœurs ou leurs filles et le partage de leurs repas.

Ibn Taïmiyya, l'un des pères de la doctrine wahhabite, déteste les philosophes et ne reconnaît que les dires du Prophète. Il condamne tous les penseurs et les grands théoriciens de l'islam, comme Al Farabi, Al Sahrourdi, ou encore Avicenne et Averroès. Les wahhabites se sont toujours tenus à l'écart des grands courants philosophiques et ils pourfendent toute initiative créatrice dans les domaines de la pensée, des sciences et des arts.

La confusion volontaire entre wahhabisme et salafisme

Pour les besoins de la communication moderne, les wahhabites se sont servi d'un synonyme dont le sens est plus valorisant en arabe, mais qui se révèle quelquefois impropre : le *salafisme*. Ils introduisent sciemment la confusion entre ces deux appellations. L'hebdomadaire saoudien *Al-Mouslimoun*, qui a régulièrement véhiculé la pensée et les positions du « Vatican wahhabite », a titré sur huit colonnes : « Le Comité des grands oulémas [...] [est] la référence du *salafisme* contemporain[1]. » Pourtant, les *salafites* les plus authentiques réfutent leur appartenance à la pensée « très restrictive » des wahhabites. Ces derniers qualifient d'« impie » tout musulman qui considère la tombe du Prophète ou tout autre vestige islamique comme un sanctuaire qu'il visite et qu'il vénère, ou qui confonde le Prophète Mouhammad et Dieu, car le musulman ne doit adorer que le seul Dieu. Il est néanmoins admis de regrouper ces deux écoles dans le même courant islamiste.

L'un des dirigeants *salafites,* cheikh Eid Abassi,

1. *Al-Mouslimoun*, 25 avril 1997.

oppose le *salaf* au *khalaf* (les ancêtres des trois premiers siècles à leurs successeurs) : « A l'issue des trois premiers siècles de l'islam, des comportements de rupture sont apparus, en raison du brassage qui s'est opéré entre les musulmans, et de l'introduction de cultures étrangères au cœur de l'Etat islamique qui ont influencé les musulmans. Certains émirs et gouverneurs, qui n'avaient pas connu le fond de l'islam, ont alors accordé des prix pour récompenser les auteurs de traductions de livres écrits par d'autres peuples. Ce fut une grave erreur, car les musulmans ne doivent s'inspirer d'aucune autre nation pour leur religion, leur morale, leurs idées, leurs valeurs et leurs comportements. Cela signifierait [...] que l'enseignement du Prophète est insuffisant et qu'il convient de le compléter auprès d'autres peuples, ce qui revient à commettre une impiété [1]. »

Les wahhabites pratiquent un *salafisme* très sélectif, qui rejette la majeure partie de la culture sunnite des trois premiers siècles de l'islam. Ils excluent par exemple le courant de pensée incarné par les *Mou'tazila* [2], qui appartiennent pourtant à l'époque *salafite*, et qui comptaient dans leurs rangs des centaines de penseurs et de poètes. Ils leur reprochent d'avoir accordé une trop grande place à l'intelligence et à l'interprétation des textes, et surtout d'avoir légitimé la révolte contre tout pouvoir politique injuste, car, selon les wahhabites, ce principe engendre la *fitna* [3]. Enfin — et c'est là le grief le plus grave —, les *Mou'tazila* ont emprisonné et torturé l'imam Ibn Hanbal, la principale autorité au sein du courant wahhabite. Ils rejettent également le courant *Al Ach'ariya* [4].

1. Cité par Rachouane, *op. cit.*, p. 23.

2. « Les abstentionnistes » ou « les démissionnaires ». Ce terme désigne le courant, fondé par Wassel Bin Ata'a, qui a vu le jour à la fin du règne des Omeyyades (650-750), et qui a observé la neutralité dans les querelles de pouvoir entre les musulmans.

3. La guerre civile entre les musulmans.

4. Le courant *salafite* appelé *Al Ach'ariya,* du nom de son chef l'imam Abou Al Hassan Al Ach'ari (mort au début du IVe siècle de l'Hégire), fut violemment critiqué par l'imam Ibn Taïmiyya, alors même que les wahhabites avaient adopté son attitude très hostile aux chiites, qualifiés d'« hérétiques ». Ceux-ci ont d'ailleurs beaucoup souffert des persécutions des wahhabites.

Ils s'enferment ainsi dans d'étroites limites et, en favorisant un isolationnisme centré sur le Najd, empêchent leurs disciples de s'émanciper intellectuellement. Ils conçoivent exclusivement l'avenir à travers le prisme des trois premiers siècles de l'islam, et refusent tous les apports de l'âge d'or de l'islam à la civilisation universelle. Toutes les autres civilisations, qualifiées d'impies, sont condamnées, ainsi que le mouvement de traduction des langues étrangères en arabe. D'autre part, leurs enseignements sont extrêmement favorables aux pouvoirs établis ; l'imam wahhabite Ibn Hanbal prône la soumission totale au chef de l'exécutif[1], même si celui-ci se révèle injuste ou s'il ne respecte pas la loi islamique. Il recommande la patience et « proscrit la révolte armée, même pour faire face à la tyrannie des princes[2] ». L'imam Malek (mort au tout début du xe siècle) avait aussi recommandé l'obéissance absolue aux dirigeants. Il est inconcevable de remettre en cause la personne du chef de l'exécutif ; les croyants doivent se soumettre inconditionnellement à sa volonté, et nulle opposition au prince n'est tolérée. Ce devoir a enfin été énoncé par un courant *salafite* très récent, l'école *jamite,* pour venir au secours de la dynastie. Fondée par cheikh Amane Al-Jami, elle est également animée par un professeur de l'université islamique de Médine, Rabih Madkhali. Ce clan constitue le parti inconditionnel du pouvoir au sein des wahhabites.

Le « Vatican wahhabite »

Au milieu du XVIIIe siècle, les tribus du Najd donnèrent une dimension nationale et spirituelle à leurs combats réguliers et dépassèrent le stade de la simple solidarité tribale et de la conquête de l'espace désertique, de l'eau, des

1. *Walï al-amr.*

2. Abbas Khamayar, *Iran Wal Ikhwane al mouslimoun (L'Iran et les Frères musulmans)*, Ed. Markaz Al Dirassat Al Istratigia Wal Bouhouss Wal Taoussiq (Centre des études stratégiques, des recherches et de la documentation), Beyrouth, 1997, p. 158.

oasis et de la nourriture pour les hommes et leur bétail[1]. Elles s'unirent au sein d'une alliance sacrée, scellée entre Bin Abdel Wahab et Mouhammad Ibn Saoud. La paix s'instaura au cœur du Najd, jadis marqué par des razzias incessantes entre tribus. Encouragées par la Grande-Bretagne, elles réunirent leurs forces et menacèrent le nord de la Péninsule, l'Irak et la Syrie intégrés à l'Empire ottoman. En 1818, Mouhammad Ali d'Egypte envoya, à l'instigation des Ottomans, son fils Ibrahim Pacha à la tête de l'armée égyptienne pour envahir la Péninsule. Ce dernier occupa la capitale du wahhabisme, Al Dari'ia, à proximité de Riyad. Les Egyptiens détruisirent tout sur leur passage, coupant même les arbres dans les rares oasis, et tuant cinq cents religieux wahhabites, sans épargner les femmes. Les descendants directs de Abdel Wahab furent emmenés comme prisonniers en Egypte.

Outre le fait qu'ils servaient les intérêts contradictoires des Britanniques et des Ottomans, les wahhabites et les Egyptiens développaient une conception totalement opposée de l'islam. Les oulémas égyptiens de l'université islamique du Caire, *El Azhar,* condamnaient vigoureusement l'interprétation wahhabite, ultrarigoriste, de l'islam, et les pèlerins égyptiens étaient régulièrement malmenés par les wahhabites.

Ce courant islamiste a survécu à l'invasion égyptienne. Il constitue toujours la seule pensée autorisée en Arabie Saoudite et s'est renforcé, à la fin du XXe siècle, grâce au maintien de l'alliance entre les descendants de Abdel Wahab et de Ibn Saoud, à l'abondance du pétrodollar, et enfin à l'instauration, au cœur de l'Arabie, d'un clergé structuré en un « Vatican wahhabite » qui dispose de moyens financiers colossaux.

Le wahhabisme se caractérise par un grand formalisme. Il dicte un comportement exclusif que tous les musulmans se trouvant en Arabie doivent impérativement adopter : il est fermement recommandé aux hommes de

1. Lire à ce sujet le livre de John Philby, le père de Kim Philby, le chef du contre-espionnage britannique qui a rallié l'URSS en 1963, *L'Histoire du Najd,* Ed. Madbouli, Le Caire, 1994, p. 409.

ne pas se raser la barbe, de ne pas porter de robes trop longues ou trop courtes, de prohiber tout costume à l'occidentale. Il est formellement interdit de fumer, d'écouter de la musique, d'acquérir ou d'exposer des objets d'art. Les femmes, quels que soient leur âge et leur niveau intellectuel ou social, sont contraintes de ne pas quitter leur domicile, encore moins le pays, sans être accompagnées par leur tuteur légal (père, mari, frère ou fils).

Cet ensemble d'interdictions s'accompagne d'une obligation impérative de faire les cinq prières quotidiennes, dans la mosquée du quartier. Les premiers wahhabites instaurèrent, dès le XVIIIe siècle, une milice des mœurs, la Commanderie pour la promotion de la vertu et la répression du vice [1], dont les agents sont communément appelés les *Moutawa'a* [2]. Cette instance exerce une surveillance très sévère sur la population et dispose d'un budget énorme pour s'acquitter de sa mission d'espionnage de la société et de « redressement » des mœurs.

Depuis la formation de l'Arabie moderne en 1902, le pays repose toujours sur ses deux piliers traditionnels : le wahhabisme qui s'est constitué en « Vatican » et la dynastie Saoud. L'alliance entre ces deux acteurs était indispensable pour la renaissance de l'Arabie ; elle ne s'est jamais démentie depuis. La prépondérance est revenue tantôt aux wahhabites, tantôt à la dynastie, mais ils se sont toujours ménagés mutuellement. Le « Vatican wahhabite » est constitué d'une direction collégiale depuis 1970, au lendemain de la mort du grand *mufti* Mouhammad Bin Ibrahim Al-Acheikh, qui a concentré entre ses mains dix-huit des plus importants postes du royaume, entre 1954 et 1969. La disparition de ce *mufti* — un descendant de Mouhammad Bin Abdel Wahab, qui avait bloqué les réformes du roi Faïçal et avait osé lui réclamer la part de sa tribu fondatrice dans les ressources de l'Arabie — soulagea le souverain, qui avait interprété cette revendication comme une volonté de concurrencer la famille royale. Les Saoud déci-

1. *Hay'at Al Amr Bil Maarouf Wal Nahi Anel Mounkar.*

2. Des volontaires dont la mission est de forcer les gens à observer à la lettre la loi islamique.

dèrent alors de favoriser une direction collégiale et de disperser les postes de responsabilité au sein des institutions wahhabites, afin de disposer de plusieurs interlocuteurs et d'empêcher que les pouvoirs ne soient concentrés entre les mains d'un seul homme, qui se prendrait pour l'*alter ego* du roi. Ainsi, Faïçal créa, dès 1970, le Centre de recherches de la *Chari'a*, puis il dissocia la fonction de *mufti* de celle de ministre de la Justice, en créant ce dernier ministère et en séparant les tribunaux et l'inspection judiciaire, et il instaura le Haut Conseil de la magistrature qui comprend deux instances, l'une restreinte composée de cinq juges, l'autre élargie comprenant treize magistrats.

Faïçal a également rétabli la Commanderie pour la promotion de la vertu et la répression du vice, dont le président a rang de ministre. Il a créé la « direction du prosélytisme et de la propagation de la foi », ainsi que le ministère des Biens religieux, puis le ministère du Pèlerinage, traditionnellement confié à un homme de la province du Hidjaz où sont situées les villes saintes de La Mecque et de Médine.

Le roi Fahd a instauré le Conseil supérieur pour la *Da'awa* (la prédication) islamique, qui supervise toutes les autorités religieuses, et il en a confié la présidence au prince Sultan Bin Abdelaziz. Jusqu'à sa disparition, en mai 1999, et pendant vingt-neuf ans, le mufti Abdelaziz Bin Baz a dirigé le « Vatican wahhabite » et a présidé neuf institutions de première importance[1]. Ainsi, un homme de la dynastie des Saoud coiffe toutes les activités religieuses et sociales des wahhabites. Pour ménager la puissante police des mœurs (*Moutawa'a*), tant redoutée par les Saoudiens et les étrangers, Fahd leur fait un cadeau annuel, hors budget, de 100 millions de riyals (160 millions de francs). Cette milice wahhabite mène ses raids à toute heure du jour et de la nuit, afin de débusquer tous ceux qui contreviennent en quelque façon aux règles dictées par les wahhabites.

Ce « Vatican » est constitué d'une écrasante majorité d'oulémas issus du Najd, le vivier historique du wahhabisme. Il dirige à lui seul vingt-cinq institutions qui disposent

1. *Al-Mouslimoun*, 15 avril 1997.

d'un budget annuel estimé, au début des années 90, entre 31 et 34 milliards de riyals, soit environ 10 milliards de dollars[1]. Son pouvoir s'étend des institutions purement religieuses jusqu'aux multiples départements annexes placés sous son autorité, comme le ministère de la Justice, le Conseil constitutionnel, les universités, les médias, la Banque islamique, la Conférence islamique mondiale, la Commanderie pour la promotion de la vertu et la répression du vice, les institutions caritatives, les mosquées, les ministères du Pèlerinage et des Biens religieux (les *Wakf,* créés en 1993), etc.

Grâce au budget qui leur est confié et à l'armée de fonctionnaires et de prédicateurs qui sont sous leurs ordres, les wahhabites pèsent d'un poids décisif sur la société. Ils dirigent environ trente-cinq mille mosquées dans un pays où les prières quotidiennes sont impératives. La densité des lieux de culte, qui sont autant de permanences *salafites,* est telle qu'il existe en moyenne une mosquée pour trois cent quarante-deux personnes.

Cheikh Abdelaziz Bin Baz a publié des centaines de *fatwas* qui font autorité en Arabie Saoudite et auprès des wahhabites du monde entier. Son œuvre prolifique est réunie en six volumes, luxueusement reliés[2] et bat tous les records de diffusion. Des hommes d'affaires l'éditent à leurs frais et la distribuent gracieusement. Bin Baz, atteint d'une cécité partielle à l'âge de seize ans, est devenu totalement aveugle dès vingt ans. Dans les années 40, il s'était illustré par sa résistance au roi Abdelaziz, en renonçant à son poste de magistrat à Al-Kharj ; emprisonné pendant une nuit, il fut libéré à la suite de la mobilisation de la population en sa faveur.

1. Anouar Abdallah, *Les Oulémas et le trône*, Ed. Al-Raféd, Londres, 1995, p. 120. Il a été l'un des premiers à évoquer le « Vatican wahabite ».

2. *Majmouh fatawa wa makalate moutanaoui'a* (*Ensemble de fatwas et articles divers*), réunis en six tomes par Mouhammad Al Chouaïér, Maktabat Al Ma'aref, Riyad, 1997.

L'encadrement religieux de la société

En Arabie, les libertés individuelles sont confisquées par la caste wahhabite. A l'exception notable des membres de la famille royale, le citoyen doit adopter un comportement standard, à l'intérieur d'un cadre strictement délimité. L'encadrement de la société est total. La prise en charge de l'individu commence dès son plus jeune âge, et repose en grande partie sur l'enseignement religieux, qui compte à lui seul sept cours différents ; sur trente-cinq heures d'enseignement hebdomadaire, quatorze heures sont consacrées à l'apprentissage de l'islam. L'étudiant qui échoue à son examen dans cette discipline doit redoubler son année.

Pendant plus d'un quart de siècle, ce contrôle a été placé sous l'autorité du *mufti* Bin Baz. Il a été considéré comme un saint vivant par l'islam wahhabite. Lors de ses obsèques nationales, célébrées à la mi-mai 1999 dans la Grande Mosquée de La Mecque, plus d'un million de Saoudiens se sont pressés derrière sa dépouille. Le roi Fahd, très affaibli depuis une attaque cérébrale survenue en 1995, a tenu à participer personnellement à la cérémonie, entouré par l'ensemble de la famille royale.

Le « Pape » du wahhabisme a édicté un ensemble d'interdits qui ont banni tout espace de création et d'imagination de la vie sociale. Ses ordonnances s'appliquent à des questions tout à fait insignifiantes, comme les bijoux portés par les femmes, la façon de saluer d'un geste de la main ou de se soulager debout pour les hommes. Au début du XXe siècle, le téléphone, les télécommunications, les voitures et les motos avaient été interdits, car les wahhabites ne comprenaient pas leur fonctionnement et l'attribuaient aux mauvais esprits sataniques *(djinn)*. En 1930, ils réunirent un congrès pour se prononcer sur l'acquisition des langues étrangères et décidèrent de l'interdire, sous prétexte que cela permettrait aux musulmans de connaître la religion des impies. Ils refusèrent également l'apprentissage de la géographie qui enseignait que la Terre est ronde, ainsi que l'initiation de la peinture et des arts plastiques, pour ne pas reproduire les créations divines [1].

1. Rachouane, *op. cit.*, p. 12-13.

A l'égard du système solaire, Bin Baz adopte toujours la position qui était celle de l'Eglise catholique au XVIIe siècle qui, par le biais du Saint-Office, avait condamné le physicien Galilée à une résidence surveillée qui dura de 1633 jusqu'à sa mort, en 1642. Plus de trois siècles et demi plus tard, le « Pape du wahhabisme » a condamné à mort « toute personne qui affirme que le Soleil est immobile, sans se repentir. Car cela revient à démentir les dires du Prophète. En islam, il y a unanimité pour considérer que celui qui fait démentir Dieu, son Prophète ou son Livre saint est un impie. Il mérite alors d'être tué et privé de ses biens, sauf s'il se repent[1] ».

Il condamne à mort les magiciens et autorise les parfums à condition qu'ils ne contiennent pas d'alcool[2], mais il promet que l'alcool consommé dans l'au-delà sera délicieux et ne saoulera pas, contrairement à l'alcool prohibé dans ce bas monde qui est nocif[3]. Il statue également sur les plaisanteries, et recommande de ne pas trop les raconter. Le chef wahhabite interdit à tout musulman de photographier les êtres animés, à l'exception des photographies de passeport et de carte d'identité[4]. Dans une *fatwa* datée de 1954, il a décrété que « les photographes souffrir[aient] beaucoup le jour dernier ».

Les *salafites* surveillent également le langage des bons musulmans. Ils interdisent l'usage de termes empruntés à l'Occident tels que « Monsieur » ou « Madame », parce qu'ils induisent la notion de souveraineté — qui est un attribut du seul Dieu — et parce que les premiers musulmans ne les ont pas utilisés. Pour la même raison, les Saoudiens n'ont pas le droit d'appeler leur fils Aziz (cher), Karim (généreux), Khalek (créateur), Kader ou Jabbar (très puissant). Les wahhabites prohibent les jouets d'enfants, surtout s'ils ont été fabriqués par des chrétiens.

1. Bin Baz, *ibid.*, tome III, p. 157. Bin Baz a consacré un livre à ce sujet pour démontrer « la mobilité du Soleil et de la Lune et l'immobilité de la planète Terre », édité par la Direction des recherches scientifiques, des *fatwas* et du prosélytisme, Riyad, 1982.
2. *Ibid.*, tome V, p. 382.
3. *Ibid.*, tome VI, p. 391.
4. *Ibid.*, tome I, p. 437.

Bin Baz revient dans une quinzaine de *fatwas* sur l'obligation faite aux hommes de se raser la moustache et de se laisser pousser la barbe. Il attribue ce commandement au Prophète : « Rasez vos moustaches et laissez pousser vos barbes, pour vous opposer aux polythéistes[1]. » Il recommande également de se teindre la barbe, lorsque celle-ci est blanchie par l'âge, mais en évitant la couleur noire. Ces dispositions sont respectées, notamment dans le Najd.

Interrogé pour savoir si les recommandations concernant la barbe et la longueur de la robe traditionnelle, que portent les hommes en Arabie, n'étaient pas accessoires par rapport aux fondements de la religion, Bin Baz a répliqué avec vigueur : « Vos propos sont dangereux, car dans la religion, rien n'est accessoire. Tout est fondamental. Dans la religion, il y a la racine et les branches. Le port de la barbe et la longueur de la robe sont [...] les branches et non le fondement. Mais on ne peut pas pour autant les qualifier d'accessoires [...] Puisque le Prophète a ordonné de se laisser pousser la barbe et de se raser la moustache, il convient de lui obéir[2]. »

Pour le « Pape du wahhabisme », les chansons représentent « un péché condamnable » ; elles conduisent les hommes à « connaître l'amour, l'adultère, l'homosexualité et à commettre d'autres péchés comme la consommation d'alcool, le jeu ou encore les mauvaises fréquentations [...][3] ». Il considère que la musique est un instrument de Satan destiné à éloigner les âmes de Dieu et recommande vivement aux hommes et aux femmes de lire le Coran et d'écouter les programmes religieux de la radio saoudienne. Tous les divertissements venus de l'Occident sont interdits : « La participation à des soirées musicales, à des pièces de théâtre [...], le fait d'aller dans des bars [...], de danser avec des filles impies [...], toutes ces activités visent [...] à pervertir l'éducation de la jeunesse pour qu'elle succombe au péché [...], à inciter le musulman à

1. Bin Baz, *ibid.*, tome III, pp. 362, 364.
2. Bin Baz, *ibid.*, tome VI, p. 323.
3. Bin Baz, *ibid.*, tome III, p. 434.

douter de sa foi [...], à encourager le sentiment d'admiration de la civilisation des impies [...]. C'est pourquoi j'invite mes frères musulmans à ne pas se laisser séduire par ces activités qui constituent un poison confectionné par les ennemis de l'islam [...] [1]. »

Quiconque n'effectue pas les cinq prières réglementaires est qualifié d'impie. Il ne peut alors épouser une musulmane, ni marier ses filles à un musulman. De son vivant, son mariage est déclaré caduc et il ne pourra hériter à la mort de ses parents [2] ; à sa mort, son corps ne sera pas lavé ni enterré dans les cimetières des musulmans.

En ce qui concerne l'enseignement, les chefs *salafites* bannissent la mixité dès l'école primaire, car elle est un « instrument qui favorise le péché ». A l'appui de cette interdiction, ils invoquent un *hadith* : « Ordonnez à vos enfants de prier dès l'âge de sept ans. A partir de dix ans, frappez-les s'ils le refusent. Et séparez-les [garçons et filles] dans leurs lits. » Bin Baz ordonne la séparation totale entre les deux sexes et ajoute que « le musulman ne doit pas saluer de la main une femme qui lui est étrangère, même si elle lui tendait la main ».

Les wahhabites avaient exigé l'interdiction de l'enseignement des filles, jusqu'à ce que l'épouse du prince héritier Faïçal Bin Abdelaziz, la princesse Iffat, prît l'initiative d'ouvrir une école pour filles à Jeddah, en 1956. Elle ouvrit une deuxième école à l'intérieur des palais royaux, réservée à l'enseignement des princesses. Née à Istanbul, la princesse Iffat était polyglotte et parlait, outre l'arabe, le turc, l'anglais et le français. Son militantisme a certainement entraîné la décision de Faïçal d'instaurer, en 1960, l'enseignement des filles. Bouraïda, une ville ultraconservatrice, n'a accepté d'ouvrir des écoles de filles qu'en 1964. Jeddah, une cité plus ouverte grâce aux pèlerins qui y affluent du monde entier, a été beaucoup plus accueillante. Mais dans les émirats de Bahreïn et du Koweït l'enseignement des filles avait été instauré dès le milieu des années 30, sous l'impulsion du colonisateur britannique.

1. *Ibid.*, tome IV, pp. 192, 194.
2. Rachouane, *op. cit.*, pp. 84-85.

En imposant l'enseignement des filles, le futur roi Faïçal, qui fut un homme d'Etat de grande envergure, a dû faire d'importantes concessions aux wahhabites : l'enseignement sera facultatif et non obligatoire, il se fera dans des écoles séparées, ne dépendra pas du ministère de l'Education, mais sera directement géré par l'institution wahhabite. Les filles emprunteront des autocars qui leur seront réservés, aux vitres teintées et gardés par des vigiles. Les écoles seront placées sous haute surveillance, leurs murailles surélevées et leurs fenêtres condamnées. Les filles âgées de plus de neuf ans devront porter une robe longue et un voile, et ne pourront se découvrir le visage. Les chauffeurs de bus devront être impérativement accompagnés par leur femme, qui veilleront à ce que leur mari et les fillettes ne s'adressent pas la parole. Enfin, la pénurie d'enseignantes des sciences religieuses dans le secondaire autorise les oulémas wahhabites — à condition que ceux-ci soient aveugles — à enseigner la religion.

Etant donné le succès inattendu de cette décision, le roi Faïçal a poursuivi son action en ouvrant des facultés réservées aux filles. En se ralliant à contrecœur à la nouvelle situation, les wahhabites ont voulu en tirer le meilleur parti et faire de l'université un instrument d'endoctrinement des femmes afin de parachever leur encadrement de la société. Ils ont aussi tiré des avantages sur le plan économique ; le budget consacré à l'enseignement des filles est passé d'un milliard de riyals en 1975 à cinq milliards, dix ans plus tard.

Ce progrès s'est toutefois accompagné de nouvelles contraintes : le professeur n'a pas le droit de voir ses étudiantes ; une barrière de verre fumé les sépare. Les facultés ont été équipées de doubles salles, l'enseignant s'exprimant devant une caméra pour s'adresser à ses étudiantes placées dans la salle adjacente ; grâce à un micro, elles peuvent poser des questions à leur professeur sans jamais croiser son regard. Mais depuis une décennie, le contact visuel entre le professeur et ses étudiantes s'est imposé derrière le voile, notamment pour les facultés de médecine, où les cours de dissection à distance et les stages dans les hôpitaux sans se croiser se sont révélés de peu d'efficacité !

La doctrine wahhabite est immuable en ce qui concerne la condition des femmes, leur déniant même toute liberté relative à l'entretien de leur corps et à leur habillement. En écrivant que les femmes, pour s'orienter dans la rue, ne devaient montrer, si cela était nécessaire, qu'un seul œil derrière leur voile, Saleh Al Akel, l'un des oulémas wahhabites, a occupé pendant deux mois la une de la presse koweïtienne [1]. Un autre wahhabite, Bin Ossaïmine, a décrété que les femmes devaient se faire la raie au milieu de la tête et non à droite ou à gauche, pour être en conformité avec la loi islamique [2] — recommandation de peu d'utilité étant donné que les cheveux d'une femme ne peuvent être aperçus que par un nombre très restreint des membres de sa famille ! Bin Baz critique les chaussures à talons hauts, « car les femmes apparaissent plus grandes qu'elles ne le sont en réalité, risquent de tomber et nuisent à leur santé [3] ». Le « Pape du wahhabisme » légifère aussi sur l'épilation des femmes ; il interdit qu'elles se nettoient les sourcils et le visage, mais les autorise à s'épiler le menton et la moustache [4]. En ce qui concerne les consultations médicales, il décrète que le médecin homme ne doit pas consulter une femme en tête à tête. Les femmes doivent s'adresser en priorité aux femmes médecins. Si cela est impossible, elles peuvent consulter un homme médecin en présence de leur tuteur ou de leur mari, pour un membre apparent, mais s'il s'agit d'examiner les parties intimes de leur corps, la présence de leur mari, si elles sont mariées, d'une femme ou d'une infirmière s'impose [5]. Bin Baz plaide pour le respect de la tradition dans le mariage : « Il est licite qu'un fiancé puisse voir sa fiancée avant de signer le contrat d'accouplement, en présence d'une troisième personne agréée. Si cela n'a pas été possible, l'homme pourra

1. *Ibid.*, p. 99.
2. Mouhammad Bin Ossaïmine, *Fatawa Al Nisa'a* (*Des fatwas pour les femmes*), éd. Dar Al Ouloum, Riyad, 1981, p. 66.
3. Bin Baz, *op.cit.*, tome VI, p. 397.
4. *Ibid,* p. 402.
5. Bin Baz, *op. cit.*, tome V, p. 392.

déléguer une femme de confiance pour regarder sa fiancée et lui rapporter l'état de son corps et de son esprit. Les musulmans ont eu pour tradition, dans les siècles précédents [...], de se satisfaire de la description de leur fiancée [par une tierce personne]. [...] C'est Dieu qui procure aux musulmans leur bonheur [...] [1]. »

Le mufti d'Arabie s'emploie à démontrer que les femmes souffrent par nature d'un manque d'intelligence et de religion, et cite un verset du Coran : « Demandez le témoignage de deux de vos hommes. Si vous ne trouvez pas deux hommes, choisissez un homme et deux femmes parmi ceux que vous agréez comme témoins. Si l'une des deux femmes se trompe, l'autre lui rappellera ce qu'elle aura oublié [2]. » Le « défaut d'intelligence » des femmes est une certitude pour Bin Baz. Il l'attribue à la faiblesse de leur mémoire. Le « manque de spiritualité ou de religion [3] [de la femme] est dû à son indisposition mensuelle et à son accouchement », car « elle abandonne la prière et le jeûne en raison de son impureté [...]. Les hommes sont supérieurs *(afdal)* aux femmes pour de multiples raisons ». Bin Baz cite le Coran : « Les hommes ont autorité sur les femmes, en vertu de la préférence que Dieu leur a accordée sur elles, et à cause des dépenses qu'ils font pour assurer leur entretien [...]. Admonestez celles dont vous craignez l'infidélité ; reléguez-les dans des chambres à part et frappez-les. Mais ne leur cherchez plus querelle si elles vous obéissent [4]. »

Le « Pape wahhabite » s'est également appuyé sur les textes sacrés pour décréter que la conduite des voitures par les femmes étaient source de péchés : « Dieu a ordonné aux femmes du Prophète et des croyants de demeurer dans leur maison, de se voiler et d'éviter de montrer leur beauté à d'autres personnes que leur époux [...]. Le Prophète a dit : A chaque fois qu'un homme s'entretient avec une

1. *Ibid.*, tome IV, pp. 245, 246.
2. Le Coran, « La Vache », verset 282.
3. « *Nouksane diniha* ».
4. Le Coran, « Les Femmes », verset 34. Cité par Bin Baz, *op. cit.*, tome IV, pp. 292, 294.

femme, Satan est présent[1]. » Bin Baz rappelle que le Prophète a exigé le port du voile : « Quand vous demandez quelque chose aux épouses du Prophète, faites-le derrière un voile. Cela est plus pur pour vos cœurs et pour leur cœur[2] » et qu'il a ordonné aux femmes : « Restez dans vos maisons, ne vous montrez pas dans vos atours comme le faisaient les femmes au temps de l'ancienne ignorance[3]. »

Quand les femmes modernistes les plus audacieuses ont décidé, le 6 novembre 1990, de prendre le volant à bord d'une vingtaine de voitures pour réclamer leur droit à la conduite, accompagnées par leur tuteur légal, elles ont été arrêtées et n'ont été libérées qu'une fois l'engagement pris par leur tuteur qu'elles ne récidiveraient pas. Plusieurs arrestations ont suivi, notamment celle de Saleh El-Azzaz, un ancien rédacteur en chef du quotidien *Al Yaoum,* pris en flagrant délit de photographier la manifestation et accusé de vouloir diffuser la photographie de la tentative d'émancipation des femmes saoudiennes dans la presse internationale. Cet homme cultivé et talentueux, accusé de répandre, par ses écrits et sa parole, des idées libérales, a passé six mois dans la prison des *mabahéth* (la police politique) de Riyad, où il a été victime d'une torture systématique et a perdu vingt-sept kilos.

Des tracts ont été diffusés, qui qualifiaient ces femmes de « moralement dégradées » et les présentaient comme un instrument aux mains des communistes et des laïques. Leurs noms ont été placardés. Dans leurs prêches aux mosquées, les oulémas les ont insultées. Des voix se sont élevées pour que seule la religion soit désormais enseignée aux femmes. Ces quarante-sept femmes, des enseignantes en majorité, ont été renvoyées de leur emploi, jusqu'au jour où l'une d'elles a obtenu le statut de réfugiée politique au Canada. Le gouvernement saoudien s'est affolé et a réintégré les rebelles dans leur poste, pour échapper à une éventuelle campagne de presse internationale.

Mais l'offensive des *salafites* ne s'est pas arrêtée en si

---

1. Bin Baz, *ibid.,* tome II, pp. 351-352.
2. Le Coran, « Les Factions », verset 53.
3. *Ibid.,* verset 33.

bon chemin ; les hôtesses de l'air de la compagnie d'aviation saoudienne ont été contraintes, un an plus tard, de porter la tenue islamique réglementaire, peu compatible avec les exigences du service à bord !

Au cours de l'été 1999, le prince héritier et vice-roi Abdallah Bin Abdelaziz a souhaité engager le débat sur l'autorisation accordée aux femmes saoudiennes de conduire des voitures, à l'instar de toutes les musulmanes dans le monde. Il a invité le Conseil consultatif à examiner cette question et a confié au ministre des Affaires étrangères, le prince Saoud (le fils du roi Faïçal), la mission de présenter ce projet à la société, par le biais de la presse. Ce dernier a réuni une dizaine de directeurs de publication pour lancer un débat constructif sur ce thème. Mais les oulémas, informés de cette nouvelle directive, ont immédiatement boycotté le salon (*majliss*) hebdomadaire du prince héritier. Celui-ci a aussitôt capitulé en reniant son projet.

Or, depuis la loi de 1960 autorisant l'enseignement des filles, la configuration de la société s'est beaucoup modifiée. Les femmes — qui ne possèdent toujours pas de papiers d'identité propres puisqu'elles sont inscrites sur ceux de leur tuteur légal — représentent aujourd'hui 80 % du corps enseignant dans les écoles de filles. Elles ont accédé aux métiers de médecin, d'ingénieur, de femme d'affaires, etc. Mais l'évolution de leurs conditions est bloquée par les décrets des wahhabites qui reflètent l'immuabilité de la tradition bédouine dans le Najd. Or des raisons économiques dictent le changement, puisque leur situation entraîne le recours à plusieurs millions de travailleurs étrangers en tant que chauffeurs, vendeurs, et même dans la fonction publique, pour remplacer le potentiel féminin étouffé. Le recours à la main-d'œuvre étrangère coûte à l'Arabie Saoudite environ dix milliards de dollars par an.

Les femmes chefs d'entreprise, dont le nombre s'élève aujourd'hui à 22 700, sont attachées à l'exercice d'un métier sans contraintes. Leurs revendications portent sur l'accès à un statut qui leur permette de s'affranchir de leur tuteur légal, de signer elles-mêmes les documents de création et de gestion de leur entreprise, et d'emprunter de l'argent sans passer par l'intermédiaire de leur tuteur. Elles demandent l'instauration de villes industrielles qui leur soient réservées, puisqu'elles ne peuvent pas accéder à celles des hommes[1]. Les femmes devraient obtenir prochainement une carte d'identité individuelle, « à titre facultatif », et ne plus figurer simplement sur le livret de famille.

En ce qui concerne la question des moyens de communication modernes, les wahhabites ont manifesté moins d'intransigeance. Au fil des ans, ils se sont adaptés à ces nouvelles exigences et ont cherché à contrôler les nouvelles technologies de l'information et de la communication. Pourtant, lorsqu'ils avaient envahi le Hidjaz en 1925, les wahhabites avaient coupé les lignes téléphoniques installées par les Britanniques, considérées comme des instruments de liaison avec « Satan » ; le roi avait même été contraint de faire installer clandestinement sa radio dans l'enceinte de son palais. Sous le règne du roi Faïçal (1964-1975), ils ont assailli le siège de la télévision à Riyad.

Au lendemain du traumatisme causé par cette attaque, les wahhabites ont arraché des concessions au roi : les émissions débutent et sont clôturées par des versets du Coran et s'arrêtent au moment des cinq prières réglementaires ; les films politiques ou à connotation sexuelle, les échanges de baisers sur le petit écran, ainsi que les termes qui évoquent la laïcité sont interdits et sont remplacés par des films à caractère historique et islamique ; les présentateurs de la météo doivent dire à la fin de leur prévision « Si Dieu le veut bien ». Les wahhabites, qui contrôlent la première radio du royaume, en ont créé deux autres : la Radio du Coran qui émet depuis Riyad, et la Voix de l'islam, qui diffuse ses programmes depuis Jeddah.

Les wahhabites, comme leurs détracteurs au sein de la grande famille *salafite*, recourent aujourd'hui aux nouvelles technologies pour diffuser leur doctrine. Les opposants saoudiens comme Bin Laden, Mouhammad Al-Missaari, Saad Al-Faghih et leurs compagnons appartenant à la mouvance islamiste internationale se sont équipés de

1. *Al-Chark Al-Awssat*, 16 novembre 1999.

matériels issus de la technologie la plus récente et se servent d'Internet. Le cheikh Bin Baz a fait de même ; son site, qui comprend ses *fatwas* et ses conférences, est dirigé par son fils Ahmed.

Les Saoudiens ont accès à Internet, mais celui-ci est soumis à un contrôle strict. Le gouvernement et son allié wahhabite déterminent les sites qui peuvent être consultés et ceux qui sont proscrits. Le nombre de ces derniers est très important. Il s'agit de sites non agréés en raison de leur couleur politique ou de leur incompatibilité avec les bonnes mœurs islamiques. Devant chaque site prohibé, le Saoudien voit s'afficher sur son écran la mention suivante : « Ce site est interdit d'accès. Si vous contestez cette décision, veuillez présenter vos raisons. » Aucun Saoudien ne signe de protestation, mais il contourne l'interdiction en se branchant sur le site via Londres, Paris ou New York. Toutefois, grâce à Internet et aux paraboles, les Saoudiens peuvent vivre dans leur siècle sans prendre trop de risques. Leur seul forum d'échange libre et anonyme se fait sur cet instrument « satanique » qu'est le net ; tous les après-midi, ils se rencontrent dans un salon virtuel, *al-saahat* (la Place) — le seul espace de mixité qui échappe à tout contrôle — pour échanger librement leurs avis sur les problèmes du pays.

Les wahhabites cherchent également à acquérir une audience internationale. Grâce aux budgets colossaux dont ils disposent, ils organisent de multiples concours relatifs à l'apprentissage du Coran, souvent couronnés de prix alléchants (500 000 F), comme le prix Roi Faïçal. Chaque année se déroulent de multiples manifestations, colloques et conférences. Les personnalités primées sont généralement des musulmans reconnus, et souvent des ressortissants de nations étrangères. Le premier qui en bénéficia fut, en 1979, le théoricien pakistanais du wahhabisme contemporain Aboulal'a Al Maoudoudi (1903-1979). Des islamistes de toutes origines ainsi que le philosophe français converti à l'islam Roger Garaudy[1] ont également figuré parmi les bénéficiaires de ces prix.

1. Après avoir porté Garaudy aux nues et l'avoir nommé membre du Conseil supérieur international des mosquées, Bin Baz l'a qualifié « d'hypocrite » et l'a accusé d'« être un impie originel et non seulement un apostat puisqu'il n'[était]

La tolérance forcée vis-à-vis de l'étranger

Avant le lancement de l'exploration pétrolière à grande échelle, l'Arabie Saoudite observait scrupuleusement le commandement attribué au Prophète d'expulser les impies et les polythéistes de la Péninsule. Depuis, l'impérieuse nécessité de recourir à la technologie et aux investissements occidentaux a infléchi cette doctrine. En 1932, un compromis entre les deux piliers de l'Arabie est intervenu à ce sujet : l'arrivée des « impies » est tolérée, mais leur séjour est étroitement contrôlé. Une série de mesures a été décidée : l'interdiction de construire des églises dans le pays et d'enterrer les Américains ou tout autre ressortissant étranger en cette terre de l'islam, le respect des traditions du pays d'accueil et l'interdiction de consommer de l'alcool. De plus, l'indemnité versée pour la mort accidentelle d'un non-musulman doit représenter le quart de celle qui est versée pour un musulman (cette indemnité a été revalorisée par la suite, passant du quart à la moitié).

Les *Moutawa'a* ont également obtenu des prérogatives plus étendues pour surveiller les contrevenants aux « bonnes mœurs », notamment dans les régions où a lieu l'exploration pétrolière [1]. Depuis cette époque, des *fatwas*, décrétées notamment par Bin Baz, invitent ouvertement les musulmans à exprimer leur hostilité aux juifs et aux polythéistes, car « le Livre, la *Sounna* et l'ensemble des musulmans considèrent qu'il est du devoir des oulémas de proclamer leur hostilité aux impies juifs et chrétiens [...] [2]. Bin Baz cite plusieurs versets du Coran : « O vous qui croyez ! Ne prenez pas pour amis les juifs et les chrétiens ; ils sont amis les uns des autres. Celui qui, parmi vous, les prend pour amis, est des leurs. Dieu ne dirige pas le peuple injuste [3]. » « Oui, ceux qui disent : "Dieu est le Messie, fils

jamais entré en islam ». Ce bannissement a été provoqué par la déclaration de Garaudy à un hebdomadaire saoudien : « J'ai atterri dans l'islam sans me défaire de mes croyances personnelles ni de mes convictions intellectuelles. » *Al-Chark Al-Awssat*, 11 avril 1996.

1. Anouar Abdallah, *op.cit.*, pp. 65-66.
2. Bin Baz, *ibid.*, tome II, p. 178.
3. Le Coran, « La Table servie », verset 51.

de Marie" sont impies. » (« La Table servie », verset 72.) Il attribue au Prophète un testament qui interdit la présence simultanée de deux religions dans la Péninsule ; les gouverneurs doivent exécuter ce testament en expulsant les chrétiens et autres impies et n'employer que des musulmans. On ne doit recourir aux impies qu'en cas de nécessité avérée. Bin Baz décrète également une « interdiction formelle de construire des temples pour les chrétiens et autres impies dans la Péninsule » et recommande « aux gouverneurs de détruire ceux qui existent déjà pour qu'il ne reste que les musulmans et leurs mosquées [...] [1] ».

Les wahhabites ont subi un lourd traumatisme quand l'Arabie, au lendemain de l'invasion du Koweït par l'Irak, le 2 août 1990, a accueilli sur son territoire plus de 500 000 soldats occidentaux, en majorité chrétiens, venus combattre l'armée irakienne et protéger les frontières et les richesses de l'Arabie. Ils ont importé leur mode de consommation, alors que les wahhabites prônent la pureté absolue de ce pays comme terre réservée exclusivement aux musulmans. L'arrivée de centaines de milliers de soldats impies démontrait que la force de l'islam était insuffisante pour vaincre un ennemi relativement faible, l'Irak, et elle réduisait à néant tous les dogmes sur « l'inviolabilité de la Péninsule ». C'étaient là deux réalités difficiles à admettre.

Le roi Fahd d'Arabie, menacé par les desseins de Saddam Hussein, s'est trouvé en grande difficulté. Il a demandé au président Bush de prolonger la présence de James Baker, le secrétaire d'Etat américain, qui se trouvait à Riyad pour vingt-quatre heures, le temps de consulter les grands oulémas et d'obtenir une *fatwa* autorisant le stationnement des forces américaines en Arabie. Les oulémas ont eu beaucoup de mal à trouver des arguments susceptibles de contredire leur réquisitoire, tant de fois répété, contre toute présence étrangère, pour donner une caution religieuse au débarquement des armées impies.

Avant d'expédier leurs troupes en Arabie, les Américains avaient obtenu de multiples garanties de la part des Saoudiens : les *Moutawa'a* n'ont pas le droit de pénétrer

1. Bin Baz, *ibid.*, tome III, p. 285.

dans les campements civils et militaires américains ; les conflits entre Américains et autochtones sont jugés par des tribunaux relevant du pays du ressortissant mis en cause ; les soldates américaines peuvent se déplacer librement, sans subir les contraintes des *Moutawa'a,* les soldats chrétiens ont le droit de célébrer la messe, ce qui contredit une interdiction en vigueur depuis quinze siècles ; les Américains peuvent mener librement leurs activités culturelles et religieuses.

Pour justifier le débarquement des armées « impies », Bin Baz a publié plusieurs communiqués. Il a désigné le nouvel ennemi de l'islam, le président irakien, un apostat qui avait adopté une « politique laïque » et dirigeait un « parti athée ». Il a d'abord appelé l'Irak à retirer son armée du Koweït et à résoudre ses différends avec son voisin en recourant à l'arbitrage d'un tribunal légitime, c'est-à-dire islamique. Puis, dans une *fatwa* intitulée : « La position de la *Chari'a* face à l'invasion du Koweït par l'Irak », il a légalisé les décisions de Riyad : « Pour contrer l'injustice commise par le président de l'Etat irakien à l'encontre du Koweït, le gouvernement saoudien est autorisé à recourir à des armées de nationalités multiples, comprenant des musulmans et des non-musulmans, pour faire face à l'agression et défendre le pays [...] [1]. »

Conscient de sa volte-face doctrinale et confronté à la désapprobation de la base wahhabite, Bin Baz a donné une conférence à Riyad, le 31 janvier 1991, deux semaines après le déclenchement des opérations militaires. Il a justifié le recours à des forces impies pour « faire face au mal provoqué par un athée injuste, en souhaitant que Dieu secoure les croyants et qu'il renvoie dans leur pays tous ces soldats réunis pour dissuader cet [homme] injuste [...]. »

Il a trouvé dans le Coran des références susceptibles de justifier sa position, en s'appuyant sur l'idée de « force majeure » : « A l'égard de celui qui, durant une famine, serait contraint de consommer des aliments interdits [la bête morte, le sang, la viande de porc, la bête étouffée...],

1. Bin Baz, *ibid.*, tome VI, pp. 75-80.

sans vouloir commettre de péché, Dieu est celui qui pardonne, il est miséricordieux[1]. »

La nouvelle rhétorique des oulémas wahhabites rompt avec tous les dogmes qu'ils ont énoncés auparavant. Leur base sociale, choquée et désemparée, n'a pas pu les suivre dans cette voie, et une scission s'est produite au sein de l'institution wahhabite.

Les « oulémas du trône » contre les « salafites authentiques »

Cette scission oppose les « oulémas du trône », qui se sont alignés sur les positions du régime et se sont reniés en approuvant le recours aux « armées impies » pour combattre une armée islamique, à ceux qui sont restés fidèles à la doctrine traditionnelle, en dénonçant cette « hérésie » dans les mosquées et en diffusant des cassettes et des publications qui réclament le retrait de l'armée américaine et critiquent le régime ainsi que les grands oulémas qui ont approuvé sa démarche.

La première expression publique de ce courant contestataire fut *Le Manifeste des revendications (Mouzakarat al mataleb),* signé au printemps 1991 par plus de quatre cents oulémas, universitaires, hommes d'affaires et intellectuels, et adressé au roi. Il réclamait douze réformes, dont le renforcement de l'armée saoudienne, et demandait que la famille royale cesse de traiter l'Arabie et les citoyens saoudiens comme sa propriété privée. Ce manifeste a provoqué un grand débat sur la société, le pouvoir, la *choura* (la consultation), la répartition des richesses et les traités qui lient l'Arabie à des pays « hérétiques », comme les Etats-Unis. En juin 1991, le Comité des grands oulémas, présidé par Bin Baz, a condamné les signataires du *Manifeste* qui n'avaient pas emprunté les voies secrètes pour conseiller le chef de l'exécutif. Trois sommités wahhabites, Abdallah Al-Missaari, Hammoud Al-Oukla et Abdallah Bin Jabraïn, ont ouvertement répliqué au comité : « Nous nous interrogeons sur l'état de l'armée décrite dans le *Manifeste*

1. Le Coran, « La Table servie », verset 3.

comme disposant d'un faible matériel et d'un effectif insuffisant. L'analyse du comité diverge-t-elle de la nôtre ? Sinon comment expliquer qu'ils[les oulémas] aient autorisé le recours à des forces impies, dans lesquelles les Américains représentent à eux seuls 540 000 soldats ? Si l'état de l'armée était conforme à la description qu'en a fait le *Manifeste*, pourquoi alors qualifier les signataires d'ignorants ? Et si l'armée n'était pas faible, rien n'aurait justifié votre *fatwa* de recourir aux forces étrangères. » La virulence de ce propos montre l'ampleur du mécontentement, l'éclatement du courant *salafite* et la remise en cause du centralisme légendaire de l'autorité wahhabite.

Les protestataires ont poursuivi l'offensive l'année suivante, en publiant *Le Manifeste du conseil* (*Mouzakarat al nassiha*). Cette proclamation a été adressée au roi et rendue publique. Les signataires, dont le nombre a été divisé par quatre en une année, ont voulu interpeller la base sociale et religieuse wahhabite et celle de la dynastie. Ils se sont ouvertement plaints que le pays soit devenu un « rassemblement de baronnies appartenant à la descendance du roi Abdelaziz, où la corruption s'[est] install[ée] à grande échelle », et ont dénoncé la captation des activités commerciales par les princes.

Ce fut un réel défi lancé au régime saoudien et à son partenaire *salafite*. Etant donné l'importance sociale et religieuse des signataires, ils n'ont pas été ouvertement réprimés par le régime, mais le conflit s'est aggravé au cœur du « Vatican wahhabite ».

La troisième vague de contestation est survenue au début du mois de mai 1993, à quelques semaines du grand pèlerinage, au cours duquel l'Arabie accueille environ deux millions de pèlerins, dont plusieurs dizaines de milliers d'Iraniens. Elle a été organisée par le Comité du conseil de la défense des droits légitimes (CCDDL), composé de plusieurs dizaines de dignitaires très respectés dans le pays. Leur premier communiqué a été signé par six personnalités qui ont nommé un porte-parole. Le Conseil supérieur des oulémas, réuni en toute hâte sous la présidence de Bin Baz, a vigoureusement condamné les membres de ce « comité autoproclamé » en ordonnant,

« pour des raisons d'intérêt général », de renvoyer de leurs fonctions les signataires du manifeste. Deux semaines plus tard, une déclaration attribuée à Abdallah Bin Abel Rahmane Al Jabraïn, le numéro deux du Comité des grands oulémas, niait l'existence du CCDDL, dont il était pourtant le premier signataire. Les fondateurs avaient été convoqués par le prince Salmane, le puissant émir de Riyad, qui les avait réprimandés et congédiés de l'administration. Certains ont été emprisonnés, car ils avaient communiqué cette nouvelle à la presse internationale, comme Mouhammad Al-Missaari [1] — le fils de l'ancien président de *Diwan al-mazalem,* le Conseil d'Etat aux prérogatives élargies, Abdallah Al-Missaari, l'un des six fondateurs du CCDDL — qui avait accordé une interview à la BBC.

Au fil des mois, la contestation s'est radicalisée mais le nombre des contestataires s'est réduit. Une partie est passée dans la clandestinité. Nous l'avons constaté lors de l'explosion d'une voiture piégée à Riyad, en 1995 ; les aveux télévisés des accusés révélaient leur appartenance au *salafisme* radical et leur participation à la guerre d'Afghanistan. Deux vedettes du *salafisme* radical, les cheikhs Safar Al Haouali et Salmane Al Aouda, ont entrepris des campagnes d'explication dans les mosquées, qui attiraient énormément de wahhabites dans le centre du Najd. Riyad a alors décidé de placer les deux chefs en résidence surveillée. Les deux rebelles ont été interdits d'enseignement à l'université, de prêche dans les mosquées et d'enregistrement de cassettes. Une campagne de solidarité a été organisée en leur faveur dans les mosquées du Najd et leur arrestation, en septembre 1994, a déclenché de violentes manifestations de soutien, réprimées par la police.

Salmane Al Aouda, redouté pour la virulence de son discours et la comparaison qu'il a établie entre le régime saoudien et celui du Chah d'Iran, a passé quatre ans et demi en prison sans être jugé. Dans l'une de ses cassettes,

1. Depuis son exil londonien, Al-Missaari continue à s'opposr à la dynastie des Saoud. Voir *Les Preuves intangibles de l'illégitimité de l'Etat saoudien,* Ed. Al-Rafêd, Londres, 1997.

soutenant les mêmes thèses que le *salafite* algérien Ali Benhajj, il développe l'idée que le Chah n'est pas tombé sous la pression de Khomeiny, mais « parce que quatre conditions ont été réunies [...] : la pratique de la dictature, de l'injustice et de la dilapidation des richesses publiques [...] ; la présence de plusieurs milliers de conseillers américains et la promulgation, en 1964, d'une loi honteuse qui accordait aux Américains une protection juridique privilégiée [...] ; l'atteinte aux dogmes et aux croyances du peuple iranien ; le recours systématique à la torture et à la violence utilisées comme méthode de gouvernement. [...] Toutes ces pratiques ont permis à Khomeiny de cueillir le fruit mûr, alors qu'il n'avait pas provoqué la révolution mais en a simplement pris la tête le jour de son déclenchement. Ce qui a provoqué la révolution, c'est bien la dictature du Chah. Tous les dictateurs de la terre, comme Ceausescu, seront un jour renversés [1]. »

Bien qu'il se soit violemment opposé à son maître Bin Baz dès l'alignement de celui-ci sur le régime et sa promulgation de *fatwas* favorables au stationnement des forces américaines en Arabie, Salmane Al Aouda s'est trouvé sans protection après la disparition de ce dernier en mai 1999. Il s'est alors engagé auprès des autorités à ne plus faire de politique, condition *sine qua non* pour recouvrer la liberté.

La rupture est désormais consommée entre la dynastie, accusée de « trahir les valeurs fondatrices du royaume », et les *salafites* authentiques qui condamnent l'alignement du régime sur la politique des Etats-Unis. Le débarquement américain de 1990 a accentué le divorce entre les Saoud et la base sociale des wahhabites. Depuis cette date, l'opposition religieuse en Arabie a emprunté la voie de la clandestinité et de la violence. Elle s'est manifestée à travers deux attentats meurtriers contre les intérêts américains, fortement applaudis par Bin Laden. Car l'alliance qui unissait les deux piliers du régime depuis le XVIIIe siècle est devenue contre nature. Le pouvoir, soumis

1. Cassette audio enregistrée par Al-Aouda et vendue, à partir de 1993, aux portes des mosquées saoudiennes, dans certaines mosquées égyptiennes et dans les magasins spécialisés.

aux impératifs de la mondialisation, est contraint de se moderniser et d'établir des accords avec les puissances actuelles ; il ne peut plus observer les enseignements des wahhabites, qui condamnent le pays au repli sur soi et à l'isolement. Il se montre néanmoins très complaisant à l'égard des wahhabites, puisqu'il continue à leur confier le contrôle de la société, alors même que les nombreux princes de la famille Saoud mènent une existence qui contredit totalement les valeurs professées par les wahhabites.

CHAPITRE III

KHATAMI TOURNE LA PAGE DE LA RÉVOLUTION KHOMEINYSTE

Dix-huit ans après la révolution islamique de l'ayatollah Khomeiny, le peuple iranien, qui s'est exprimé à travers ses institutions relativement démocratiques, quoique soumises à la censure préalable de la mollarchie [1], a clairement décidé de mettre un point final à cette expérience. Le cas iranien est un contre-exemple par rapport à celui de l'Arabie ; pour la première fois dans un pays islamique, un courant dominant au sein de l'institution religieuse elle-même formule une revendication démocratique et manifeste son désir d'accéder à la modernité.

L'accession au pouvoir de Khatami

Un vent réellement nouveau souffle sur l'Iran depuis l'élection du président Mouhammad Khatami à la tête de la République en mai 1997, qui rompt avec la ligne ultra-radicale instaurée, en 1979, par le fondateur de la République islamique, l'ayatollah Khomeiny. La révolution de l'imam, qui avait renversé le pouvoir impérial du chah Mouhammad Redha Pahlawi, avait mobilisé toutes les minorités chiites du monde islamique. Elle se trouve aujourd'hui en faillite, là même où elle est née. Aucun doute ne peut subsister sur la volonté de changement des Iraniens, lesquels, depuis 1997, ont exprimé leur détermination à chaque consultation électorale. Le « printemps de Téhéran » incarné par le président Khatami et son courant

1. Terme qui désigne le régime dirigé par une caste de *mollahs,* des savants en droit coranique.

libéral au sein de la mollarchie, aura, à n'en pas douter, des conséquences décisives sur le monde islamique, dans ses composantes chiite et sunnite, persane et arabe.

La révolution islamique a provoqué un véritable séisme dans l'ensemble du monde musulman. Après avoir été longtemps marginalisé, le courant islamiste chiite a révélé sa puissance et a occupé le premier rang de l'islamisme mondial. Bien que Khomeiny ait triomphé sur un autre chiite, le chah d'Iran, la lame de fond provoquée par la « révolution islamique » a non seulement secoué l'ensemble des chiites, mais elle a également inquiété les sunnites qui se sont aperçus que l'initiative de l'islamisme leur échappait. Les chiites du monde arabe se sont soulevés ; ceux de la côte est de l'Arabie à l'occasion de la commémoration de la *A'choura*[1], en 1979, et ceux du Koweït qui ont protesté contre le soutien apporté par cet émirat à l'Irak dans sa guerre contre l'Iran. Les militants chiites du Liban, qui bénéficiaient de la protection de la Syrie, alliée de Téhéran, ont intensifié leurs actions guerrières dans le conflit régional dont le Liban était le théâtre, et ils ont multiplié leurs revendications politiques. Au même moment, les chiites du Pakistan ont créé leur propre parti, *Al Fokh Al Jaafari*, et se sont organisés. Toutes les minorités chiites ont constitué des *Hezbollah* (Parti de Dieu) plus ou moins clandestins et ont agi de façon structurée en tant qu'instruments de l'« exportation de la Révolution islamique ». Téhéran leur adressait des instructions, accompagnées de généreux fonds.

Le réveil chiite a suscité de réelles inquiétudes dans un monde sunnite peu sûr de lui. La crainte, d'ailleurs peu fondée, de l'instauration d'un empire chiite (qui s'étendrait du Pakistan jusqu'en Egypte, en passant par l'Iran, l'Irak, la Syrie, le Liban, et en englobant les émirats du Golfe, le Yémen et Oman, où subsistent d'importantes minorités liées au chiisme), s'est emparée des sunnites. Un livre

1. Le dixième jour du mois de Moharram (du calendrier islamique), au cours duquel les chiites commémorent le martyre de Hussein, le fils d'Ali, tué lors de la bataille de Karbéla', en 680. Lire à ce sujet : *La Grande Fièvre du monde musulman* de Philippe Rochot, Le Sycomore, 1981.

édité au Caire, *Les chiites arrivent* [1], a entretenu et accentué la panique. L'attrait de la révolution iranienne a été si fort que même des jeunes sunnites ont rallié le chiisme après la victoire de Khomeiny. L'écrivain égyptien Fahmi Houaïdi écrivait en 1998 : « Je suis préoccupé par la question suivante : pourquoi certains sunnites se convertissent-ils au chiisme [...] ? Nous l'avons constaté en Tunisie, en Algérie. [...] Le problème réside dans le vide des institutions religieuses, où l'absence de symboles crédibles constitue aussi un problème [...]. La révolution en Iran a représenté un réconfort pour les jeunes. L'instauration d'une République islamique comble leur rêve [2]. » Les dirigeants de l'islamisme sunnite, comme le Tunisien Rached Al Ghannouchi, se sont réellement inquiétés de voir les chiites s'employer à convertir les sunnites, au lieu de centrer leurs efforts sur la conversion des non-musulmans. Les dirigeants du *salafisme* en Arabie, quant à eux, se sont beaucoup alarmés de la montée du chiisme révolutionnaire et ont publié des *fatwas* rappelant que les chiites étaient des polythéistes [3] et qu'il convenait de ne pas partager leurs repas ni d'acheter de la viande dans leurs boucheries.

Pendant dix-huit ans, l'opposition entre les institutions du sunnisme et celles du chiisme a été totale. Le khomeinysme s'est affirmé par la violence et les actes terroristes, qui n'ont épargné aucun continent.

En juin 1996, un an avant l'élection de Mouhammad Khatami à la tête de la République islamique, le *Hezbollah* iranien, l'un des organes les plus endoctrinés de la mollarchie, préparait la réorganisation de ses seize branches éparpillées dans le monde, afin de créer un « comité de coordination internationale » pour accroître son efficacité et renforcer ses structures hiérarchiques [4]. Aussi, la surprise fut grande lorsqu'on découvrit, au lendemain de l'élection présidentielle de mai 1997, qu'un libéral, l'ancien ministre de l'Orientation islamique et de la Culture de

1. Badaoui Jamal, *Al Chi'a kadimoune*, Le Caire, 1988.
2. Abbas Khamayar, *op. cit.*, pp. 203-206.
3. *Mouchrikine.*
4. *Al-Chark Al-Awssat*, 12 juin 1996.

l'imam Khomeiny, était élu président de la République islamique avec plus de vingt millions de suffrages, contre sept millions pour son adversaire conservateur, Nateg Nouri. La jeunesse — qui représente 60 % des 65 millions d'Iraniens —, lasse d'une mollarchie autoritaire qui avait coupé le pays du monde extérieur et l'avait appauvri, était déterminée à tourner la page du khomeinysme. C'est elle qui a désiré ardemment le changement. Mais elle ne pouvait voter que pour l'un des candidats agréés par le « conseil de surveillance de la constitution », chargé d'homologuer les candidatures, puisque seuls les membres issus de la caste mollarchique (qui compte 400 000 personnes) étaient retenus. Toute candidature issue des minorités, comme les femmes, les sunnites, les chrétiens, les juifs, les bahaïes[1], les zoroastriens[2] ou même les chiites qui ne se revendiquent pas du chiisme duodécimal[3], était écartée *de facto*. Soulignons que la situation des sunnites, qui représentent plus de 15 millions de personnes en Iran, est pire que celle des autres minorités juive ou chrétienne. Ils n'ont pas accès aux postes de direction, notamment politiques et militaires, et obtiennent difficilement l'autorisation de construire et d'entretenir leurs lieux de culte, qui sont régulièrement dégradés.

Khatami, un apôtre de la modernité, ouvert sur l'Occident

Khatami a le grade religieux, somme toute modeste, d'un *Hodjatoleslam* (l'équivalent d'un évêque dans l'église catholique). Ce bel homme, grand et svelte, soigne sa tenue et affiche un sourire imperturbable, qui contraste

1. Religion fondée en Iran au XIXe siècle, qui appelle au dépassement des conflits raciaux et religieux. Ses 400 000 fidèles sont persécutés et contraints d'abandonner leur foi.

2. Une communauté qui revendique le statut de la plus ancienne religion monothéiste. Reconnue par le pouvoir, elle dispose d'un siège de député au Parlement.

3. Le chiisme comprend plusieurs écoles doctrinales : ceux qui croient aux douze imams dont la réapparition du dernier, mystérieusement disparu en 873, est toujours attendue (*al-mahdi al-mountazar*), sont les plus nombreux (Iran, Irak, Liban). Les autres sont les Zeïdites, présents au Yémen, les Qaramitas, et les Ismaïliens. Ces derniers auraient inspiré les doctrines des Alaouites (Syrie) et des Druzes (Liban, Syrie).

avec l'attitude austère de ses prédécesseurs. Il a vécu dans la ville de Yazd, située à 500 kilomètres au sud de Téhéran, qui accueille une pluralité de communautés, puisqu'elle abrite des chiites, des Arméniens et des zoroastriens. Cette ville, située à l'orée du Grand Désert et dont le climat est très sévère, enseigne à ses habitants la patience, vertu dont Khatami fait preuve tous les jours face à ses détracteurs.

Plus de deux ans et demi après sa prise de fonctions, Khatami continue à bénéficier d'un exceptionnel état de grâce. Depuis le début de son mandat, il manifeste un grand sens de la manœuvre, indispensable pour déjouer les pièges tendus par ses adversaires. Il est conscient que les conservateurs, réunis autour de l'autorité suprême incarnée par le Guide de la Révolution, Ali Khamenaï, cherchent à provoquer le chaos pour supprimer les échéances électorales. Etant donné que la constitution place le Guide au-dessus de tous les pouvoirs — exécutif, législatif et judiciaire —, et que c'est à lui que revient le dernier mot dans la République islamique, Khatami évite d'engager un bras de fer avec lui, à chaque fois qu'il estime que cela pourrait se solder par sa défaite.

Khatami, qui a le privilège d'être un *sayyed,* un descendant du Prophète, et qui porte un turban noir autour de la tête (alors que le commun des mollahs porte un turban blanc), a une personnalité très complexe. Il a fait partie du gouvernement de Khomeiny et figurait parmi les proches de l'ancien ministre de l'Intérieur, Mohtachémi, qui conduisait, au cours des années 80, un courant radical[1]. Alors que ce clan radical organisait les attentats et les enlèvements à l'étranger, Khatami menait une politique culturelle libérale à l'intérieur, encourageant les élites à s'exprimer et les cinéastes à produire, et il prônait l'ouverture sur les communautés non chiites et les civilisations étrangères. Au milieu des années 80, son ministère avait octroyé le « Prix de la traduction » à la langue persane d'un roman intitulé *Les Enfants de la nuit*, écrit par un certain Salman Rushdie, avant que ce dernier ne soit condamné à mort pour ses *Versets sataniques* par une *fatwa* de l'imam

1. *Rouhaniyoune Mabarez.*

Khomeiny. Khatami a beaucoup réfléchi sur la place de l'islam dans le monde moderne et sur les rapports entre les civilisations. Cet homme de culture, qui admire Tocqueville et Montesquieu, a plaidé à la tribune de l'ONU, en 1998, puis devant l'UNESCO un an plus tard, pour un « dialogue entre les civilisations », qu'il convient de substituer à la confrontation entre les peuples.

Au cours de l'été 1995, alors qu'aucun avenir politique ne se profilait pour lui à l'horizon, Khatami a donné une conférence à l'université de Téhéran dans laquelle il s'est interrogé : « Que devrions-nous faire dans le domaine du développement ? [...] Nous bénéficions de l'énorme expérience de l'Occident, nous devrions en tenir compte pour tracer notre voie vers l'avenir [...], il n'y aura pas de percée ni de renaissance dans notre vie nationale sans que cela ne passe par le cœur de la civilisation occidentale. [...] Nous devrions connaître en profondeur cette civilisation qui se renouvelle sans cesse. Celui qui ne saisit pas cet esprit [de renouvellement permanent] ne pourra jamais réaliser un changement utile dans sa vie [...]. » Il a ensuite critiqué les deux approches symétriques de la civilisation occidentale : « Nous approchons cette civilisation de façon superficielle : soit nous l'admirons exagérément, soit nous la rejetons avec haine. Ces deux attitudes nuisent à la connaissance exacte de cette civilisation. » Après avoir évoqué l'« expérience des gouvernements tyranniques, antérieurs à l'islam, qui supprimèrent la contribution de l'homme à la vie sociale et écrasèrent sa personnalité », Khatami a rappelé que « le Prophète a[vait] débarrassé la *Oumma* de la tyrannie, et [que] cette situation s'était prolongée pendant quarante ans sous le règne des cinq premiers califes, avant que la *Oumma* ne retombe à nouveau dans la tyrannie et la dictature [...]. Depuis cette époque [la fin du VIIe siècle], la vie politique a échoué entre des mains autoritaires et trempées de sang. Au lieu de s'opposer aux dictateurs, les élites et les oulémas se sont enfermés dans le silence [...]. A chaque fois qu'il y a eu une alternance, les nouveaux venus ont repris les mêmes mauvaises habitudes, en réinstaurant la dictature [...]. C'est pourquoi, le changement et le progrès doivent être précédés de la pensée. Et la pensée ne peut se développer que dans un environnement de liberté [...]. » Tout en estimant que la révolution de Khomeiny avait triomphé grâce au peuple, sans recourir au colonialisme ni à la force armée et que, à ses débuts, elle avait engendré la liberté et non l'oppression, Khatami a déclaré qu'elle avait « rapidement succombé à la dictature héritée du noir passé islamique [de l'Iran] [...]. Certains ont pris prétexte des circonstances exceptionnelles qui ont prévalu au lendemain de la révolution pour supprimer la liberté. D'autres [...] ont dissimulé leur étroitesse d'esprit derrière un masque islamique et ont instauré une terreur religieuse [...]. L'expérience de la liberté n'est pas facile, parce que la dictature est devenue une seconde nature chez nous [...]. En outre, nous voudrions instaurer la liberté dans un monde soumis à l'hégémonie des puissances internationales qui ne pensent qu'à leurs propres intérêts [...]. D'où ce paradoxe : le développement et le progrès sont impossibles dans une société privée de liberté, mais la liberté ne peut prospérer que dans une société mûre et avertie. A mon avis, c'est la liberté qui doit précéder le progrès [...]. Par liberté, j'entends celle que la pensée peut exercer dans la sérénité et la sécurité, et qui est indispensable pour garantir la liberté réelle des hommes et des élites [1]. »

Dans une autre conférence, consacrée à la civilisation occidentale, Khatami a dit : « Nous, musulmans, avions à une certaine époque notre propre civilisation et nous jouions un rôle dans l'histoire de l'humanité. Nous voilà privés de cette place et de ce rôle, alors même que nous souhaiterions les retrouver et nous forger un avenir différent de notre situation d'aujourd'hui et d'hier [...]. » Et Khatami s'interroge : « Que veut dire le monde d'aujourd'hui ? En résumant, je répondrais : le monde d'aujourd'hui est dominé par la pensée, la morale et les arts de l'Occident. L'influence de celui-ci dépasse de loin ses limites géographiques [...]. L'Occident a comblé l'homme de réalisations immenses, tout en lui créant de nouveaux

1. *Al Hayat*, 10 novembre 1997.

problèmes [...]. La gravité de nos problèmes à nous est due au fait que notre vie personnelle et sociale est fortement influencée par l'Occident d'un côté [...], et par notre propre culture, qui appartient à une civilisation dépassée depuis des siècles, de l'autre [...] [1]. »

Il est très rare d'entendre un dirigeant islamique développer cette conception de la civilisation occidentale, faire une telle apologie de la liberté, et dénoncer la tyrannie exercée par les régimes islamiques successifs, de cette manière rationnelle et dépassionnée.

Le conflit entre le Guide et le président

Mais ce chef d'Etat moderniste, élu par 70 % du corps électoral, ne dispose pas d'une réelle liberté d'action, car le Guide, désigné par les quatre-vingt-deux membres de l'Assemblée des experts (une instance exclusivement composée de religieux radicaux), détient des pouvoirs exorbitants, bien supérieurs à ceux du président, pourtant démocratiquement élu par vingt millions de personnes. La raison de cette bizarrerie institutionnelle réside dans le concept de *Wilayat El Faghih* : le Guide, qui représente Dieu et son Prophète sur la Terre, détient les pouvoirs civils et religieux, dont celui de suspendre la constitution, et commande toutes les forces armées iraniennes. C'est à lui et non au président de la République que revient ultimement le pouvoir de décision. Des voies s'élèvent pour que la fonction de Guide soit limitée dans le temps et qu'il soit responsable devant le Parlement ou l'Assemblée des experts. Le président a soutenu cette revendication, à l'occasion du deuxième congrès international consacré à Khomeiny et à la pensée religieuse, qui s'est tenu en juin 1998.

Le ministère de l'Information, la radio et la télévision échappent également au contrôle du président de la République et dépendent directement du Guide, de même que la politique étrangère. C'est pourquoi la rencontre de Khatami avec le pape et sa visite à Paris ont nécessité d'interminables

1. *Al Hayat*, 28 mai 1997.

tractations. Les conservateurs ne voulaient pas donner au président l'occasion d'acquérir une légitimité internationale. Khatami a dû négocier de façon très serrée avec le Guide ses déplacements en Occident. Car, pour défendre leurs privilèges, les conservateurs ont besoin d'entretenir le chaos à l'intérieur du pays et de maintenir la tension régionale ainsi que l'hostilité vis-à-vis de l'Occident. L'immobilisme est leur meilleur allié. Le président a néanmoins réussi à entamer un dégel progressif avec Washington, qui a débuté par le sport. L'« honneur » de l'Iran a été sauf quand son équipe de football a battu celle des Etats-Unis, sur une pelouse française, lors du Mondial de football ! Des boxeurs américains sont également venus se mesurer à leurs homologues iraniens à Téhéran. En janvier 1998, Khatami a accordé une longue interview à la CNN, pour manifester son désir d'ouverture. En novembre 1999, Washington a souhaité pouvoir envoyer en Iran des diplomates en mission consulaire, mais le Guide s'y oppose encore et ne veut pas de présence américaine permanente. Toutefois, la commémoration de la guerre avec l'Irak, le 22 septembre 1999, a dérogé à une tradition vieille de vingt ans : les soldats qui participaient à la parade inaugurant les manœuvres militaires annuelles de « la Semaine de la défense sacrée » n'ont pas piétiné les drapeaux américain et israélien.

Mais l'hostilité aux Américains continue à se manifester : des extrémistes ont attaqué des hommes d'affaires américains à Téhéran et des touristes britanniques qui ont été pris pour des Américains. Le Guide lui-même a animé un rassemblement devant l'ambassade américaine pour célébrer le vingtième anniversaire de sa prise d'assaut et a déclaré : « Nous devons identifier notre ennemi. »

Lors de son premier voyage en Europe, Khatami s'est rendu en Italie où il a rencontré le pape. En tant que président de l'Organisation de la conférence islamique (l'OCI, qui réunit cinquante-cinq pays), il a serré la main du chef de l'Eglise catholique, avec une satisfaction manifeste. Le Guide, mécontent de voir la légitimité du président se renforcer à l'étranger, a décidé de torpiller les déplacements à venir, en remettant à octobre 1999 la visite du président en France, initialement prévue en avril 1999.

En promettant formellement à Paris que l'« Iran ne s'immiscerait plus dans le processus de paix israélo-arabe », tout en considérant qu'une paix durable devait tenir compte des droits de toutes les parties, Khatami a rompu avec le khomeinysme qui prônait le *djihad* pour libérer Jérusalem et toute la Palestine. Mais le Guide et les radicaux continuent à entretenir et à encourager les organisations extrémistes qui luttent contre l'occupation israélienne, notamment au Sud-Liban, et leur fournissent des armes de plus en plus sophistiquées.

En renonçant à l'« exportation de la révolution » et en abandonnant la politique de Khomeiny qui recommandait aux chiites du Golfe de « renverser les monarchies corrompues », Khatami a amélioré les relations de l'Iran avec ses voisins. Il a effectué une visite officielle en Arabie Saoudite en mai 1999. Depuis son élection, plusieurs dirigeants arabes se sont rendus à Téhéran. Les échanges politiques se renforcent, mais la confiance n'est pas encore établie. Il faut rappeler que l'armée américaine campe dans plusieurs émirats du Golfe et entrave un rapprochement réel entre ces pays et l'Iran, qui ne pourrait se faire qu'à la faveur d'une victoire des libéraux et au détriment des intérêts stratégiques des Etats-Unis et de leur hégémonie sur les ressources en hydrocarbures de cette région, qui renferme les deux tiers des réserves mondiales avérées.

Un autre acquis de Khatami sur le plan international est le succès de la réunion de l'OCI à Téhéran, en décembre 1997. Les résolutions adoptées, qui condamnent sans réserve le terrorisme, ont définitivement enterré l'« Iran révolutionnaire » de Khomeiny, au profit d'un Etat dont le président prône une modernité éclairée, unique parmi les Etats de la région.

Si le Guide entrave l'action du président dans le domaine de la politique étrangère, il intervient également dans la politique économique. Il a rejeté les réformes du président et a refusé de supprimer les subventions sur le blé, l'essence, la farine, le gasoil et une partie de la viande, qui est distribuée par un système de coupons. Depuis que

Khatami est au pouvoir, la presse conservatrice évoque les grèves dans les usines, les actions sociales, les ouvriers non payés pendant des mois qui ont bloqué des routes, des banques et des usines. Le bazar, centre névralgique de l'économie iranienne, se fait l'écho de cette rumeur, qui répand le bruit de l'impopularité et de l'impuissance du président, car il est mécontent des réformes promises par Khatami, notamment celles qui concernent l'ouverture du marché et la fin d'une économie de spéculation et de favoritisme contrôlée par les mollahs. Khatami compromet le *statu quo* puisqu'il plaide pour une plus grande liberté économique et promet des réformes structurelles pour faire redémarrer les usines et attirer les investisseurs étrangers, qui ont été longtemps absents car la loi leur interdisait beaucoup de secteurs. L'année 1998 a été marquée par un changement de cap radical ; l'Iran a annoncé, depuis Londres, l'ouverture d'un partenariat avec les compagnies étrangères pour investir dans vingt projets pétroliers, dont des puits *on-shore*. C'est une grande première depuis la révolution. Cette initiative répond à une nécessité impérieuse, dictée par la chute des capacités de production pétrolière de l'Iran qui sont passées de 6 millions de barils par jour sous le Chah à moins de 3,9 millions actuellement. L'année 1998 a connu une croissance de 1 %, très insuffisante pour satisfaire l'entrée de 800 000 jeunes sur le marché de l'emploi chaque année. Face à cette politique d'ouverture économique, les conservateurs mènent un combat d'arrière-garde en amplifiant les mouvements de contestation.

Mais le terrain d'affrontement privilégié entre les deux hommes et leurs courants respectifs reste le théâtre de la politique intérieure. Au printemps 1999, l'ancien maire de Téhéran a été condamné à la prison ferme pour mauvaise gestion, puis gracié à l'issue de neuf mois de prison. Fin octobre 1999, un procès a été intenté à Abdallah Nouri par le tribunal clérical (dont seul le Guide désigne les membres). L'ancien ministre de l'Intérieur et chef de file des réformateurs a été accusé de « propagande anti-islamique », d'« insultes à la mémoire de l'ayatollah Khomeiny », d'« appel au rétablissement des relations avec Washington », et de la « promotion d'un mouvement iranien libéral, Iran libre[1] ». Un verdict de cinq ans de prison a été prononcé contre lui et il a été conduit séance tenante du tribunal à la prison. Ce faisant, les conservateurs comptaient priver le courant de Khatami de sa tête de liste, car Nouri figurait sur une dizaine de listes des dix-huit partis réformateurs qui soutiennent la démarche du président et qui forment la coalition du Front du 2 khordad[2]. Mais Nouri, loin de se soumettre à ces accusations, a opté pour l'attaque et a diffusé son plaidoyer sur Internet. Son procès lui a permis de briser bien des tabous et de développer des arguments susceptibles de mobiliser son camp. Il a dénoncé le statut de ce tribunal spécial et a démontré qu'il était anticonstitutionnel. Mis en cause pour sa fidélité aux enseignements de Khomeiny, il a répliqué en démontrant la « relativité » des jugements du Guide, dont les positions sont dictées par les circonstances. Il a pris pour exemple les relations entre l'Iran et l'Arabie Saoudite, qui ont été extrêmement tendues au lendemain du Grand Pèlerinage de 1987 (au cours duquel plus de quatre cents pèlerins iraniens, réprimés par les forces de l'ordre saoudiennes, ont trouvé la mort), alors que l'« Arabie compte désormais parmi les amis et les frères de l'Iran » et que la « coopération en matière de politique pétrolière a eu des répercussions positives sur le marché et [les] problèmes économiques [de l'Iran] ». Il a également rappelé la déclaration de Khomeiny pendant la guerre avec l'Irak (1980-1988) : « "Nous allons lutter jusqu'au dernier souffle", avant que celui-ci n'accepte la résolution du Conseil de sécurité instaurant un cessez-le-feu [...]. Si l'Imam était décédé quelques mois avant cette résolution, aurions-nous dû combattre jusqu'au dernier Iranien ? » Attaqué sur son appel à dialoguer avec les Etats-Unis, Nouri a répliqué : « Le dialogue en tant que tel ne doit pas être banni. [...] Tous les belligérants dialoguent entre eux. [...] Car établir des relations avec un Etat ne signifie pas devenir un satel-

1. *Nahdat Azadi.*

2. Date qui correspond au 23 mai de notre calendrier, jour de l'élection du président Khatami.

lite de cet Etat. Nous entretenons des relations diplomatiques avec plus d'une centaine d'Etats à travers le monde ; serions-nous pour autant des satellites de ces Etats ? » Au sujet de l'accusation relative à son appel à la reconnaissance d'Israël, Nouri a répondu : « Le journal *Khordad* [qu'il dirige] n'a pas encouragé à reconnaître l'entité sioniste. Mais la Palestine est aujourd'hui un Etat que nous reconnaissons officiellement. Et bien que le processus de paix ne satisfasse pas les revendications du peuple palestinien, nous devrions respecter la volonté de ce peuple. »

Dans son manifeste diffusé sur Internet puis édité en fascicule, Nouri a comparé ce tribunal clérical à l'Inquisition dans l'Europe du Moyen Age. Il a considéré que le Guide n'était pas au-dessus de la constitution, mettant en cause le fondement même du régime, le concept de *Wilayat El Faghih*. Dans son journal, il a plaidé pour la libération des prisonniers politiques et a développé l'idée qu'il n'existait aucune incompatibilité entre l'islam et la démocratie, ce qui contredit l'avis général des islamistes qui considèrent que la démocratie est un concept occidental qui ne peut s'accorder avec la loi islamique, car dans une démocratie la majorité sociale qui vote les lois est faillible, alors qu'en islam c'est Dieu qui a dicté les lois aux hommes. Soixante des grands oulémas de la ville sainte chiite de Qom ont soutenu Nouri en publiant un communiqué très ferme pour dénoncer le tribunal clérical. Ils se sont interrogés : « Si des hommes comme Abdallah Nouri sont exclus du régime [...], qui pourra alors attirer la jeunesse dans les rangs de l'islam et de la Révolution [1] ? » Le président Khatami a lui aussi critiqué les conservateurs, notamment lorsqu'ils ont mené un harcèlement systématique contre la presse réformatrice et contre le ministre de la Culture, Ataollah Mohajarani. Mais dans la perspective des élections futures, les députés, conscients du soutien croissant qu'apporte l'opinion publique au président et de l'évolution du rapport des forces en sa faveur, ont rejeté par une majorité inespérée de 135 contre 121 la motion de censure contre ce ministre.

1. *Al-Chark Al-Awssat*, 1er novembre 1999.

La mollarchie divisée

En outre, l'opposition est elle-même divisée, comme en témoignent les critiques adressées au Guide par le grand ayatollah Hossein Ali Montazéri. Ce dernier occupe une place importante sur l'échiquier politique iranien et exerce son influence à l'intérieur de la mollarchie. C'est ce paysan révolutionnaire et entêté, que Khomeiny avait qualifié de « lumière de mes yeux », avant de le bannir, qui a forgé le concept de Guide (*Wilayat El Faghih*). Montazéri est certainement l'ayatollah qui compte le plus grand nombre de fidèles en Iran, y compris au sein des forces armées, et surtout parmi les *Pasdarans* [1]. Ils le considèrent comme leur « source d'imitation [2] » et l'autorité théologique qui incarne la science religieuse et détient le pouvoir d'interpréter les textes sacrés.

Montazéri reproche à Khamenaï d'être un Guide dépourvu de légitimité religieuse. Ce dernier n'est pas un ayatollah (l'équivalent du cardinal dans l'église catholique), même s'il prétend aujourd'hui au titre de Grand ayatollah. Après la mort de Khomeiny, en 1989, quand l'Assemblée des experts l'a choisi pour lui succéder, il n'était qu'un petit *hodjatoleslam* ; il fut alors promu au rang d'ayatollah. C'était une première dans l'histoire du chiisme, car, pour passer du grade de *hodjatoleslam* à celui d'ayatollah, il faut généralement dix ans d'études, de recherches et de publications, et pour accéder au rang de Grand Ayatollah (l'équivalent du pape), il faut encore dix ans au moins ; Khamenaï, lui, a franchi ces vingt années en une nuit ! Sur le plan religieux, son autorité de Grand ayatollah — *Wali Amr El Mouslimine,* le guide de tous les musulmans du monde... — n'a jamais été reconnue.

Politiquement, Khamenaï n'a jamais remporté non plus de grands succès. Au cours des huit années de son mandat de président de la République, sous Khomeiny, le pouvoir réel était détenu par Rafsandjani, alors numéro deux du régime. Le reproche de Montazéri à Khamenaï est donc double : religieusement, il n'a pas la légitimité pour

1. Les Gardiens de la révolution qui constituent la garde prétorienne du régime.
2. *Marja' At-Taklid.*

être le Guide ; politiquement, il n'est pas apte non plus à remplir cette fonction. En outre, Montazéri accuse Khamenaï de mener une vie plus fastueuse encore que celle du Chah et de ne pas remplir le rôle d'un « bon Guide », celui qui, représentant Dieu et la descendance du Prophète, doit rester au-dessus des partis. En 1997, le Guide a réagi en ordonnant le placement de Montazéri en résidence surveillée.

Or, dans le triangle du pouvoir — divisé entre le Guide, le président et le Parlement — Montazéri a beaucoup d'influence. Il soutient Khatami tout en lui reprochant de ne pas s'appuyer sur sa légitimité de président élu au suffrage universel. Il s'est adressé à lui en ces termes : « A votre place, j'aurais appliqué mon programme, et, si je m'étais rendu compte qu'on m'en empêchait, je me serais tourné vers le peuple en dénonçant ceux qui entravaient mon action [...]. » En outre, une grande majorité des mollahs n'approuve pas le Guide et redoute les conséquences de la dérive du système actuel. Après vingt ans de Révolution, les Iraniens ont compris que la place de la religion était dans la mosquée et non sur la scène politique. En exerçant un pouvoir absolu s'étendant à tous les domaines, le clergé a perdu le respect dont il jouissait avant la Révolution.

Dans la lutte pour le pouvoir qui se déroule au sommet de la mollarchie, Khatami avance avec la prudence d'un félin. Après avoir réussi à imposer des élections municipales — les premières de ce siècle — au mois de février 1999, et avoir remporté une franche victoire sur les conservateurs aux municipales puis aux législatives, il compte asseoir définitivement son pouvoir. Les hommes qui symbolisent le courant réformateur, comme l'ancien ministre Nouri, destitué par le Parlement, ont conquis les mairies des grandes villes ; douze sièges sur quinze sont revenus aux amis du président à Téhéran. Le président Khatami n'a pas connu à ce jour l'usure du pouvoir, parce qu'il s'est toujours comporté comme un opposant au sein du régime.

Les élections législatives de février 2000 ont été marquées par un véritable raz-de-marée au profit des réformateurs qui ont remporté la majorité absolue dès le 1er tour. Des bastions du conservatisme ont été conquis et plusieurs symboles du radicalisme ont été battus. La voie de la réforme est désormais ouverte, mais la tâche s'annonce très difficile.

Khatami avait hérité d'un Parlement qui constitue le principal bastion des conservateurs. En se battant pour instaurer des élections municipales, il a voulu mettre en application sa doctrine sur la liberté, la responsabilité et la participation des citoyens à la gestion des affaires publiques. Il a cherché à inscrire dans les mœurs l'exercice de la démocratie et il a ainsi permis à 150 000 élus de devenir, pour la première fois, acteurs du pouvoir local. Il existe une contradiction flagrante entre le concept d'une démocratie islamique et celui de *Wilayat El Faghih*. Le président Khatami, qui prône la première, peut compter sur le soutien de la société civile.

La force de ce président, issu de la mollarchie, tient au soutien qu'il reçoit de la part de la société civile, notamment des jeunes et surtout des femmes. Et pour la première fois depuis l'avènement de la République islamique, ce courant peut compter sur l'appui d'une partie du clergé pour s'opposer aux tenants d'un radicalisme pur et dur.

La société civile au secours de Khatami

Dans le bras de fer qu'ont engagé Khatami et Khamenaï, trois éléments importants jouent en faveur du président : la presse, la jeunesse et les femmes. La presse — dont le nombre de titres est passé de 181 en 1989 à 998 dix ans plus tard — joue désormais un rôle primordial. Outre la presse « mollarchique » et « révolutionnaire » subventionnée par l'Etat, qui défend systématiquement le clan conservateur et est aux ordres du Guide, une presse plus libre, non officielle et non subventionnée, subsiste et vit de ses ventes et de la publicité. Elle soutient le président et son programme de réformes. Le journal *Hamshari* (« Concitoyen »), lancé par la municipalité de Téhéran, représente le plus grand tirage (plus de 300 000 exemplaires). D'autres journaux, récemment créés, ont dépassé

200 000 exemplaires après seulement quatre mois d'existence. Le plus célèbre de ces journaux est *Zan* (« Femme »), édité par l'ex-député Faïza Hachémi Rafsandjani, la fille de l'ancien président iranien. Plusieurs médias ont été condamnés à suspendre leur tirage.

Khatami bénéficie également de l'appui de la jeunesse, très au fait de l'actualité internationale grâce aux télévisions étrangères diffusées par satellite et captées par des paraboles, pourtant prohibées en Iran. Elle est fascinée par le mode de vie occidental et réclame plus de liberté. A chaque élection, les jeunes, issus des classes moyenne et pauvre, ont apporté leur soutien aux réformateurs. Ils acclament le président à l'occasion de chaque rassemblement organisé en son honneur. Au cours de l'été 1999, les étudiants de l'université de Téhéran ont organisé des manifestations de soutien à la presse et aux réformes du président, qui se sont transformées en émeutes. Elles ont été violemment réprimées par les forces du régime, qui avaient commis de lourdes provocations à l'encontre des étudiants.

Les femmes approuvent également la politique du président Khatami. En ce qui concerne leur statut, l'Iran, comparé à d'autres pays de la région, se distingue par une relative ouverture. Le Parlement iranien a toujours compté des femmes députés en son sein. « Les femmes constituent aujourd'hui 35 % de la population universitaire et 45 % d'entre elles sont en médecine [1]. » On note le retour des femmes juges, reléguées aux postes administratifs depuis la Révolution ; elles sont aujourd'hui cent quatre en exercice. La première femme chauffeur de bus, Maasouma Balaghi, a obtenu sa licence et son emploi en 1997. Elle effectue deux trajets par semaine de deux mille kilomètres, entre Téhéran et le port de Bandar Abbas, sur le Golfe, et rêve de posséder son propre bus et de conduire ses passagers sur des circuits touristiques qui dépasseraient les frontières de l'Iran.

Les femmes iraniennes occupent des positions privilé-

1. Nouchine Yaffari d'Hellencourt, conférence prononcée devant les membres du comité « Rayonnement français et réalités internationales », le 9 septembre 1999.

giées, grâce au combat acharné qu'elles ont mené contre le statut que leur réserve l'islam. On dit souvent que « dans tout ce qui se fait de mieux en Iran, il y a une femme derrière ». L'écrivain le plus populaire est une femme. Pour la première fois, la vente d'un roman iranien, *Le Matin de la gueule de bois,* écrit par Fattaneh Hadj Sayed Djawadi, a atteint 330 000 exemplaires.

Au sein du gouvernement, les femmes sont représentées par une vice-présidente de la République, Mme Maasoumah Ebtekar, dont le pouvoir est seulement symbolique. Elle était le porte-parole des étudiants qui avaient occupé l'ambassade des Etats-Unis et retenu les diplomates en otages au début de la Révolution. Khatami l'a nommée vice-présidente parce que le Parlement lui aurait refusé la désignation d'une ou de plusieurs femmes dans son gouvernement. Il a également nommé plusieurs conseillères à la présidence, qui est le domaine réservé du président, ainsi qu'une femme vice-ministre de l'Intérieur, Mme Chedaï, pour satisfaire son électorat féminin.

Le soutien des femmes iraniennes au président Khatami s'explique surtout par les promesses électorales de celui-ci. Il s'est en effet engagé à faire appliquer la loi pour instaurer un Etat de droit. Ayant bénéficié sous le règne du Chah d'une égalité avec les hommes, elles refusent le sort que leur a réservé la Révolution, qui les a condamnées juridiquement à ne valoir que la moitié de l'homme : selon la loi islamique, une femme hérite 50 % de ce qu'hérite un homme et son témoignage vaut juridiquement la moitié de celui d'un homme. Même si, comparée à la situation des femmes dans les autres pays musulmans ou arabes, la femme iranienne a beaucoup de droits (elle conduit, chante, danse, fume, etc.), elle reste néanmoins mineure sur le plan juridique, comme le sont les minorités juive, chrétienne, arménienne ou sunnite. Lorsqu'on se rend en Iran, on est frappé par la double vie que mènent souvent les femmes : la vie publique durant la journée où elles sont entièrement enveloppées de leur tchador, et la vie privée où elles sont maquillées, écoutent de la musique et participent à des soirées bien arrosées. L'alcool arrive clandestinement par la Turquie et l'Irak grâce à une double corruption : celle du simple *bakchich* et celle de la mollarchie.

La société dans son ensemble est très ouverte sur l'Occident et la modernité, mais le président ne peut satisfaire entièrement l'attente de la population, car il est soumis à des épreuves successives destinées à l'affaiblir et à provoquer de la part de la population des réactions de violence qui justifieraient l'instauration de la loi martiale. Le silence que Khatami oppose à ces provocations déçoit ses supporters, mais sa stratégie est faite de souplesse et de patience. Et l'attitude des radicaux ne fait qu'accroître la volonté de la société d'accélérer le changement et renforce le courant anti-conservateur.

Le « printemps de la liberté »

L'Iran s'engage patiemment mais résolument sur le chemin de la modernité. Khatami et son camp réformateur ont marqué de nombreux points sur leurs adversaires, qui continuent cependant à mener un combat d'arrière-garde. L'opinion publique accorde toujours au président un soutien sans faille. Les batailles qu'il a perdues — les condamnations de l'ancien maire de Téhéran et de l'ex-ministre de l'Intérieur — ne font que paver la voie au succès qui couronnera le combat présent. L'opinion publique approuve le projet de Khatami d'établir un Etat de droit. Tout laisse à penser qu'au lendemain des dernières législatives, Khatami pourra alors mettre en œuvre ses réformes. Le président a promis que les lois seraient mieux appliquées, et que les syndicats et les partis politiques pourraient voir le jour. Les médias ne subiront plus les harcèlements du tribunal de la presse, des tribunaux islamiques et du Conseil de supervision de la presse. Mais qui pourrait exclure un « accident » d'avion qui emporterait le président ? A l'issue de la révolte des étudiants, en juillet dernier, vingt-quatre officiers supérieurs des Gardiens de la Révolution ont averti le président que leur patience avait atteint ses limites : « Si vous ne prenez pas de décisions révolutionnaires aujourd'hui [...], demain, il sera trop tard. Les dégâts seront irréparables [...]. Jusqu'à quand pourrons-nous verser des larmes et tolérer des insultes tandis que vous expérimentez la démocratie ? » Quatre mois plus tard, on apprenait qu'un attentat contre Khatami avait été déjoué. La presse radicale lui a également adressé une sévère mise en garde : « Si le président est contraint de prendre des positions identiques à celles de Abdallah Nouri, nous déclarerons la guerre totale aux forces contre-révolutionnaires qui se cachent sous la robe de Khatami [...]. Nous transformerons en cendres ceux qui seraient tentés de rééditer les incidents de l'été dernier[1]. »

Mais Khatami progresse à grands pas sur la voie de l'Etat de droit ; dix-sept fonctionnaires du puissant ministère des Renseignements, accusés du meurtre de plusieurs écrivains et opposants, ont été arrêtés à la fin de l'année 1998. Khatami a exigé et obtenu, en février 1999, l'accord du Guide pour la révocation de ce ministre et son remplacement. Trois mois plus tard, le chef des renseignements de la gendarmerie, le général Naghdi, a été convoqué par le tribunal militaire pour être interrogé sur son implication dans la torture des employés de la municipalité de Téhéran, qui avaient porté plainte contre lui. Il doit aussi répondre de son implication directe dans l'agression commise contre le ministre de la Culture, quelques mois plus tôt.

L'un des meilleurs spécialistes de l'Iran, Safa Haéri, ne voit pas comment la société iranienne pourrait revenir en arrière. Le « printemps de la liberté », qui s'affirme de jour en jour, lui paraît irréversible. « On pourrait éventuellement faire un barrage pour retenir un fleuve, mais il déborderait aussitôt pour reprendre son cours. Plus les conservateurs multiplieront les actions contre le président, plus l'opinion publique se retournera contre eux. Devenus impopulaires, ils précipiteront leur propre chute au bénéfice de Khatami et de son projet de société civile [...][2]. »

Le peuple iranien a montré qu'il était déterminé à tourner la page du khomeinysme, à renouer avec la modernité,

1. *Al-Jabhat* (le Front), porte-parole des partisans du *Hezbollah*, 4 décembre 1999.

2. Safa Haéri est un journaliste iranien établi en France. Il anime un site sur Internet, privé et indépendant, consacré à l'Iran, à l'Asie centrale et au Golfe.

la démocratie et l'Etat de droit. Et il est indéniable que la nouvelle orientation prise par l'Iran va influencer l'ensemble des mouvements islamistes — à l'exception des *salafites* d'Arabie — et les conduire à adopter de nouvelles valeurs, plus conformes au monde moderne.

CHAPITRE IV

L'ECHEC DE LA DÉMOCRATIE ET LA FAILLITE DE L'ISLAMISME EN ALGÉRIE

La violence de la contestation islamiste en Algérie est unique au sein des pays arabes. Elle a été favorisée par l'attitude du pouvoir politique, car la caste qui contrôle le régime depuis l'indépendance a réussi à se maintenir au pouvoir au mépris de la volonté populaire. Elle n'a pas hésité à imposer au pays des sacrifices colossaux qui ont fait de la dernière décennie de ce siècle une période sanglante pour l'Algérie, provoquant la mort de plus de 100 000 personnes. A partir de 1992, l'Algérie est entrée dans une « guerre civile » — cette qualification étant d'ailleurs violemment récusée par le pouvoir qui tient à criminaliser la contestation politique. C'est à ce prix que le régime a réussi à écarter le « danger d'une alternance islamiste » incarnée par le Front islamique du salut (FIS). Les extrémistes des Groupes islamiques armés (GIA) ont été diabolisés et marginalisés à cause du caractère archaïque de leur doctrine et de l'action des services secrets algériens qui les ont infiltrés et manipulés. Les membres du GIA ont versé dans le crime systématique et ont discrédité toutes les formes d'opposition islamiste.

L'élimination du risque d'une alternance islamiste, plus de dix ans après les émeutes d'Alger de 1988, n'a pas fait pour autant disparaître les maux qui ont favorisé l'apparition et le développement du courant contestataire incarné par le FIS ; les effets apparents du malaise ont simplement été enrayés, mais ses racines profondes n'ont pas été extirpées. Le régime manœuvrier a momentanément endigué la vague de contestation qui s'était exprimée à travers le vote démocratique en faveur du FIS, en décembre 1991. Ce parti, juridiquement dissous en 1992, continue à jouir d'une audience réelle, en dépit des erreurs de stratégie commises par sa direction tout au long de cette décennie noire. Ses partisans ne sont pas seulement des islamistes endoctrinés ; il accueille des contestataires issus de différents horizons politiques, qui rejettent radicalement le régime en place. Tant que celui-ci ne se réformera pas, ces derniers continueront à verser leurs suffrages aux partis d'opposition qui, eux, promettent le changement.

La vacance du pouvoir, provoquée par la démission forcée du président Zéroual en 1998, a permis à l'ancien ministre des Affaires étrangères, Abdelaziz Bouteflika, d'opérer un retour sur la scène algérienne, après une traversée du désert de vingt ans. Elu sans gloire, le nouveau président a surpris par son énergie, son habileté politique et sa volonté d'élargir la base sociale du régime. Il a tenu un discours qui brise nombre de tabous chers au régime. Il a considéré que l'arrêt du processus électoral était une « violence » et que la situation dans le pays était tellement insupportable qu'elle justifiait que les jeunes aient pris le maquis. Il a dénoncé l'omniprésence de la corruption, et les nouveaux monopoles de la mafia. Il a affirmé que la plate-forme de Sant'Egidio, signée à Rome entre les principaux partis politiques en janvier 1995, ne constituait pas cette « trahison » dénoncée en son temps et a reconnu que la guerre civile en Algérie avait fait plus de 100 000 morts, alors que l'ancien Premier ministre, Ahmed Ouyahyia, n'en reconnaissait qu'un peu plus de 26 500.

Bouteflika n'a eu de cesse de rendre un hommage appuyé à l'armée qui l'a coopté. Néanmoins, la question de savoir qui aura la primauté, des institutions militaire ou présidentielle, n'a pas tardé à se poser. Le président algérien, nostalgique du règne quasi monarchique du président Boumediene, se montre très jaloux de ses prérogatives.

En appelant à la moralisation de la vie publique, en militant pour une modernité éclairée, en réhabilitant l'Algérie sur la scène internationale, Bouteflika a effectué un parcours irréprochable. Mais le chemin est long et difficile, étant donné l'héritage catastrophique légué à un pays qui a connu une longue dérive. En dépit des obstacles, les Algériens retrouvent l'espoir avec Bouteflika et recommencent à avoir foi en leur avenir. Le nouveau président a organisé un référendum de légitimation afin d'effacer sa piteuse élection du 15 avril 1999 et de s'affranchir de ceux qui l'avaient fait « roi ». Au bout de quelques mois, ces derniers, inquiets des prétentions du nouveau président, ont manifesté leur opposition et ont cherché à entraver son action. Ils lui concèdent la seule apparence du pouvoir, tout en continuant à en confisquer la substance. C'est une des raisons pour lesquelles le président s'adresse directement au peuple, afin de s'assurer de la permanence de son soutien.

Comment expliquer la montée de l'islamisme ?

L'Algérie, qui a conquis son indépendance[1] de haute lutte, forçant l'admiration du monde, avait énormément d'atouts pour réussir. Le pays détient, après l'Irak, le second potentiel de richesses parmi les Etats arabes. Outre son élite formée dans les meilleures universités occidentales et ses ressources en hydrocarbures, il possède également d'importantes capacités dans les domaines agricole, minier et touristique.

Auréolé par le succès de sa lutte pour l'indépendance, le FLN[2] a partagé avec l'armée un pouvoir à géométrie variable, qui s'exerçait aussi bien sur la vie politique que sur les activités économiques. L'intermède constitué par la présidence de Ben Bella (1962-1965) a pris fin aux premières heures du 19 juin, quand le capitaine Zénati a arrêté le président dans son lit, à la villa Joly. A titre de récompense, Zénati a obtenu le monopole, pour une durée d'environ trente ans, de l'importation des capsules servant à boucher les bouteilles. Le long règne autoritaire de

---

1. La guerre d'indépendance a duré huit ans, de 1954 à 1962.

2. Le Front de libération nationale avait déclenché, le 1er novembre 1954, l'insurrection contre l'armée française qui avait entamé la colonisation de l'Algérie en 1830. La conférence d'Evian (en mars 1962) a abouti à un cessez-le-feu et a décidé d'organiser un référendum. A l'issue du scrutin, l'Algérie a proclamé son indépendance, le 5 juillet 1962, le jour même du débarquement de l'armée française sur la plage de Sidi Ferruch, le 5 juillet 1830.

Houari Boumediene (1965-1978) a été marqué par l'application des doctrines socialistes en économie, alors qu'une zone d'influence relative était réservée à la mouvance islamique dans les domaines culturel et éducatif.

Sous sa présidence, l'Algérie avait le sens de l'Etat — dont les orientations étaient d'ailleurs très discutables — et les Algériens se souciaient de la grandeur de leur pays sur la scène internationale. La corruption était certes présente, mais elle était le fait d'une minorité et se pratiquait de façon occulte. Mais au fil des années, la vigilance sévère de Boumediene s'est relâchée et la corruption s'est généralisée.

La corruption à grande échelle

Boumediene avait d'abord tenté de réprimer les appétits insatiables de son entourage, sans toujours y parvenir. Un officier supérieur très lié au président a rapporté les propos qu'ils avaient échangés au cours d'une conversation téléphonique : « On me dit que tu barbotes beaucoup en ce moment. Il faut que tu te calmes » lui avait dit le président, et l'officier lui avait répondu : « Tes copains volent avec leurs deux bras, moi je le fais avec le seul qui me reste. » Boumediene avait éclaté de rire en entendant ces paroles. Au début des années 70, « des proches du président de la République [furent] chargés, de concert avec la sécurité militaire, de gérer les commissions occultes sur les grands contrats et d'en assurer la redistribution au sein du système [...] [1] ». Dès 1974, la corruption institutionnalisée par Boumediene a été rendue publique par le célèbre discours qu'il a adressé aux cadres supérieurs et aux membres du Conseil de la révolution, qui a été diffusé à la télévision : « Je comprends que celui qui récolte le miel suce son doigt, mais il ne doit pas en abuser et se servir d'une jarre. »

Sous le mandat de Chadli (1979-1992), la motivation mercantile l'a emporté sur l'« élan révolutionnaire », laissant le clientélisme patriarcal et clanique régner en maître.

1. Djallal Malti, *La Nouvelle Guerre d'Algérie*, La Découverte, 1999, p. 78.

Grâce à l'exploration massive des hydrocarbures puis aux chocs pétroliers, l'Algérie disposait d'une richesse accrue. La quasi-totalité de la caste au pouvoir a pratiqué le « sport national » le plus répandu, celui de l'enrichissement illicite à « grande vitesse ».

Mais en 1986, l'effondrement brutal du prix des hydrocarbures a entraîné une chute phénoménale des revenus algériens. Le baril a perdu près de la moitié de sa valeur en une année et se négociait à 14,8 dollars. Ce fut pour le régime le début de la descente aux enfers. La crise financière, née d'un endettement croissant contracté à court terme, a contraint l'Algérie à consacrer, en 1993, plus de 80 % de ses revenus au service de la dette, et à en réclamer le rééchelonnement dès l'année suivante. Le remboursement de la dette extérieure s'est alourdi au moment où les revenus des hydrocarbures, dans une économie mono-exportatrice, connaissaient un très net reflux. Dès 1987, les pénuries se sont multipliées. L'Etat n'était plus en mesure de maintenir constant le niveau de vie de la population et s'acquittait de plus en plus difficilement du rôle minimum d'un Etat-providence. Cette défaillance s'est aggravée en dépit du plan anti-pénurie (PAP), qui a eu plusieurs conséquences néfastes, dont la multiplication des réseaux de corruption et la surévaluation du dinar algérien par rapport aux autres devises [1].

Les retards d'approvisionnement sont devenus monnaie courante. Les programmes d'investissement public se sont réduits. L'Algérie sombrait dans une crise de plus en plus grave, qui touchait le logement et augmentait le chômage. L'économie étatisée n'était plus en mesure d'assimiler la poussée démographique qui faisait que 70 % de la population était âgée de moins de trente ans. Les *Hittistes* (dérivé du mot *Haït*, mur), ces jeunes désœuvrés qui s'appuient sur les murs des villes et se massent le long des grands axes routiers du pays, sont devenus de plus en plus nombreux. Ils ont été une proie facile pour les prêcheurs

1. A l'époque, 1 dinar algérien (DA) valait 1,6 FF. Aujourd'hui, 1 FF vaut plus de 12 DA.

et les recruteurs islamistes, avant de jouer, à leur tour, le rôle plus gratifiant d'enrôleurs.

De l'aveu même du président Chadli, dans son célèbre discours du Club des Pins du 19 septembre 1988, les « attitudes négatives » se sont multipliées : « le gaspillage, les lourdeurs administratives, le stockage des produits importés par l'Etat et la spéculation sur ces produits [...], l'inefficacité des structures de contrôle » et « le secteur privé s['est] développ[é] de façon anarchique », permettant à quelques-uns d'« amasser des fortunes colossales en un laps de temps très court ». Chadli a dénoncé l'attitude des dirigeants du pays et a engagé un bras de fer avec la direction du parti unique, le FLN. Il avait pris conscience du décalage croissant entre les aspirations légitimes de la population et les promesses jamais tenues du régime, alors que les magasins se vidaient et que les subventions accordées pour des produits de première nécessité se réduisaient. Le contraste était saisissant entre la paupérisation flagrante d'une grande partie de la population et l'étalage des « fortunes colossales » des dirigeants du FLN. L'ancien ministre de la Défense, le général Khaled Nezzar, a dénoncé, en 1996, la dérive du FLN sous Chadli : « On vit la primauté du parti érigée en dogme intangible du pouvoir, au point que même les questions politiques au niveau local ou national relevaient en dernier ressort des seules instances du parti[1]. »

Une grave crise du logement

Sous Chadli, la crise du logement avait déjà atteint son paroxysme. La presse privée, qui a vu le jour au lendemain des émeutes de 1988, commençait à évoquer ouvertement la détresse sociale qui rongeait le pays depuis des années. Elle décrivait ces « ghettos » d'Alger où les familles « vivent à vingt-cinq dans deux pièces » et évoquait « les enfants [qui] travaillent dès l'âge de douze ans et vivent dans des logements rongés par l'humidité [...]. Dans les ghettos des cités [...]), il y a toute une population qui ne

1. Témoignage de Khaled Nezzar, *El Watan,* 15 mai 1996.

croit plus au miracle de pouvoir s'en sortir un jour. A quelques kilomètres seulement de la capitale, le spectacle donne le vertige aux âmes sensibles. C'est le visage hideux de la misère qui vous frappe de plein fouet, face à cette catégorie d'Algériens, qu'on appelle les "déclassés", prise dans l'engrenage infernal de la violence, de la délinquance, de la drogue, de la prostitution et de l'intégrisme [...] [1] ».

Au fil des ans, la situation du logement s'est constamment aggravée. Le terrorisme a repoussé vers les bidonvilles des familles entières dont les hameaux avaient été détruits lors d'attaques, de règlements de comptes ou de vendettas. Un article paru en 1999 décrit les cellules de l'ancien pénitencier de Bab El Hamra à Oran, squatté, jusqu'à l'emplacement même de la guillotine, par environ deux cents familles déshéritées : « La cellule, qui représente un espace fermé de deux mètres carrés, sert de cuisine, de chambre à coucher, et à d'autres usages encore [...] [2]. » Cette population misérable a souvent sombré dans la délinquance et le terrorisme ; une commission spéciale a étudié l'origine sociale des personnes incarcérées, sans jugement, dans les camps improvisés du désert, à partir de 1992 et a conclu que « 44 % des personnes emprisonnées pour délits de terrorisme [avaient] un niveau d'instruction primaire ou [étaient] analphabètes [...]. Un grand nombre d'entre elles est âgé de moins de vingt-cinq ans [...]. Le facteur essentiel déclenchant l'acte criminel paraît lié à une certaine dynamique de groupe. L'enquête a constaté l'existence de problèmes psycho-sexuels parmi cette population [...]. La crise du logement a pour conséquence le retard de l'âge du mariage [3]. »

Les conditions du logement se sont détériorées pour l'ensemble des Algériens. Une enquête réalisée par l'Office national des statistiques du ministère algérien de la Santé et de la Population, intitulée Enquête algérienne sur la santé de la mère et de l'enfant, a noté « une constante dans la situation des familles algériennes, à savoir le nombre

1. *El Watan,* 9 au 12 juillet 1993.
2. *El Watan*, 28 avril 1999.
3. *Le Matin*, 7 juillet 1993.

élevé de personnes occupant le même logement [...]. La taille moyenne du ménage algérien est la plus élevée au monde : 6,7 personnes par ménage en 1977 et 7,1 en 1987. Elle est aujourd'hui [en 1992] de 7 personnes par ménage. Cette stabilité masque en fait une sérieuse aggravation des conditions de logement [...]. Cette taille (7 personnes) est à comparer à celle du Maroc (5,9 personnes), de la Tunisie (5,2), de la France (2,5), et des autres pays de l'Union européenne (de 2,1 à 3,3) [...]. L'impossibilité pour beaucoup de jeunes adultes de disposer d'un logement autonome conduit fréquemment des familles composées de trois générations à cohabiter[1]. » Ahmed Tibaoui, le président du Conseil national des participations de l'Etat, chargé des privatisations, estime le déficit du logement en 1999 à 1,2 million d'unités[2]. La pénurie de logements est le principal obstacle au mariage des jeunes ; aussi, dès l'élection du président Bouteflika, le 15 avril 1999, l'Association de bienfaisance islamique l'a appelé à créer une caisse nationale destinée à faciliter le mariage des jeunes (dont un million de jeunes filles célibataires) en leur octroyant une aide au logement[3].

Un chômage élevé

L'ancien ministre des Finances Ahmed Benbitour[4] a dénoncé, dans son discours du Club de Paris en juillet 1995, la gravité du chômage, qui a pris des proportions inquiétantes depuis 1985 : « La population active est passée de 4,49 millions de personnes en 1985 à 6,47 millions en 1993, augmentant de 1,98 million de personnes, alors que la population ayant effectivement un emploi ne s'est accrue sur la même période que de 820 000 personnes, venant ainsi grossir la liste des chômeurs de 1,16 million

1. *Populations et Sociétés*, Institut national des études démographiques (INED), n° 307, novembre 1995.
2. Rencontres algéro-françaises organisées par le MEDEF (Mouvement du patronat français) à Paris le 24 mars 1999.
3. *Al Khabar*, 26 juin 1999.
4. Nommé Premier ministre en décembre 1999, il a été condamné à mort par une *fatwa* du courant salafite en raison de son appartenance à la communauté obadite, considérée comme hérétique par les radicaux.

de personnes. Durant la même période, le taux de chômage a doublé. »

Le chômage s'est encore aggravé à partir de 1995, à cause de la loi autorisant les « compressions » d'emplois, rompant avec l'ancien système qui « garantissait, par la Charte nationale, la Constitution et les lois, l'emploi à toutes les Algériennes et Algériens en âge et capables de travailler[1] ». Plus de 400 000 salariés ont été licenciés après la disparition de dizaines d'entreprises publiques, conformément aux recommandations du FMI. L'ancien ministre de l'Economie et de la Restructuration industrielle estime que, pour appliquer « les normes de productivité d'un pays comme l'Algérie, les emplois dans l'agriculture ne doivent pas dépasser 50 000, soit une réduction de 80 % des effectifs actuels[2] ». Le gouvernement algérien reconnaît, en 1999, un taux de chômage de 33 %[3].

Cette détresse socio-économique épargne les proches du régime, en particulier les militaires, ainsi que les apparatchiks du FLN et des nouveaux partis satellites du pouvoir, qui ont souvent fait fortune. Que de fois n'a-t-on pas entendu les Algériens commenter ce propos d'*El Ribat*, la publication hebdomadaire du Comité exécutif du FIS à l'étranger : « Les hauts dignitaires du pays ne s'enorgueillirent-ils pas d'occuper les villas et les appartements laissés vacants par Salan, Challes, Jouhaud, Massu et consorts ? [...] A l'Indépendance, il n'y a pas eu de véritable rupture avec l'Etat colonial, mais un simple transfert de compétences[4]. » Selon les confidences d'un haut dirigeant de l'ex-parti unique, « les barons du FLN ont voulu, à partir de 1986, "blanchir" leurs fortunes. Pour cela, ils ont proposé de transformer l'économie dirigée en économie libérale. C'est ainsi qu'en 1986 Chadli a soumis au congrès extraordinaire du FLN des réformes portant sur « l'enrichissement

1. *Crise économique, Hogra et Tribalisme* de Mourad Benhachenhou, compte d'auteur, Alger, 1999, p. 229.

2. *Ibid.*, p. 234.

3. Rapport du Conseil national économique et social (CNES), présidé par Mouhammad Mentouri, novembre 1999.

4. *El Ribat*, n° 234 du 6 novembre 1998.

de la Charte nationale de 1976[1] ». Mais les dirigeants du FLN qui échappaient à l'influence de Chadli ont eu peur de perdre leurs prérogatives ; ils ont rejeté les modifications réclamées par le président, car il y allait de la survie de leur « rente du cachet », qui permettait à ces caciques de détenir une part importante du pouvoir économique. Chadli ne s'est pas avoué vaincu ; dans son discours du 19 septembre 1988, il a violemment critiqué les cadres du parti unique et de l'Etat. Selon un observateur algérien privilégié, « Chadli, comme Robespierre, a critiqué tout le monde avant que tout le monde ne lui tombe dessus ». La rumeur préluda à la réalité ; cette rumeur qui gonflait de jour en jour, sans rencontrer le moindre démenti officiel ni officieux, annonçait une grande manifestation pour le 5 octobre. Les services de sécurité ne pouvaient pas l'ignorer, ni prétendre avoir été surpris par le mouvement de contestation, qui s'est vite transformé en révolte.

Les émeutes d'Octobre débouchent sur la réforme et le multipartisme

Selon notre témoin, au petit matin du 5 octobre, des adolescents descendirent dans la rue, encadrés par des hommes qui s'étaient rendus dans les écoles publiques inviter les établissements à fermer leurs portes et inciter les écoliers à participer aux rassemblements. La police était étrangement absente ce jour-là, dans un pays où elle est pourtant omniprésente. Les premières formations parcouraient les rues et drainaient de plus en plus de monde. Les manifestants crièrent « A bas le FLN », puis *« Chadli chmata »* (« Chadli ordure »).

Au cours des jours suivants, les manifestants se livrèrent au pillage. Dès le troisième jour, des islamistes défilèrent dans les rues en silence et en rangs serrés, récupérant les manifestants. Lors d'une marche devant la direction générale de la Sûreté nationale, à Bab el Oued, un échange de tirs se produisit, faisant une trentaine de morts. Ce « chahut de gamins » fut le premier germe de la guerre

1. Entretien avec l'auteur, 21 décembre 1996.

civile qui allait ensanglanter le pays. Ce fut aussi la première manifestation de la violence — la plus aveugle depuis l'indépendance — qui allait mettre la société, et notamment les jeunes, aux prises avec le régime et son armée.

Les émeutes, échappant à tout contrôle, menaçaient le régime. L'armée fut chargée de rétablir l'ordre. Elle y parvint au prix de plusieurs centaines de morts et d'un millier de blessés. Le 10 octobre, Chadli prononça un discours à la télévision qui annonçait des changements dans le pays. En novembre, un congrès du FLN reconnut l'existence de plusieurs « sensibilités » au sein du parti, contredisant la doctrine du « centralisme démocratique » en vigueur jusqu'à ce jour.

Selon le Premier ministre de l'époque, Abdel Hamid El-Ibrahimi, les manifestations d'octobre 1988 avaient été « programmées par le président pour forcer le FLN à reconduire sa candidature pour un troisième mandat[1] ». Que cette hypothèse soit vraie ou fausse, les manifestations se sont transformées en émeutes insurrectionnelles et ont révélé à Chadli l'ampleur de la révolte qui animait les Algériens. Au lieu de démissionner, il s'est lancé dans une fuite en avant, en libéralisant le régime politique afin d'endiguer la contestation ; l'homme qui encensait le socialisme et le régime du parti unique s'est converti du jour au lendemain au libéralisme économique et au multipartisme, pour sauver son fauteuil !

L'une des conséquences de ces émeutes fut la rupture entre l'armée et la population, marquant un véritable tournant dans leurs rapports. Jamais auparavant les citoyens n'avaient perçu l'armée comme un instrument brutal de répression. Ce qui les a le plus choqués, ce furent les tortures gratuites infligées aux jeunes gens faits prisonniers, pendant et après les émeutes. Les centaines de morts ne sont plus là pour témoigner, mais les milliers de suppliciés ont parlé et ont entretenu la mémoire collective. L'image d'une « armée populaire » a été brisée. La violence des

1. *Al-Majallat*, 30 mars1997.

forces de l'ordre a jeté les fondements de la contre-violence à venir.

Longtemps démentie ou relativisée par le régime, l'ampleur de ces tortures a été publiquement reconnue à l'occasion du dixième anniversaire de la révolte d'Octobre 1988, lorsqu'un conflit a éclaté au grand jour entre les différents clans de l'armée chargés de la sécurité à cette époque. Les fuites ont révélé l'existence d'une guerre intestine entre ces différents courants. En octobre 1998, un « ancien cadre des services de sécurité », Hicham Aboud, a accusé le général Mouhammad Bétchine, le chef des services de renseignements de l'époque, d'avoir pratiqué la torture [1] et, plus tard, il a affirmé que Bétchine détenait le « pouvoir occulte » sous le mandat de Zéroual (1994-1999) [2]. Les officiers qui ont témoigné, dans un livre édité par *Le Matin,* ont dégagé leur responsabilité dans les tortures infligées aux Algériens. Ils ont blanchi le général Lakehal Ayyat, limogé par Chadli, dès le 5 octobre 1988, et ont mis en cause son successeur, le général Bétchine. Lakehal Ayyat a affirmé : « [...] Le seul à avoir géré les événements d'octobre est le chef de l'Etat. [...] Le président était réellement convaincu que les islamistes avaient un ascendant sur la rue [...]. Ceux-ci ont profité de l'opportunité donnée par d'autres pour récupérer un mouvement qu'ils ont su canaliser et auquel ils ont imposé leur mot d'ordre. » Le général Nezzar, ancien commandant de l'armée de terre et ancien ministre de la Défense, considère, comme les autres intervenants, que les divisions au sein du FLN sont la cause de l'insurrection : « [...] Le 5 octobre ne fut ni un événement spontané ni une recherche de liberté et de démocratie [...]. Il ne s'agissait que de contestations publiques fomentées en prévision du congrès du FLN, dans l'espoir de conforter certaines tendances. La manifestation, échappant à ses auteurs, ne manqua pas

1. « Octobre, ils parlent », édité par *Le Matin* en octobre 1998. Par ailleurs, il est établi que le gendre de Chadli, le *wali* Keddour, a assisté aux séances de tortures en tenue de parachutiste. Au lendemain de la destitution de son beau-père, le *wali* a divorcé d'avec son épouse et l'a dépouillée de ses biens. Le divorce a été prononcé par le tribunal militaire de Blida.

2. *Le Matin*, 22 juillet 1999.

d'être infiltrée par une cohorte de forces de toutes obédiences. » Il refuse l'hypothèse d'un complot : « S'il y a complot, il vient de chez nous [...]. Le FLN était traversé par plusieurs courants, le but était donc d'imposer un courant au détriment d'un autre [1]. »

Le dixième anniversaire de cette sorte d'*Intifada* algérienne a été l'occasion d'un règlement de comptes entre les différents clans du régime. Mais il faudra attendre longtemps avant de pouvoir établir la vérité de cet événement.

La révolte d'Octobre a entraîné une libéralisation sur le plan politique. Sous la pression de la rue, Chadli a engagé la réforme constitutionnelle qui, en février 1989, a introduit le multipartisme sous la dénomination d'*Association à caractère politique*, au lieu de la simple reconnaissance des « sensibilités » prônée par le FLN. Cette réforme a été votée par les députés en juillet 1989. Elle a également introduit une loi électorale à scrutin majoritaire uninominal à deux tours, qui a été adoptée le 2 avril 1991. L'objectif de Chadli, en introduisant cette réforme, était d'en finir avec le parti unique et surtout avec l'armée, en lui trouvant des forces de substitution [2]. Pour court-circuiter le FLN, le régime sollicita des candidatures indépendantes. Cette nouvelle loi électorale a permis au FIS de disposer de 188 sièges dès le premier tour des législatives de 1991, obtenant 3 260 359 suffrages sur plus de 7 millions exprimés, avec un taux de participation de 59 %, alors que le FLN, avec la moitié des suffrages du FIS (1 613 507), n'a remporté que 16 sièges. Le FIS a néanmoins perdu plus de 1,1 million de suffrages par rapport à son score aux municipales de juin 1990 — le premier scrutin libre de l'histoire de l'Algérie — où il avait remporté 853 communes sur un total de 1 539. Cette première alerte aurait dû faire méditer les dirigeants du régime, mais il n'en fut rien.

1. *El Watan*, 15 mai 1996.

2. Chadli avait révélé ses intentions à l'un de ses ministres, en l'entraînant dans une salle de bains de la présidence et en ouvrant les robinets pour brouiller les écoutes de l'armée. Il lui avait dit alors : « Il n'y a que les islamistes qui soient capables d'équilibrer l'omnipotence de l'armée et de la contenir. »

Le FIS exploite les erreurs du régime

Comment expliquer les deux victoires triomphales du FIS, à dix-huit mois d'intervalle ? Ces résultats traduisent la montée en puissance du courant contestataire rassemblé autour des islamistes au cours des dix dernières années, au détriment du FLN. Le parti unique, qui régnait sans partage sur l'Algérie depuis plus d'un quart de siècle, était frappé par l'usure du pouvoir, rongé par la corruption et les querelles intestines et discrédité par l'incohérence de ses options. Sa direction, croyant profiter d'une rente de situation à vie, s'était « embourgeoisée ». Cramponné à ses privilèges, privé d'un chef charismatique et fédérateur, le FLN n'avait pas vu venir le déclin de l'URSS, du marxisme et des partis uniques. Il a connu la débandade.

D'autres facteurs expliquent le succès du FIS : la dégradation de la situation socio-économique et la révolution khomeinyste de 1979, qui a affermi les ambitions des islamistes algériens. En outre, le virage à gauche pris par le régime de Boumediene dès 1972, qui a favorisé le Parti de l'avant-garde socialiste (PAGS), le PC algérien, a suscité des réactions qui ont favorisé l'islamisme.

Chadli a voulu tourner la page du boumediénisme et combattre son héritage socialiste en réduisant le monopole de l'Union nationale de la jeunesse algérienne (UNJA) à l'université ; pour cela, il s'est appuyé sur le courant islamique et lui a accordé une certaine liberté d'action. Les adeptes de ce courant, soutenus par les forces de l'ordre, ont censuré les activités culturelles qu'ils jugeaient contraires à l'islam. Une milice des mœurs, dont les membres portaient le traditionnel *kamis* (la robe longue portée par les hommes), s'est formée pour imposer la morale islamique dans les campus et a ensuite été relayée par la police dans les villes.

Le FIS s'est formé progressivement. Son précurseur fut Moustapha Bouyali ; il fut le premier à prendre les armes contre le régime, trois ans après la révolution iranienne. Son maquis a duré cinq ans, jusqu'à ce qu'il soit tué lors d'une opération de l'armée, au début de l'année 1987. Ce premier opposant islamiste, ancien *moudjahed* et ex-militant du FLN, lança son Mouvement islamique armé (MIA) en 1979, mais il ne livra son premier combat qu'en 1982. Son offensive se radicalisa avec l'attaque de la caserne al-Saouma'a, en 1985, mais les forces de sécurité démantelèrent ses réseaux et arrêtèrent deux cent deux de ses partisans. Conduits devant le tribunal de la sûreté d'Etat, quinze militants ont été relaxés et les autres ont été condamnés à diverses peines. Les trois principaux compagnons de Bouyali, Mansouri Méliani, Abdelkader Chabbouti et Mouhammad Laamamra, ont été condamnés à la peine capitale, mais ils ont été graciés par Chadli en juillet 1990[1]. Ils ont dirigé les maquis à partir de 1992. Sous le règne de Boumediene, d'autres islamistes avaient emprunté la voie de la révolte armée, comme les cheikhs Mouhammad Bousleimani et Mahfouz Nahnah, l'actuel chef du Mouvement de société de paix (MSP, ex-*Hamas*). Ils s'étaient illustrés en 1977, en sciant des poteaux téléphoniques entre Blida et Alger. Ils ont été condamnés et ont purgé trois ans de prison[2].

En marge de la contestation armée, le mouvement islamiste a porté son combat à l'université. Les théâtres et les espaces sportifs ont été progressivement transformés en salles de prière. L'université a connu ses premiers affrontements en 1982. Abbassi Madani, le futur chef du FIS, a conduit une marche en novembre, réclamant une politique d'arabisation plus poussée et le retour aux valeurs islamiques autochtones. Il a été arrêté avec certains dirigeants islamistes et n'a été libéré qu'en 1984.

En raison de l'intensification du mouvement de contestation et de l'effritement de l'audience du FLN, le régime s'est trouvé contraint de se rapprocher des forces les plus représentatives des aspirations de la société, c'est-

1. Lire à ce sujet l'excellent ouvrage *Le Mouvement islamique armé en Algérie* de Camil Taouil, éd. An-Nahar, Beyrouth, 1998.

2. L'ancien ministre Abou Jorra Soltany, un camarade de Nahnah au sein du MSP, s'est interrogé dans *Les Racines du conflit en Algérie*, paru en 1995 aux éditions Dar al-Oumma à Alger, sur l'origine des plans retrouvés sur ses amis, qui indiquaient qu'en abattant seulement onze poteaux sur plus de 1500 existant, ils auraient paralysé les liaisons névralgiques entre les deux villes. Il n'est pas allé jusqu'à suggérer une participation à une tentative de coup d'Etat contre Boumediene.

à-dire des formations qui incarnaient le courant islamiste. Chadli s'est résigné à faire des concessions à ce courant, par la promulgation du Code de la famille en 1984 (qui réduit les droits de la femme et lui confère un statut de mineur sur le plan juridique), la généralisation de l'enseignement coranique, la création de l'Institut supérieur des sciences sociales islamiques de Constantine, la construction (sans permis) de milliers de mosquées (leur nombre passe de 2 000 à 11 000 entre les années 60 et les années 80, alors que le pays connaît durant cette période une grave pénurie de matériaux de construction) et d'écoles coraniques, le renforcement de la culture islamique par le biais de la radio et de la télévision, etc. Les Frères musulmans égyptiens, appelés en Algérie au lendemain de l'indépendance pour y enseigner l'arabe, ont en réalité professé l'islam dans sa version radicale. Chadli a attribué aux islamistes des terrains sur lesquels ceux-ci ont construit des mosquées, qui auraient dû être remises au ministère des *Habous* (Cultes) dès l'achèvement des travaux ; mais ceux-ci tenaient à garder à leur disposition, le plus longtemps possible, ces lieux de prière transformés en tribunes politiques [1]. Les islamistes ont progressivement investi des espaces du domaine politique et social dans lesquels ils étaient autorisés ou simplement tolérés. Lors de la révolte d'octobre 1988, l'armée a confié provisoirement la gestion du mécontentement social aux islamistes, alors que Chadli était soulagé de trouver des interlocuteurs et des médiateurs à qui il était prêt à confier le contrôle de la société, pour conserver son pouvoir. Le FIS a alors fait la preuve de ses capacités d'organisation et a accru sa popularité, en dispensant des cours du soir aux pauvres, ou encore en distribuant des vivres et en installant des tentes pour les victimes du tremblement de terre de Tipaza en 1989. Il a su se substituer efficacement à l'action sociale défaillante du gouvernement.

Quelques mois après l'insurrection d'octobre 1988, le régime a autorisé la création du FIS. L'ancien secrétaire général du FLN, Abdelhamid Mehri, considérait le FIS

1. Voir aussi à ce sujet, Abou Jorra Soltany, *op. cit.*, p. 161-162.

comme le prolongement du FLN puisque ce dernier « avait cessé de tenir son rang et de répondre aux attentes des Algériens [1] ». Et en effet, il existe une filiation entre le FIS et le FLN, puisque celui-ci a toujours abrité en son sein une tendance islamiste. Ce courant surnommé « barbe-FLN » bénéficiait du soutien de la caste religieuse et s'inspirait des propos de Ben Badis : « Le peuple algérien est musulman. Il appartient à l'arabité. »

Les intérêts mafieux cimentent les clans du régime

L'une des principales causes de l'essor de l'islamisme et du déclin du FLN réside dans l'ampleur de la corruption qui a frappé ce parti. Le FLN a vu sa légitimité s'éroder au fil du temps et a perdu beaucoup de sa crédibilité. La référence à la guerre de libération s'est vidée de son contenu et ceux qui s'en réclamaient avaient confisqué le pouvoir économique à leur profit. Les Algériens, y compris d'éminentes personnalités du FLN, témoignent de cette corruption qui se poursuit encore aujourd'hui, et qui n'a jamais été pardonnée aux dirigeants du pays.

La pratique généralisée de la corruption a eu de lourdes répercussions sur l'économie du pays, en favorisant abusivement les importations, qui sont l'objet de monopoles, au détriment de la production nationale [2]. Cela a notamment affecté l'industrie métallurgique. Les importateurs de ronds à béton ont largement contribué à la déstabilisation de cette unité de production ; ils cherchaient à réaliser de gros profits, au détriment de l'industrie métallurgique nationale. Avant l'incarcération de son P-DG, l'entreprise publique Sider couvrait environ 80 à 90 % de l'approvisionnement du marché national et enregistrait un bénéfice annuel supérieur à un milliard de dinars. Depuis, elle ne produit plus que 7 % des besoins algériens ; le reste provient des importations. A l'Assemblée nationale, un député a ouvertement accusé Bétchine d'être à la tête de l'entreprise Geric qui importe du rond à

1. Entretien à Rome en janvier 1995, à l'occasion de la conférence de Sant'Egidio.
2. Lire à ce sujet le livre de Djillali Hadjadj : *Corruption et démocratie en Algérie*, Ed. La Dispute, 1999.

béton et qui est à l'origine de l'incarcération du P-DG de Sider, M. Chettih[1]. Lors du procès qui s'est déroulé en décembre 1999, Bétchine a accusé, de façon indirecte, une femme député du Rassemblement pour la culture et la démocratie (RCD) et le patron d'un journal francophone proche de ce parti, d'être les bénéficiaires de l'importation du rond à béton[2]. Le P-DG de Sider a expliqué ses ennuis par son succès dans le redressement de la société : « Ce redressement a nui aux intérêts de certaines forces occultes, qui ont voulu détruire l'entreprise [...]. » Chettih met également en cause l'Italie, qui a accordé à l'Algérie une ligne de crédit pour l'achat de matériaux de construction fabriqués dans ce pays. Selon lui, « un trafic d'étiquetage et de faux certificats d'origine a partiellement affecté l'usage de cette ligne de crédit [...]. Plus grave encore, deux sociétés écrans avaient été créées, l'une en Italie, l'autre en Autriche. Cette dernière faisait entrer en Algérie du rond à béton fabriqué à Tchernobyl et contaminé par des rayons radioactifs. Des centaines de logements et de villas ont ainsi été construits avec ce produit dangereux. Une enquête a été ordonnée par le gouvernement italien à propos du trafic sur l'étiquetage et autres pratiques mafieuses [...][3]. » La justice algérienne, qui a emprisonné les régisseurs de l'entreprise Sider pendant presque quatre ans, a refusé d'organiser la moindre confrontation entre les différents témoins. Bétchine, qui avait déclaré qu'il détenait des « secrets d'Etat » et avait cité deux anciens Premiers ministres, n'a pas été invité par la justice à faire état de ses preuves. Les dirigeants de l'entreprise ont été les victimes d'un conflit d'intérêts qui a opposé les deux bras droits du président Zéroual et leurs associés. Ce procès a été une occasion manquée de démanteler la « mafia politico-financière ».

Aussi, les importateurs seraient également responsables du plasticage des installations de l'entreprise d'industrie pharmaceutique Saïdal et des tentatives

1. *Le Matin*, 16-17 juillet 1999.
2. *Al-Quds Al-Arabi*, 8 décembre 1999.
3. *Le Matin*, 5 décembre 1999.

d'assassinat de son P-DG. De ce fait, l'Algérie continue à importer plus de 80 % de ses besoins en médicaments, dont la facture annuelle dépasse trois milliards de francs. Et que dire du trafic des produits pharmaceutiques, qui se poursuit jusque dans les hôpitaux publics où les magasiniers vendent des médicaments de toute nature aux personnes privées ?

Abdel Hamid El-Ibrahimi, l'ancien Premier ministre de Chadli (1984-1988) a révélé l'ampleur de la corruption sous son propre gouvernement : « J'étais, en tant que Premier ministre, responsable d'une commission nationale chargée de superviser tous les contrats dont le montant dépassait 100 millions de francs. Je constatais alors, en comparant les prix proposés pour des produits comme le sucre, les céréales et le café, avec leur cotation dans le *Financial Times* et le *Wall Street Journal* que l'écart était de 35 à 40 %. Je refusais de signer et demandais de revoir les prix à la baisse. Les propositions revenaient une semaine plus tard, réduites entre 20 et 30 %[1]. » L'ancien Premier ministre s'est accommodé de ces pratiques, jusqu'au jour où il a été renvoyé. C'est alors seulement qu'il s'est élevé contre cette corruption, dont il a estimé le montant à 26 milliards de dollars — la dette publique du pays s'élève à environ 30 milliards de dollars. En 1989, le Premier ministre réformateur, Mouloud Hamrouche, a vainement tenté d'abolir le monopole d'Etat sur le commerce extérieur, mais cette mesure n'a fait qu'accélérer son éviction par l'armée. La libéralisation du commerce extérieur algérien, exigée par le FMI en 1994, n'a fait que transformer les monopoles publics en monopoles privés. Ces monopoles concernent l'importation des produits alimentaires, des médicaments et des matériaux de construction.

Les dignitaires du régime se sont répartis les activités économiques et ont constitué des marchés captifs. Les Algériens n'étaient pas dupes. Ils observaient le décalage entre les classes sociales moyenne et pauvre et les dignitaires du régime, qui n'étaient pas touchés par les

1. *Al-Wassat*, 15 mars 1999.

crises économiques successives, alors que la population était victime de privations accrues. Au fil des ans, la corruption s'est étendue à l'ensemble des dirigeants, à de très rares exceptions près, et a couvert tous les secteurs économiques.

De là à créditer l'hypothèse selon laquelle le président Boudiaf aurait été exécuté par la « mafia politico-financière » parce qu'il comptait ouvrir le dossier de la corruption, il n'y a qu'un pas, que beaucoup d'Algériens ont osé franchir, comme ce journaliste algérien qui écrit : « Dès l'annonce, le 29 juin 1992, de l'assassinat du chef de l'Etat, les Algériens ont su que c'était au sein du régime que se trouvaient les commanditaires du meurtre, et ils en connaissaient la raison : quelques semaines avant son assassinat, Mouhammad Boudiaf avait lancé une campagne de lutte contre la corruption. [...] Il est significatif, bien que cela n'ait jamais été rendu public, que les policiers chargés de ces enquêtes par M. Boudiaf aient tous été assassinés dans les semaines suivantes[1]. »

Les privilèges exorbitants des moudjahidin

L'Algérie indépendante a distingué deux catégories de citoyens : les anciens *moudjahidin* et les citoyens ordinaires. Les premiers ont bénéficié de prérogatives démesurées et certains se sont prévalus de ce titre de façon illégitime.

Ainsi, un ancien *moudjahed* qui veut rentrer au barreau est dispensé d'effectuer un stage dans un cabinet d'avocats, alors que la liste des stagiaires s'allonge d'une année sur l'autre. Un autre avantage accordé à cette caste découle du statut réservé aux « biens vacants » ; les *moudjahedin* ont d'abord occupé gratuitement les propriétés laissées par les colons, puis ils ont dû verser un loyer modique, dont le montant était fixé par une commission composée de *moudjahedin.* Ces propriétés leur ont souvent été vendues pour une bouchée de pain, avec des

1. Djallal Malti, *op. cit.*, La Découverte, p. 77.

facilités de paiement. Une fois à la retraite, un ancien *moudjahed* touche une indemnité deux fois supérieure à celle d'un collègue qui a effectué les mêmes annuités, mais qui ne détient pas le précieux certificat. Les enfants des *chouhada* (martyrs) ou leurs veuves obtiennent d'office des licences de taxi ou des gérances de cafés et ont toujours le droit d'importer une voiture tous les cinq ans, hors douanes.

L'appartenance à la Famille révolutionnaire est une garantie de sécurité assurée. Quiconque est mis en cause peut facilement se retrancher derrière ce statut et mobiliser le « réseau des réseaux » que représente la Famille révolutionnaire. Le général Bétchine en a fait un usage excessif le jour de sa disgrâce. Il a sollicité des messages de soutien qui ont afflué de tout le pays et ont été diffusés par l'agence de presse officielle, l'APS.

A l'occasion de la dernière campagne présidentielle, Ahmed Ben Mouhammad, le chef d'un parti embryonnaire, a osé mettre en cause ces privilèges. Il s'est emporté contre l'exploitation de la légitimité révolutionnaire et historique qui, selon lui, constitue le principal handicap de l'Algérie : « Le peuple algérien tout entier a participé à la Révolution. Ceux qui ont porté les armes ont monopolisé la légitimité du sang et considèrent l'Algérie comme leur propriété privée [...], alors que seuls les martyrs sont des Algériens au-dessus des autres [...]. Ceux qui ont été fidèles à la proclamation des principes du 1er novembre ont une vision limitée [de l'avenir] [...]. Ils sont responsables de la mort d'un peuple qu'ils ont appauvri, tout en mettant la main sur ses ressources pétrolières. L'insuffisance de leurs capacités de gestion ne leur permet plus de continuer à gouverner le pays [...]. Les sacrifices consentis par les Algériens au cours de la Révolution n'ont pas engendré la liberté et la prospérité mais ont provoqué des larmes et du sang[1]. » Dans son premier discours à la nation en tant que président de la République, le 29 mai 1999, Bouteflika a lui aussi dénoncé tous ceux qui sont tentés de « faire du patriotisme une rente viagère, pour s'ériger, aux yeux de

1. *Al Jazira*, 13 avril 1999.

la société, en tuteur des autres ou en vigile zélé du passé, du présent et de l'avenir du pays », et il a réitéré cette critique lors de tous les rassemblements publics qu'il a animés.

L'hostilité à l'égard de la France

Le régime algérien s'est forgé une autre source de légitimité : le discours mobilisateur contre la France, qui a fini par lasser et par perdre toute crédibilité. La culture de la haine contre l'ancien colonisateur ne pouvait plus dissimuler les carences et les difficultés inhérentes au régime.

Le drame de ce pays est qu'il se regarde dans le miroir de la France, à travers la télévision française, présente jusque dans les foyers les plus pauvres d'Algérie grâce aux paraboles. Le président Bouteflika le reconnaît : « Il se trouve que les Algériens sont aux portes de l'Europe. Et ils veulent atteindre très rapidement le niveau [de vie] français. Parce que vous êtes notre modèle, à cause de la culture, à cause de l'histoire, à cause de la proximité. Marseille après tout n'est qu'à une heure de vol de l'Algérie [1]. » Les quelque deux millions d'Algériens immigrés ou naturalisés qui vivent en France témoignent, lors de leurs séjours au pays, de la richesse de cette civilisation avec laquelle ils ne sont pas toujours en accord, mais dont ils rêvent de partager les principales qualités : la prospérité et la liberté. Cela contribue à créer chez les Algériens un complexe d'infériorité à l'égard de l'ancien colonisateur et à renforcer l'attitude d'attraction-répulsion vis-à-vis de la France.

Le pouvoir algérien et les opposants islamistes sont prisonniers d'une même culture anti-française. Cela explique le nombre élevé de ressortissants français assassinés en Algérie. La France a été le seul pays à subir l'exportation du terrorisme au cours de cette *Seconde guerre d'Algérie* [2]. L'attitude du FLN de rejet politique de la France, soutenue avec acharnement pendant un quart de siècle, s'est propagée à l'ensemble des forces politiques algériennes. Les islamistes, qui cherchent la rupture avec

1. Interview accordée à RFI, le 5 juillet 1999.
2. C'est le titre d'un ouvrage écrit par Lucile Provost, Flammarion, 1996.

le régime, partagent avec lui la même hargne contre l'ex-colonisateur, qu'ils accusent d'être un soutien indéfectible au régime d'Alger[1]. Le rendez-vous avorté entre les présidents Chirac et Zéroual, qui devait avoir lieu en marge de l'Assemblée générale de l'ONU en octobre 1995, a souligné la complexité des relations entre ces deux pays. En raison des critiques qui ont été formulées, Jacques Chirac a justifié cette rencontre : « Moi, j'ai des choses à lui dire. Le premier pas concerne les élections présidentielles. Mais le pas essentiel, c'est de faire des élections législatives libres, démocratiques et surtout le plus vite possible. La France sera toujours aux côtés de l'Algérie, aux côtés du peuple algérien. Mais dans la mesure naturellement où sera rétablie une démocratie moderne et viable[2]. » Deux jours plus tard, les services de l'Elysée ont précisé la portée de cette déclaration, qui « [...] signifie la subordination des aides françaises accordées à Alger à la démocratisation du pouvoir[3] ». Cette tentative de justification ne tenait pas compte de la dimension psychologique des relations entre ces deux pays. L'ex-colonisateur revient en donneur de leçons de démocratie ! Cela a constitué une entorse aux règles diplomatiques élémentaires, donnant au président Zéroual un prétexte en or pour annuler ce rendez-vous. Pour sa part, le ministre des Affaires étrangères, Mouhammad Dembri, a estimé : « Si les Français n'ont pas encore compris que les Algériens refusaient des conseils [...], ils n'ont donc rien appris de notre histoire. Il n'y a rien de plus irritant pour un Algérien que d'être considéré comme

1. *El Ribat* écrivait en 1995 (nº 73, du 20 octobre 1995) : « La France, qui a aidé sur les plans matériel, médiatique et militaire la junte au pouvoir, et dont le président, M. Chirac, a annoncé sa prochaine rencontre avec le chef des putschistes [Zéroual] a défié ouvertement la majorité du peuple algérien qui a formulé son rejet de la mascarade des élections. Les véritables représentants du peuple algérien n'oublieront pas la position du régime français. Cela va nuire aux relations économiques et culturelles entre les deux pays, en diversifiant les sources des importations algériennes et ses partenaires [économiques]. La France récoltera dans l'avenir les fruits de ce qu'elle a semé aujourd'hui [...]. »

2. Dossier relatif aux relations franco-algériennes, présenté par François Clemenceau sur Europe 1, 18 novembre 1995.

3. *Al Hayat*, 13 octobre 1995.

inférieur à un Français[1] ». Alger n'accepte que les louanges, exigeant que ses partenaires se satisfassent d'une démocratie de façade, ponctuée d'élections « bidons », semblables à celles des pays du tiers monde. En termes de multipartisme et de liberté de presse, l'Algérie se plaît à se comparer avantageusement aux autres pays arabes et notamment à ses voisins.

En règle générale, plus les dirigeants algériens et leur entourage familial ont été proches de la France, plus ils affichent une attitude d'hostilité pour s'en démarquer. Certains dirigeants insultent publiquement la France et lui tendent la main loin des micros et des caméras[2]. Il en va de même des chefs islamistes qui, tout en critiquant Paris, lui promettent, s'ils accèdent au pouvoir, d'entretenir avec la France des relations privilégiées, à condition que Paris adopte une « position de neutralité » dans le conflit inter-algérien. Aussi surprenant que cela paraisse, un émissaire spécial du ministre de l'Intérieur de l'époque, Charles Pasqua, s'était rendu à Cologne en 1994, pour prendre contact avec le représentant du FIS à l'étranger, Rabéh Kébir. Celui-ci en avait rendu compte par écrit aux dirigeants du FIS, Abbassi Madani et Ali Benhajj, qui étaient incarcérés à Blida. Ces derniers, qui avaient reçu le message lors d'une visite, ont été fouillés au corps par leurs gardiens qui ont ainsi pris connaissance de l'entretien du représentant du FIS avec l'émissaire de Pasqua. L'ancien ministre de l'Intérieur a livré sa pensée véritable au lendemain de l'assassinat de cinq Français à Alger, en août 1994, en apportant un franc soutien au régime : « L'arrivée au pouvoir

1. Radio Orient, 24 octobre 1995.

2. Toutefois, tous les dirigeants algériens n'attribuent pas le malheur de leur pays aux « complots », à l'ancienne puissance coloniale ou à des forces abstraites. Certains, comme le colonel Ali Tounsi, font preuve de clairvoyance et de courage pour reconnaître la réalité. Le directeur de la sûreté algérienne a provoqué la surprise en insistant sur les « mobiles intérieurs du terrorisme ». Il a déclaré : « Nous avons créé le terrorisme car nous n'avons pas su gérer les périodes d'instabilité politiques. » A propos de la responsabilité de « mains étrangères » dans les événements survenus en Algérie, Tounsi a affirmé : « Les services du monde entier seront incapables de mener quelque opération que ce soit contre nous dès lors que nous nous comporterons tous comme des citoyens responsables. » (*Al-Chark Al-Awssat,* 22 octobre 1996.)

d'un islam modéré relève de la fumisterie et le choix est donc entre la capacité du pouvoir actuel à maîtriser à terme la situation, et l'arrivée au pouvoir des intégristes. »

En raison des épreuves du feu, du sang, des larmes et de l'exil qu'il a subies, qui ont entraîné une nette évolution politique, le FIS tient en privé des propos différents de son discours public. Amer et très déçu par le désintérêt arabe face au drame algérien, l'un de ses dirigeants nous a confié que « l'avenir de l'Algérie se forgerait avec la France et l'Europe. En dépit de l'acharnement du gouvernement algérien contre la francophonie, celle-ci ne fait qu'enregistrer une nette croissance dans le pays. Les Arabes n'ont pris aucune initiative pour arrêter la guerre, malgré notre insistance. Leur principal souci était de ne pas mécontenter Paris [1]. »

Mais beaucoup de dirigeants dissimulent dans leur coffre-fort de précieux passeports français pour le cas où les choses tourneraient mal pour eux. Un ancien président de la République, dont le frère est colonel à la retraite de l'armée française, installé dans le sud-ouest de la France, s'est par exemple montré très virulent vis-à-vis de Paris. Or, pendant sa traversée du désert, ce haut dignitaire avait entamé une procédure pour devenir concessionnaire d'une marque de voiture française. Il y avait également un dignitaire du régime, dont les parents sont accusés, à tort ou à raison, d'avoir fait partie des *harkis* [2]. Sa nomination à un poste ministériel, lié à la souveraineté nationale, a provoqué la démission d'un proche conseiller du président de la République, Youssef Khatib. Pour se disculper des accusations portées contre lui, le nouveau ministre a fait de la surenchère anti-française, allant jusqu'à interdire à ses collègues, en 1996, de se rendre à la traditionnelle réception du 14 Juillet, et empêchant l'administration de rentrer en contact direct avec les diplomates français, sans passer

1. Entretien avec un dirigeant du FIS, en décembre 1997.

2. Ce sont les 160 000 Algériens recrutés par la France comme supplétifs de l'armée coloniale. Au lendemain de l'indépendance de l'Algérie, environ 150 000 harkis (hommes, femmes et enfants) ont été massacrés par les nationalistes. 80 000 autres ont été rapatriés en France. Lire à ce sujet une excellente étude de Georges Morin dans un numéro spécial Algérie, *Les Cahiers de l'Orient*, n° 51, Paris, 1998.

par le ministère des Affaires étrangères. Combien de dignitaires ont des appartements à Paris ou ont fait des investissements en France ? Combien y domicilient leurs comptes bancaires ? Que penser également de ces dirigeants qui tiennent publiquement des propos haineux à l'égard de la France, et envoient leurs enfants dans les grandes écoles ou à l'Université française ? Si la France devait faciliter l'obtention de la nationalité française pour tous les Algériens en droit de faire jouer les dispositions de la loi, plusieurs millions d'entre eux réintégreraient cette nationalité. Après les émeutes de 1988, un grand nombre d'Algériens s'est rué sur les consulats français pour entreprendre des démarches administratives en ce sens. Cette vague s'est accentuée au début des années 90. Les autorités françaises ont enregistré, en 1997, une hausse considérable de demandes de recouvrement de nationalité émanant de personnalités algériennes officielles.

Face à cette attitude d'hostilité, la capacité française d'« avaler les couleuvres » algériennes et son apathie face aux attaques motivées par son passé colonial sont très surprenantes. Si un autre pays était l'auteur de ces agressions verbales caractérisées, elles auraient provoqué mille crises diplomatiques. Et, outre l'impératif de la géographie et le poids de l'histoire, l'intérêt de la France pour l'Algérie est motivé par le souci de la sécurité intérieure française. Les Algériens représentent la première communauté d'origine étrangère en France, dont une partie, qui vit dans des conditions socio-économiques de marginalité, est sensible aux sirènes de la contestation et à la manipulation venues de l'étranger. Aussi, tout ce qui peut affecter la sécurité de l'Algérie peut avoir des retombées sur l'Hexagone. Au plus fort de la guerre civile, en 1994 et en 1995, quand les islamistes ont remporté plusieurs succès militaires, Paris a beaucoup redouté que l'Algérie ne sombre dans le chaos, ce qui aurait provoqué l'arrivée de centaines de milliers d'Algériens, fuyant leur pays à bord de bateaux débarquant sur les côtes méditerranéennes de l'Europe. La France craint également la déstabilisation de la situation en Algérie en raison du risque de contagion sur ses voisins francophones, qui sont des partenaires fiables de Paris. Enfin, la

France a beaucoup investi dans ses relations arabes et ne compte pas réduire à néant cet investissement, pour ne pas avoir su comprendre la politique algérienne. Le refus de Paris de coopérer avec Alger dans certains domaines stratégiques tout au long de la décennie écoulée a d'ailleurs conduit l'Algérie à entretenir des relations privilégiées, notamment dans le domaine militaire, avec de nouveaux fournisseurs, parfois francophones mais souvent anglophones. Récemment, Paris aurait refusé de vendre à Alger du matériel destiné à la lutte anti-terroriste, dont des balles paralysantes qui servent contre le piratage aérien puisqu'elles n'abîment pas la carlingue. Les Algériens se sont procurés ces produits auprès de fabricants nord-américains. Néanmoins, la coopération militaire entre ces deux pays, n'étant plus taboue, pourrait se révéler prometteuse.

La France est le premier partenaire économique de l'Algérie ; le montant des exportations françaises vers ce pays varie entre 12 et 15 milliards de francs par an, soit une part de marché oscillant entre 22 et 25 %, avec un record de 29 % pour l'exceptionnel millésime de 1984. Le gaz algérien représente 27 % des approvisionnements français. Mais ces chiffres masquent un grand déséquilibre entre les deux partenaires dans la mesure où les exportations françaises en Algérie ne représentaient plus, en 1998, que 0,88 % de ses exportations dans le monde, alors qu'en 1980, elles constituaient 2,2 % de ses exportations globales. Car la situation économique de l'Algérie s'est fortement dégradée entre 1980 et 1999. La population algérienne comptait 18,6 millions d'habitants en 1980 et le pays exportait pour une valeur de 13,6 milliards de dollars ; en 1998, la population s'est élevée à 29,2 millions d'habitants, alors que les exportations se sont réduites à 9,8 milliards de dollars. Durant cette période, le PIB par habitant a chuté de 2 300 à 1 640 dollars, alors qu'en France il est passé de 10 869 à 24 490 dollars [1].

Paris est également l'interlocuteur privilégié d'Alger sur la scène internationale. L'Algérie compte beaucoup sur

1. Note de l'administration française du 19 avril 1999, qui cite les statistiques du FMI.

l'effet d'entraînement exercé par la France sur ses partenaires européens, car, en matière de politique algérienne, Paris joue les éclaireurs au sein de l'Union européenne. C'est pourquoi les Algériens ont longtemps plaidé leur cause auprès de Paris, sachant que l'attitude française serait relayée par les puissances occidentales. Lors du deuxième rééchelonnement de 1995 au sein du club de Paris, le représentant de la France, Christian Noyer, a dû rudement batailler pour faire bénéficier Alger d'avantages qui n'avaient jamais été accordés à aucun autre pays auparavant et il a obtenu le rééchelonnement de l'intérêt de la dette malgré la résistance des créanciers américain et espagnol. Mais les Algériens affichent rarement leur reconnaissance à l'égard de la France. En cédant des hélicoptères de surveillance civile à la Sonatrach (Société nationale de transport et de commercialisation des hydrocarbures), dans le but de les transférer à l'armée pour servir dans la lutte anti-terroriste, Paris a pris un risque certain. Or l'armée, qui souhaitait acquérir des équipements beaucoup plus sophistiqués, a fait part de sa profonde déception.

Au fil des ans, les hommes politiques français sont devenus de moins en moins sensibles à la culpabilisation entretenue par Alger et grâce à la relève des générations, la société française n'éprouve plus aujourd'hui aucune haine vis-à-vis de l'Algérie. Néanmoins, il aura fallu quarante-cinq ans à la France pour requalifier, par un vote unanime de l'Assemblée nationale, le 10 juin 1999, les « opérations de maintien de l'ordre » effectuées entre 1954 et 1962 en « guerre d'Algérie », et assumer enfin son passé colonial de cent trente-deux ans. La révision de la version officielle relative à la répression de la manifestation du 17 octobre 1961 à Paris, et la reconnaissance de la mort d'au moins quarante-huit Algériens (au lieu de trois seulement) met un terme à un mensonge d'Etat qui n'avait que trop duré. Des recherches plus approfondies pourraient révéler la disparition de plus de deux cents « Français musulmans d'Algérie ». Le retour sur l'occultation de cet épisode peu glorieux, rendu public deux semaines après la première rencontre entre le ministre français des Affaires étrangères, Hubert Védrine, et le président algérien, fin juillet 1999, et l'analyse par la France de son lourd passé colonial ouvrent la voie à une réconciliation définitive entre ces deux pays. Si Bouteflika parvient à s'imposer, il sera peut-être capable de conclure cette réconciliation des braves. Fort de la légitimité réservée aux premiers combattants et d'une longue proximité avec Boumediene, n'ayant jamais ménagé Paris dans ses propos, il sera en mesure de jeter les bases de la refondation des relations bilatérales, en dépit du fait que plusieurs « dinosaures » algériens restent fermement aux commandes. Ceux-ci sont prisonniers d'un discours qui a été porteur et tiennent à en prolonger les effets. Ils devraient pourtant se satisfaire d'avoir gagné la rude guerre de Libération et d'avoir infligé une sérieuse défaite à l'une des cinq grandes puissances du monde, qui est de plus une puissance nucléaire.

La presse algérienne : une liberté de façade

Le pluralisme de la presse, introduit par la loi sur l'information d'avril 1990, sous le gouvernement de Mouloud Hamrouche (1989-1991), a permis l'émergence, fin 1991, de 169 titres de la presse écrite publique et privée, toutes périodicités confondues, dont 84 en langue arabe et 85 en langue française. Mais la presse algérienne se caractérise par sa dépendance à l'égard des pouvoirs publics ; la presse gouvernementale, essentiellement composée du monopole de l'audiovisuel, est perçue à juste titre par la population comme un instrument de propagande, et la presse privée mène un combat difficile pour sauvegarder sa marge de liberté en dépit de la guerre civile. Elle s'inquiète des propos que le président Bouteflika a tenus à son sujet tout au long de sa campagne électorale et qu'il a réaffirmés, le 12 juin 1999 : « Je doute que nous ayons une presse libre. Nous avons une presse plutôt encline à la diffamation et à l'outrage qu'à la liberté d'opinion [1]. » Chaque fois que la presse a exercé un travail d'investigation, elle l'a fait dans le cadre de règlements de comptes entre clans du régime.

1. TV algérienne, le 12 juin 1999.

Ainsi, elle a servi d'instrument dans le conflit qui a opposé, au cours de l'été 1998, le général Bétchine à ses adversaires au sein de l'armée ; les révélations, qui devenaient de plus en plus gênantes, ont contraint Bétchine à la démission, entraînant dans son sillage le chef de l'Etat. Le clan présidentiel s'est vengé des journaux qui avaient rendu publiques les « révélations » sur Bétchine, en suspendant provisoirement les coupables : *El Watan* et *Le Matin*. En 1991, la presse privée, reflétant l'opinion de l'armée, s'est majoritairement prononcée pour l'interruption des élections parlementaires. Elle a rarement révélé les excès commis par l'armée ou ses auxiliaires, ni évoqué les camps du désert, où étaient parqués des milliers de suspects sans jugement. A une ou deux exceptions près, elle a adhéré à la stratégie du régime en omettant de mentionner les attaques de l'Armée islamique du salut (AIS) contre l'armée, tout en dénonçant abondamment la « littérature » des Groupes islamiques armés (GIA) et leurs crimes contre la société.

Mais le gouvernement n'accorde pas une grande confiance à cette profession, qu'il tient à maintenir sous sa dépendance. Les journalistes algériens, réunis au sein d'une Coordination des rédacteurs (CDR), structure créée *ad hoc*, n'ont pu se rencontrer, en mai 1998, pour célébrer la « Journée mondiale de la liberté de la presse » ; l'interdiction a été prononcée par Habib Chawki Hamraoui, l'ancien ministre de la Communication, nommé directeur général de la télévision d'Etat, fin 1999.

L'Etat assure la protection des membres de cette profession, pourvoit à leur logement et est propriétaire de leur instrument de travail. La Maison de la presse, qui a fait l'objet de plusieurs actes de violence dont l'explosion d'une voiture piégée, est placée depuis cette date sous garde policière. Cette profession a payé un lourd tribu à la guerre : la plupart de la soixantaine de journalistes de ce pays a été assassinée par les islamistes, car ceux-ci les considéraient comme un instrument au service du régime. Avant la loi libérale de 1990, la presse étatique était exclusivement fournie en publicité par l'Agence nationale d'édition et de publicité (ANEP), fondée en 1967. Le monopole de l'ANEP a été abandonné au profit de l'autonomie de gestion des budgets publicitaires, accordée par le gouvernement Hamrouche aux entreprises publiques, qui ont pu choisir le support qui leur convenait sans passer par l'ANEP. Mais l'arrivée de Belaïd Abdesslam à la tête du gouvernement (1992-1993) a modifié cette situation. La presse s'est montrée généralement hostile à son discours, jugé conciliant à l'égard des islamistes et a fait la preuve de son influence politique en l'attaquant vigoureusement. Fin 1992, Abdesslam a réagi en faisant adopter une circulaire qui oblige les annonceurs publics à s'en remettre totalement à l'ANEP, comme au temps du monopole. Ses successeurs ont maintenu cette disposition jusqu'en 1999. L'obligation de passer par l'ANEP permet au gouvernement de répartir les annonces de manière discrétionnaire, selon le degré de docilité politique de chaque média. Les titres gouvernementaux, aux ordres du pouvoir, sont assurés de la manne publicitaire ; *El Moudjahid* (tiré à environ 20 000 exemplaires par jour en 1998) bénéficie d'un espace de publicité qui dépasse les normes autorisées par la loi. Un autre titre, *L'Authentique* a également été favorisé, parce qu'il appartient à la famille du général Bétchine. Les titres contestataires ont été suspendus ; *La Nation* l'est depuis décembre 1996. Les publications qui s'opposent au pouvoir sont régulièrement pénalisées, privées de publicité et mises en quarantaine par l'ANEP, et leurs directeurs sont interpellés ou contraints de ne pas quitter le pays. L'importation du papier est un monopole de l'Etat, qui a continué, jusqu'à la fin 1999, de contrôler jalousement les quatre imprimeries de presse du pays et la distribution a été confiée à des proches du régime. L'Etat contrôle donc directement l'ensemble de la production de la presse écrite : de l'importation de papier à l'attribution des espaces de publicité, en passant par l'impression et la diffusion. En observant bien son itinéraire depuis la libéralisation politico-économique qui a débuté en 1989, on constate que l'émergence d'une presse libre n'est qu'une chimère dans les circonstances actuelles, car le pouvoir contrôle économiquement et donc politiquement l'ensemble des organes de la presse écrite.

Comme le souligne un journaliste algérien, la presse d'aujourd'hui est « monocolore » et, « malgré quelques nuances », elle reste « un des plus fermes soutiens aux autorités en place. Les critiques que l'on peut y lire sont, presque toujours, l'expression des luttes de clans et d'intérêts qui traversent le régime algérien. [1] »

Cette presse assujettie n'est pas à l'abri des dérapages ; l'un d'entre eux a été illustré par *El Watan*, pourtant réputé pour être l'un des journaux les plus sérieux. Il a publié, le 18, puis le 20 avril 1998, plusieurs articles pour accréditer l'idée que les islamistes déstabilisaient le royaume marocain. Le 18 avril, la une titrait : « Menaces sur le Maroc : l'islamisme armé fait au moins dix morts à Oujda. [...] Une dizaine de citoyens marocains ont été égorgés au début du mois d'avril dans la région d'Oujda [...]. Depuis le début de l'année, plusieurs policiers ont été assassinés à l'arme blanche [...]. » *El Watan* attribuait le silence du gouvernement marocain sur ces attaques à la peur d'une chute brutale du tourisme, qui constitue la principale source de revenus du royaume. « Les actions terroristes peuvent être le fait d'un GIA version marocaine nouvellement créé [...], le Groupe islamique du *Djihad* au Maroc (GID). » Deux autres articles d'*El Watan* s'appuyaient sur une analyse du quotidien belge *Le Soir*, qui affirmait que les « services de renseignements européens assist[aient] depuis quelques mois à la constitution d'un réseau dont l'objectif [était] la destitution de Hassan II [...]. » Plaidant par ricochet pour la cause algérienne, *El Watan* concluait : « L'Algérie n'est plus seule face à la bête immonde [...]. C'est inquiétant pour la stabilité du Maghreb. » Deux jours plus tard, le 20 avril, *El Watan* revenait à la charge en confirmant dans sa une, barrée par une grande manchette : « Panique à Oujda : les populations du Maroc oriental désertent leurs villages [...]. Les autorités marocaines ont ajouté à la panique générale en voulant constituer des milices armées parmi la population

1. *Les Cahiers de reporters sans frontières*, n° 3, mars 1998.

civile [...], [afin de] barrer la route aux terroristes algériens qui auraient été tentés de franchir la frontière [...]. L'apparition du terrorisme islamiste au Maroc [...] constitue un grave danger pour la stabilité de la région du Maghreb ; les pays du Maghreb doivent faire face à cette situation dans le cadre d'une coopération étroite dans la lutte anti-terroriste. » Les journalistes et les diplomates accrédités à Rabat ont été stupéfaits de constater l'ampleur de l'intoxication médiatique ; la campagne d'information — ou de désinformation — n'avait aucun fondement. Elle a été interprétée par la diplomatie marocaine comme un signal destiné à torpiller toute tentative de rapprochement menée par le nouveau Premier ministre marocain Abdelrahmane Youssoufi, qui avait déclaré que l'amélioration des relations entre les pays du Maghreb faisait partie des priorités de sa politique étrangère.

Le courant islamiste hétéroclite et divisé

Pendant trois décennies, une certaine forme d'islamisme a été tolérée. Le pouvoir, sachant que l'islam est constitutif de l'identité nationale algérienne, a cherché à contenir le courant islamiste et à l'utiliser. Les premières manifestations pour l'indépendance proclamaient le slogan d'une Algérie musulmane, par opposition à l'identité « chrétienne » du colonisateur. Les constitutions successives, de 1962 à 1996, ont fait de l'islam la religion d'Etat. Le président Bouteflika a clamé sa fierté de voir les Algériens infliger aux « impies » leur première défaite depuis Saladin. Mais dans la hiérarchie du nationalisme algérien, la légitimité revenait d'abord au FLN. Les oulémas avaient fait le lit du nationalisme, mais l'histoire officielle a occulté ce point, après que le congrès de la vallée de la Soummam, en août 1956, eut dissous leur rassemblement.

Dès les années 60, l'islamisme fit son entrée dans des ministères sensibles, comme l'Education, les Affaires religieuses et la Justice. Boumediene fonctionnarisa les imams dès le début des années 70, mais les islamistes d'Etat, trop dociles à l'égard du pouvoir, furent vite marginalisés. Les coopérants égyptiens venus enseigner l'arabe étaient pour la plupart porteurs de l'idéologie des Frères musulmans ; grâce à eux, l'islamisme algérien se constitua de solides fiefs dans l'enseignement.

Le régime fit des concessions proportionnelles aux difficultés croissantes qu'il rencontrait. Avec Chadli et le Code de la famille de 1984, le FLN consacra l'influence de la tendance islamique en son sein. Après la « nationalisation de l'islam » — les islamistes ayant été contraints de rejoindre le FLN en 1956 —, le temps vint d'« islamiser le nationalisme ». Bientôt, les tenants du courant islamiste triomphèrent sur les tenants du nationalisme, avant que le pays ne sombre dans une guerre au cours de laquelle les généraux retrouvèrent par la force le pouvoir qu'ils avaient perdu dans les urnes. En Algérie, comme dans d'autres pays arabes, le succès relatif du courant islamiste est la conséquence de l'échec des régimes nationaux-socialistes, qui ont été impuissants à satisfaire les attentes de la population. Les courants islamistes, qui couvaient sous la cendre longtemps avant l'indépendance, ont profité des dispositions légales après les émeutes d'octobre 1988, pour sortir de la semi-clandestinité et constituer de nouvelles formations politiques.

Les Frères musulmans sont bien antérieurs aux autres courants islamistes, sans doute grâce à l'influence des prédicateurs égyptiens. Mais cette organisation était divisée en trois tendances : celle de Mahfouz Nahnah et de Mouhammad Bou Slimany du parti *Hamas* (le futur MSP), liée à l'Organisation internationale des Frères musulmans ; le courant algérianiste (*aljaz'ara*), dirigé par Mouhammad Saïd, qui a adapté la doctrine des Frères musulmans à la situation algérienne ; et un troisième courant, regroupé autour de Abdallah Djaballah, Rabéh Kébir, Ali Jeddi, Abdelkader Boukhamkham et Abdelkader Hachani, qui était présent dans l'Est et notamment à Constantine.

Aucun de ces courants n'a participé à la fondation du FIS, qui a été proclamé à la mosquée Al Sounna de Bab el Oued, en février 1989, par feu cheikh Abdelbaki Sahraoui. La plupart de ses fondateurs étaient liés à un autre courant, celui des *salafites* de Ali Benhajj, qui prônait le retour aux sources du Coran et de la *Sounna*, et plaidait pour un islam plébéien capable de rassembler un large public. Les trois courants des Frères musulmans, inquiets de voir se former une nouvelle structure rivale, ont tout fait pour retarder son émergence. Le FIS était très méfiant également à l'égard des autres courants islamistes, il a accepté les nouveaux venus à condition qu'ils adhèrent individuellement, et non en tant que groupes ou courants constitués.

Après ses premiers succès, le FIS attira d'autres courants. Au lendemain de la manifestation du 20 avril 1990, qui rassembla plusieurs dizaines de milliers de personnes, le courant algérianiste décida de rejoindre le FIS, qui venait de défier avec succès le FLN qui appelait à manifester au même moment et avait été contraint de reporter sa manifestation. La consultation électorale de juin 1990 confirma ce succès, puisque le FIS remporta la majorité des mairies.

Les généraux décidèrent alors d'exploiter ce mouvement hétéroclite et de favoriser les divisions entre ses membres. Le général Mouhammad Touati, le chef de l'état-major, exposa, le 9 janvier 1992, la stratégie de l'armée aux chefs d'unités : « Nous considérons le FIS comme un danger national et il doit par conséquent être détruit. Nous voulons l'éclatement de son appareil, de ses moyens et de ses chefs [1] [...]. » En fait, rien n'unissait les dirigeants du FIS sinon leur haine du régime et leur soif du pouvoir. Un an à peine après sa création, trois tendances se firent jour au sein du parti islamiste. La première, conduite par Abbassi Madani, soutenait une politique assez radicale, faisant pression sur le régime qui n'avait pas l'habitude qu'on lui force ainsi la main. L'autre courant appelait au *djihad,* considérant qu'il n'y avait rien à attendre d'un régime qui ne croyait pas à la démocratie. Un courant intermédiaire soutenait la politique de Madani, tout en fixant à celui-ci les limites à ne pas dépasser pour ne pas se heurter au régime. En mai 1991, le FIS appela à une grève générale de

1. Révélation du Mouvement algérien des officiers libres (MAOL) composé d'une soixantaine de militaires dissidents de l'armée et établis en Europe, dans un communiqué du 2 décembre 1999.

trois jours, qui se transforma en grève ouverte et illimitée. L'apparition de combattants barbus, habillés à la mode afghane, et le remplacement de la devise des mairies « Du peuple au peuple » par la dénomination « Municipalité islamique » provoquèrent des tensions au sein du parti islamiste. Certains dirigeants accusèrent leurs collègues d'être des agents de la sécurité militaire (SM) et de trahir le mouvement. Le 30 juin, les forces de sécurité arrêtèrent Abbassi Madani, Ali Benhajj, Abdelkader Boukhamkham, Ali Jeddi, Noureddine Chigara, Kamal Guémazi et Abdelkader Omar. Les deux premiers furent accusés de comploter contre la sécurité de l'Etat et déférés devant le tribunal militaire de Blida. Madani avait multiplié les provocations lors de cette grève et, en réponse aux arrestations des cadres de son parti, il menaça de « proclamer le *djihad*, si l'armée ne réintégrait pas ses casernes ». La logique de l'affrontement était contenue dans « l'instruction n° 22 », qui invitait les « fissistes » à « violer le couvre-feu, édifier les barricades pour défendre chaque quartier [...] et enlever les membres des forces de l'ordre, en cas d'arrestation des dirigeants du FIS ». Encouragés par une mobilisation à outrance, les militants du FIS passèrent à la lutte armée en assassinant deux policiers à Lakhdaria, à 100 kilomètres à l'est d'Alger, puis en attaquant, à la fin du mois de juin, un commissariat d'Alger, faisant trois morts. D'ores et déjà, le parti était soumis à de forts tiraillements entre les radicaux pressés de proclamer le *djihad* et les dirigeants soucieux de respecter le processus démocratique, alors que des milliers de cadres de ce parti étaient envoyés dans des « camps de sûreté » au Sahara. Plusieurs responsables du FIS, dont le futur ministre Ahmed Mérani, Béchir Fakih et Hachémi Sahnouni sont apparus sur la chaîne télévisée du gouvernement pour critiquer la ligne politique de leur formation.

Décapité et tiraillé en tous sens, le FIS a retrouvé une nouvelle direction lors du congrès de Batna des 25 et 26 juillet 1991, baptisé Rencontres de la fidélité. Le climat de suspicion entre les différents dirigeants était tel que le cinéma de Batna, qui abritait la rencontre, a été sévèrement gardé et aucun participant n'a été autorisé à quitter la salle avant la fin de la séance.

Le congrès de Batna a eu plusieurs conséquences : le conseil consultatif a été élargi pour réduire l'influence des adversaires de Madani ; le poids des *algérianistes* a été comprimé ; enfin, Hachani, un proche de Madani, a été désigné pour diriger le FIS.

La nouvelle direction s'est distinguée de la précédente par sa cohérence, sous le contrôle de Hachani qui a su manœuvrer en laissant planer le doute sur l'intention du FIS de participer aux législatives de décembre 1991 ; il a pris de court le régime en annonçant au dernier moment, le 14 décembre, la participation du FIS aux élections du 26 du même mois. Le fils aîné de Ali Benhajj, Abdel-Fattah, âgé de onze ans, a beaucoup ému la centaine de milliers de militants rassemblés au stade olympique, à trois jours du scrutin, quand il a imploré Dieu de faire sortir son père de prison et de lui rendre la liberté.

Mais l'armée était décidée à ne pas laisser le pouvoir à ceux que le peuple allait désigner par les urnes. Elle a réagi brutalement pour retourner la situation en sa faveur. Au lendemain de la démission forcée du président Chadli, le 11 janvier 1992, le Conseil supérieur de la sécurité a suspendu le processus électoral. Trois jours plus tard, une autorité transitoire, le Haut Conseil d'Etat (HCE), a été créée sous la direction de Mouhammad Boudiaf. Le 9 février, l'état d'urgence a été proclamé et, le 4 mars, le FIS a été dissous.

Un an plus tôt, le régime algérien s'était réjoui en voyant les islamistes du FIS s'engager ouvertement aux côtés de l'Irak dans le deuxième conflit du Golfe. Par la combativité qu'il a manifestée à l'occasion d'un conflit qui se déroulait à plus de 5 000 kilomètres d'Alger, le FIS a donné aux Occidentaux l'impression qu'une fois au pouvoir, il répéterait l'expérience du khomeinysme exportateur de terrorisme. Les militaires algériens ont tenu compte de cet élément lorsqu'ils ont analysé les conséquences internationales de l'annulation des élections ; ils ont estimé que les démocraties occidentales choisiraient la continuité, au mépris du résultat des urnes, au lieu de courir le risque de voir s'installer un régime radical[1].

Le FIS a commis une erreur fatale dans sa stratégie interne, en pariant sur le précédent iranien. Les généraux algériens avaient tiré les conclusions de la défection du chah, devenu *persona non grata,* y compris auprès des pays qui étaient les plus proches alliés de l'Iran impérial, comme les Etats-Unis, et ils ont engagé le fer avec les islamistes. La nouvelle direction du FIS a été « légaliste » jusqu'au bout et a misé, à tort, sur le fait que l'environnement international soutiendrait ses acquis dans les urnes. Au lendemain de la dissolution de ce parti, en mars 1992, elle promettait encore de poursuivre son « *djihad* politique pour trouver une solution à la crise ». La stratégie d'affrontement entre les forces de sécurité et les masses populaires, à l'issue des prières du vendredi, a totalement échoué et les forces de l'ordre ont raflé plusieurs milliers de cadres du FIS, « fichés » depuis les élections municipales de 1990. Ils ont été transférés dans les camps du Sahara. Le FIS a été paralysé. Sa stratégie, qui pariait sur le *djihad* politique, s'est poursuivie jusqu'au milieu de l'année 1993, quand le parti dissous s'est aperçu de l'ampleur des premières désertions de ses militants pour rejoindre le GIA. Jusqu'à cette date, le FIS s'était comporté comme les Frères musulmans égyptiens ; il voulait tirer profit de l'extrémisme des radicaux pour négocier avec le régime, en tant que force modérée. Mais cette répartition virtuelle des rôles n'a pas été opérante ; elle n'a servi qu'à affaiblir le FIS et a permis au GIA de prendre la tête de la lutte armée.

1. Feu l'ambassadeur de France à Alger, Jean Audibert, a révélé au journaliste François Clemenceau que l'armée l'avait mis dans la confidence : « On savait qu'il y avait des réunions, des conciliabules, que les officiers se rassemblaient. Nous avons été prévenus, deux ou trois ambassadeurs, l'Américain, le Saoudien et moi, deux jours avant de façon officieuse. » Cette version a été contredite par Nezzar, mais de façon peu convaincante : « J'avais pris la décision de ne pas avertir le président François Mitterrand, comprenant d'avance qu'il avait adhéré aux thèses du FIS. » Le Mouvement algérien des officiers libres a affirmé de son côté que Paris avait dépêché à Alger, au lendemain du premier tour des législatives, le général Philippe Rondot (l'homme qui a capturé le terroriste Carlos à Khartoum et l'a ramené en France), alors que le ministre de l'Intérieur, Larbi Belkheir, informait le conseiller diplomatique de l'Elysée de l'évolution de la situation.

L'émergence du GIA au sein des groupes armés

La mouvance des Groupes islamiques armés (GIA) frappe par sa grande division car les idéologues de fortune du GIA ne puisent pas leurs doctrines aux mêmes sources. Les Algériens qui avaient participé à la guerre d'Afghanistan, dont le nombre est estimé entre 700 et 3 200 *moudjahedin* [1], ont formé la colonne vertébrale du premier GIA. Si la plupart des dirigeants du FIS étaient des imams de mosquées dotés d'une certaine éducation religieuse, rares sont les dirigeants du GIA qui ont fait des études poussées.

L'ancêtre du GIA est le Mouvement islamique armé (MIA) de Moustapha Bouyali (1982-1987). Les disciples de celui-ci, condamnés en 1987, ont été progressivement libérés en 1989 et 1990. C'est parmi les anciens camarades du premier maquisard islamiste de l'après-indépendance qu'a germé, dès 1989, l'idée d'un nouveau Mouvement islamique armé. Si l'on en croit la publication du GIA [2], ce mouvement a vu le jour en 1989, lorsque les premiers compagnons de Bouyali ont été libérés. Ils ont bénéficié de l'essor de l'islamisme algérien après les émeutes de 1988 et, malgré l'assassinat de ses dirigeants, ce mouvement ne s'est pas éteint, car la nouvelle génération de rebelles avait acquis l'expérience des armes en Afghanistan. Elle s'appuyait sur des oulémas « mercenaires » capables de justifier la révolte en la dotant de fondements doctrinaires coraniques [3] et elle a bénéficié d'un allié de taille : le régime qui, en annulant le résultat des élections législatives et en

---

1. Ils seraient au nombre de 700 combattants recrutés en Algérie même, selon un officier général algérien, cité par *Al-Chark Al-Awssat* du 4 novembre 1997, et de 3 200, selon *Algérie Confidentiel* qui s'appuie sur un décompte des services algériens (27 novembre 1998). Cette publication assure que « le pouvoir algérien avait donné tacitement son accord à cette entreprise pilotée par les Américains ».

2. *Al Ansar,* n° 17 du 5 novembre 1993.

3. Les membres du GIA se prétendent les fils spirituels des cheiks Abdelaziz Bin Baz, le mufti d'Arabie, et Mouhammad Bin Saleh Bin Ossaïmine, un membre du Comité des grands oulémas du royaume saoudien. Ces derniers ne contestent que mollement cette filiation et n'ont condamné expressément ni le principe ni le contenu des différentes *fatwas* du GIA. Il a fallu attendre la disparition de Bin Baz pour que le Comité des grands oulémas, tout en validant le principe du *takfir* (apostasie qui rend licite l'assassinat du *kafer*), mette en garde contre les interprétations abusives de ce principe, mais sans jamais mentionner explicitement le cas algérien.

confisquant la victoire du FIS, a renforcé le GIA, lequel a estimé avoir eu raison de rejeter la démocratie stérile, puisqu'elle ne pouvait conduire à l'alternance.

Si une partie des « Afghans algériens » a rallié le FIS dès 1993, la majorité d'entre eux étaient assoiffés de combats, pour vaincre les « tyrans du régime » et instaurer une république islamique. Ils se sont d'abord adressés à Abdelkader Chabbouti, le compagnon de Bouyali. Or celui-ci se préparait à lancer le Mouvement de l'Etat islamique (MEI) et refusa de servir de vitrine aux « Afghans algériens ». Ils se sont alors dirigés vers un autre ancien membre du clan Bouyali, Mansouri Méliani. Cette alliance a débouché sur une première opération d'envergure, celle de l'amirauté d'Alger, qui a fait une dizaine de morts parmi les militaires et deux au sein des combattants « afghans ». Ce raid a révélé l'ampleur de l'infiltration des « Afghans » par la sécurité militaire algérienne (SM), car les forces de sécurité ont arrêté des groupes entiers qui s'apprêtaient à participer à cette attaque. La seule unité qui a pu mener l'opération était liée à des soldats islamistes à l'intérieur de l'amirauté [1].

L'autre groupe qui allait former le GIA était dirigé par Mouhammad Allal, qui avait recruté ses partisans sur une base *salafite*. En septembre 1992, Allal faisait partie des chefs de groupes réunis secrètement à Temesguida pour proclamer Abdelkader Chabbouti émir national ; mais, cette fois encore, les forces de sécurité ont attaqué, tuant Mouhammad Allal et son bras droit, Noureddine Boufara. Son adjoint, Abdelhak Layada, lui succéda, mais il renonça aussitôt à placer son groupe sous le commandement de Chabbouti et, un mois plus tard, il fusionna ses forces avec celles de Méliani.

Le nouveau chef du GIA, Abdelhak Layada, un tôlier de profession, a été arrêté au Maroc au printemps 1993, après avoir été dénoncé par les services algériens. Il a été remis à Alger quatre mois après son arrestation, sur intervention personnelle du ministre de la Défense, le général

1. Taouil, *op. cit.*, p. 88.

Nezzar[1]. Son successeur, Issa Ben Ammar, n'a dirigé le GIA qu'un mois seulement, de juillet à août 1993, avant d'être tué par les forces de sécurité.

Dès les années 1992 et 1993, le GIA, encore en gestation, développa une pensée et des positions extrémistes ; il s'est toujours prononcé pour le *djihad*, « indispensable pour la création de l'Etat islamique ». Quelques mois après sa fondation officielle en octobre 1992, son communiqué numéro 2[2] menaçait d'étendre la guerre aux familles des apostats qui servaient le régime, et de s'en prendre aux « petits-fils de la France [les dirigeants algériens] qui recour[aient] aux méthodes répressives de leurs ancêtres [...]. Nous promettons que le GIA répliquera de la même façon, tuera leurs femmes et leurs enfants [...]. » Lors de la formation des premiers maquis, des informations — vraies ou exagérées ? — parvenaient aux islamistes, selon lesquelles les forces de sécurité torturaient et violaient leurs épouses ; ils décidèrent de répliquer par les mêmes méthodes. Le GIA lança aussi ses premières menaces contre la « presse mercenaire » (privée), qui menait une guerre contre le *djihad* et les *moudjahedin*. Dès 1993, la menace contre les journalistes a été mise à exécution. Il attaqua violemment le FIS, accusé d'avoir cautionné les élections et la démocratie, et il menaça de mort ses représentants en Europe. Deux ans plus tard, le cheikh Abdelbaki Sahraoui, un des fondateurs du FIS, a été assassiné à Paris.

Les divergences entre le FIS et le GIA n'ont pas empêché la formation du Mouvement de l'Etat islamique (MEI), à la lisière de ces deux courants, dirigé par Chabbouti, Makhloufi et Ezzeddine Ba'a. Mouhammad Saïd et Abdel Razzak Redjam, les chefs du courant algérianiste, créèrent le FIDA (le Front islamique de la *Da'awa*[3] et du *Djihad*), une petite unité d'élite, dont les membres se sont attaqués dans l'Algérois à des cibles sélectionnées, notam-

1. Une source algérienne attribue à Rabat une tenteative d'expulsion de Layada vers la France, à l'issue de deux semaines d'interrogatoire. Les autorités françaises auraient repéré l'intrus et l'auraient immédiatement refoulé hors de leurs frontières.
2. Daté du 12 janvier 1993.
3. *Da'awa* : prédication et prosélytisme.

ment parmi les intellectuels. Mais Saïd et son groupe sont restés isolés.

En 1993, Chabbouti abandonna la lutte armée du MEI en raison de sérieux problèmes de santé. Son successeur, Makhloufi, qui avait servi dans l'armée, fut suspecté par l'ensemble des formations islamistes d'être un agent de la SM. Les doutes se sont aggravés quand on s'est aperçu que les postes tenus par ses hommes, dans le Centre, faisaient « bon voisinage » avec ceux de l'armée. Makhloufi fut également accusé par certains islamistes de les avoir dénoncés, en 1992, lors de la réunion de Temesguida, permettant à l'armée de mener une attaque très meurtrière.

En fait, le champ de la lutte armée reflétait les divisions au sein du FIS. L'absence d'un chef politique et militaire, capable de fédérer les différentes tendances et doté d'une stratégie claire, a permis au GIA de combler le vide laissé par le FIS.

Dans le courant de l'année 1993, la guerre civile s'est radicalisée et le GIA a connu une fulgurante ascension médiatique. Les menaces contre les intellectuels ont été mises à exécution. Certains assassinats peuvent être attribués au FIDA, d'autres au GIA et une partie, selon des observateurs algériens, aux formations utilisées par la SM, qui ont agi en signant des revendications au nom du GIA. Le directeur d'*El Watan,* Omar Belhouchet, a déclaré sur Canal +, en octobre 1995 : « Il y a des journalistes qui gênent le pouvoir. Et je ne serais pas étonné demain si j'apprenais que certains de mes collègues ont été assassinés par les hommes du pouvoir. » Belhouchet lui-même a échappé à plusieurs tentatives d'assassinat.

Les premières victimes françaises, deux géomètres, ont été tuées en septembre 1993, à Sidi Bel Abbès. Un mois plus tard, trois employés consulaires français ont été enlevés, puis mystérieusement libérés ; ils ont été chargés de transmettre un ultimatum qui sommait les Occidentaux vivant en Algérie de quitter le pays.

Les tentatives avortées de rapprochements islamistes

La période qui s'étend de l'été 1993 à l'été 1994 a été marquée par plusieurs tentatives de rassemblement des forces islamistes, qui ont toutes échoué. La première a été menée sous l'égide de Rabéh Kébir, le chef du Comité exécutif du FIS à l'étranger, pour regrouper au sein d'une seule organisation tous les courants islamistes algériens à l'étranger. Une rencontre s'est tenue à Tirana (en Albanie) à la fin du mois d'août 1993. Mais les participants à cette réunion n'ont exprimé aucune unité de vue sur le terrain de la lutte armée, car les différents courants islamistes, infiltrés par la SM et dispersés lors de la répression menée par les forces de sécurité, avaient perdu confiance les uns dans les autres. Les trois courants du FIS se sont répartis la représentation de l'islamisme militant à l'étranger, mais la fédération de ces courants n'a pas pu déboucher sur une fusion et n'a pas réussi à désigner une autorité de référence en Algérie.

L'événement marquant dans l'évolution de l'islamisme algérien s'est produit en mai 1994, quand plusieurs courants du FIS ont rallié le GIA, sous l'égide de son émir Chérif Gousmi. Cette *bay'a* [1], immortalisée par une cassette vidéo, s'est tenue sous une tente dans la région montagneuse et boisée de Larbaâ et a réuni, sous le commandement du GIA, le courant algérianiste du FIS dirigé par Saïd et le MEI de Makhloufi. Le Manifeste de cette union a adopté la doctrine *salafite*, et il s'est montré radicalement hostile au dialogue et à la trêve avec le régime ; il a appelé au *djihad,* à l'instauration du califat et a considéré que seul le GIA pouvait légitimement mener le *djihad* [2].

Dopé par cette dynamique de fusion, le GIA s'est lancé dans une série d'attaques spectaculaires, qui allaient faire

1. Proclamation d'allégeance et de fidélité.

2. A la suite de cette fusion, le GIA a décrété l'interdiction de l'enseignement, pour forcer la jeunesse à rejoindre le *djihad.* Une série de sabotages et d'incendies dans les écoles et les facultés a suivi, ce qui n'a pas empêché les Algériens d'envoyer leurs enfants à l'école, car l'enseignement est recommandé dans le Coran et les musulmans sont appelés à « rechercher le savoir, même en Chine ».

de cette formation extrémiste la première organisation de lutte armée en Algérie. La série a été inaugurée par l'enlèvement de deux ambassadeurs accrédités à Alger, les ambassadeurs du Yémen et d'Oman, qui ont été relâchés à l'issue de huit jours de détention. En décembre 1993, quatorze expatriés croates ont été égorgés et émasculés, à proximité de Blida ; le GIA a justifié son crime en le rapportant au contexte de la guerre civile en Bosnie. Cinq ressortissants français ont été assassinés à la cité Aïn Allah, lors d'une attaque menée par Djamel Zitouni, le futur émir du GIA ; le pire a été évité de peu car une voiture piégée aurait dû être garée dans l'enceinte même de la cité. D'autres étrangers ont été assassinés en 1994, dont des Russes, des Biélorusses, des Ukrainiens, des Roumains, ainsi que sept marins italiens. En août 1994, le GIA a publié un communiqué contre la France, dans lequel il critiquait « le soutien français aux tyrans algériens » et réclamait des indemnités financières, la neutralité politique, ainsi que le retrait des ressortissants français de l'Algérie et le versement de la *jizia* [1].

Face au succès de l'offensive politique, médiatique et militaire du GIA, le FIS a cherché à mettre un terme à sa marginalisation croissante. En juin 1994, Ahmed Ben Aïcha a créé le commandement de l'Armée islamique du salut (AIS) dans l'Ouest, qui a été suivi un mois plus tard par la formation du Comité militaire dans l'Est, sous l'égide de l'émir national, Madani Mezrag. Le 18 juillet 1994, un communiqué commun de l'AIS de l'Est et de l'Ouest a rejeté la fusion opérée entre certains courants du FIS et le GIA, a appelé au *djihad* et a promulgué la *choura* [2]. Toutefois, il n'a pas pris le risque d'annoncer la création de l'AIS-Centre, en raison de l'hégémonie du GIA dans cette région.

Après l'élimination de l'émir Gousmi, c'est son premier adjoint, Mahfouz Tajine, qui lui a succédé pendant quelques semaines, jusqu'à ce que Djamel Zitouni, entreprenant un coup de force contre lui, ne le contraigne à se

1. La *jizia* est l'impôt que le *dhimmi*, le protégé de l'islam (chrétien ou juif) verse au régime islamique pour bénéficier de sa protection.
2. La consultation, une forme de démocratie islamique.

démettre. Zitouni s'est installé à la tête du GIA, avec la ferme volonté de régler ses comptes au courant algérianiste, accusé de vouloir prendre le pouvoir au sein du GIA.

Qui est Djamel Zitouni ?

Plus de trois ans après son assassinat, Zitouni reste une énigme pour les islamistes algériens et les observateurs étrangers. Cet ancien combattant en Afghanistan a effectué une ascension fulgurante, sans avoir été préparé à occuper les responsabilités qui furent les siennes. Son règne sur le GIA, d'octobre 1994 à août 1996, a été marqué par l'extrémisme et le sang. C'est pendant son « mandat » que la cassure s'est produite entre la mouvance islamiste et la population.

Un dirigeant du FIS rappelle les intrigues auxquelles Zitouni s'est livré pour accéder à la tête du GIA : « Il a été arrêté pendant quelques jours, lors des rafles de février 1992 [consécutives à l'arrêt du processus électoral]. La photographie qui est censée être son portrait n'est pas la sienne, mais celle de son frère Moustapha. Après sa libération, il a retrouvé les jeunes *hittistes* des bas quartiers d'Alger, avant de rejoindre le maquis comme un *moudjahed* de base. [...] Il est apparu soudainement, lors de l'assassinat de plusieurs ressortissants français à la cité Aïn Allah, en août 1994. Au lendemain de l'assassinat de Chérif Gousmi, des informations, sans doute bien inspirées, ont circulé sur le fait que Mouhammad Saïd lui succéderait, afin de torpiller les chances de ce dernier. La relève a été assurée par Mahfouz Tajine, avant que Zitouni ne s'impose par la force à la tête du GIA. » Ce dirigeant du FIS accuse : « Grâce à Zitouni, le régime a réussi à diaboliser l'ensemble du mouvement islamiste et à imputer au GIA tous les crimes qui ont été commis, en transformant la bataille contre le régime en une bataille contre la société. » Il met aussi en évidence les multiples zones d'ombre qui entourent Zitouni, concernant l'élimination des algérianistes Mouhammad Saïd et Abdel Razzak Redjam, et la déclaration de guerre tous azimuts à l'ensemble du peuple algérien et aux puissances étrangères. Il estime que l'enlèvement et l'assassinat des moines de Tibéhirine par le groupe de Zitouni, en mars 1996, constitueraient une sévère mise en garde des services algériens à leurs homologues français, accusés d'avoir pris contact avec un des chefs du GIA, Mahfouz Tajine, au lendemain des attentats de Paris, sans en avoir informé leurs interlocuteurs traditionnels à Alger. Après avoir commandité l'opération contre les moines, les services algériens auraient organisé, en août 1996, l'élimination de Zitouni, qui était devenu encombrant. Il circulait alors avec une petite escorte composée de deux personnes, dans la localité de Karwaou à proximité de Médéa, lui qui ne se déplaçait généralement qu'en compagnie d'un nombre impressionnant de gardes du corps.

Si Zitouni a hérité d'une doctrine extrémiste élaborée sous l'émirat de Gousmi, il a appliqué les menaces formulées par ses prédécesseurs avec une cruauté extrême. La première bataille qu'il a livrée fut d'ordre interne, en soumettant tous les groupes périphériques à son autorité. Il s'est d'abord attaqué aux dirigeants du courant algérianiste, Saïd et Redjam ; à ce jour, personne ne connaît les circonstances exactes de leur assassinat, survenu en novembre 1995. Le journaliste saoudien Jamal Khachokji, l'un des grands spécialistes de l'islamisme, avait été le premier à révéler leur assassinat dans un journal de Londres. Les versions se sont multipliées depuis pour exposer les raisons qui ont conduit à cet « islamicide ». Le 11 janvier 1996, le numéro 131 d'*Al Ansar* a publié la version officielle de Zitouni, qui accusait les hommes de ce « courant hérétique » de s'être « introduits au sein du GIA pour [...] le commander » et d'« avoir établi des contacts avec un officier français, sans en référer à l'émir et conclu avec lui l'arrêt des opérations militaires en France [les attentats de l'été 1995]. « En août 1996, les « preuves de ce complot ourdi avec la France » ont été présentées dans une cassette relatant l'interrogatoire du fondateur du groupe FIDA, Abdelwahab Lamara. Le lendemain de ces « aveux », Lamara et Mahfouz Tajine avaient été passés par les armes. L'élimination de ces deux islamistes a entraîné la défection d'une grande partie des soutiens du GIA à l'étranger. Seul l'Egyptien Abou Hamza, de son vrai nom Moustapha

Kamel, a maintenu son soutien au GIA, considérant que la cassette qui dénonçait le complot algérianiste devait *a priori* recueillir sa confiance. Face à la désapprobation quasi unanime des dirigeants islamistes, Zitouni a déclaré la guerre au FIS et à ses rivaux dans le maquis. Ezzeddine Ba'a, un représentant de l'AIS dans le centre, a été arrêté et tué avec les membres de son groupe, aux environs de Blida.

Dès février 1995, Zitouni a élargi sa guerre contre la société, en réitérant ses menaces contre les femmes des « apostats », pour répliquer à l'arrestation des femmes « croyantes ». Les dirigeants du FIS ont soupçonné ce communiqué d'être l'œuvre d'agents de la SM infiltrés au sein du GIA. En avril 1995, Zitouni a invité les femmes des apostats à divorcer d'avec leur époux, et a averti tout Algérien qui mariait sa fille, sa sœur ou sa mère à un apostat, qu'il l'exposait à une mort certaine.

La violence algérienne a franchi la Méditerranée pour frapper des cibles françaises, notamment à Paris. La première opération que Zitouni a menée contre un Etat étranger a été celle du détournement de l'Airbus d'Air France sur l'aéroport d'Alger, le 24 décembre 1994, qui s'est soldée par l'assassinat de trois passagers, un cuisinier français de l'ambassade, un policier algérien et un Vietnamien, avant que l'avion ne parvienne à quitter Alger pour Marseille, à l'issue d'un double bras de fer : entre Charles Pasqua et Alain Juppé au sein du gouvernement français et entre Paris et les autorités algériennes, qui s'apprêtaient à ordonner la prise d'assaut de l'avion. A Marseille, les gendarmes du GIGN ont réussi à prendre le contrôle de l'Airbus, en épargnant la vie des passagers. Les quatre pirates ont trouvé la mort. Au cours de ce détournement, le GIA a publié plusieurs communiqués qui ont permis de mieux connaître sa doctrine *salafite,* qui faisait de la lutte contre la France, pays impie accusé de combattre l'islam, un objectif majeur. Un éditorial paru dans *Al Ansar* [1] préfigurait la violence à venir, à quelques semaines du début de la campagne terroriste en France ; l'auteur y concluait que

1. Le 22 juin 1995.

« le GIA n'[avait] pas encore commis d'opération d'envergure à l'étranger. L'incident de l'avion était un petit message adressé par certains jeunes. D'autres messages plus clairs vont suivre. »

Au lendemain de l'échec de l'opération de l'Airbus, le GIA s'est vengé en assassinant quatre Pères blancs, dont trois Français, à Tizi-Ouzou en Kabylie. En mai 1995, deux Français, qui se trouvaient dans un camp réservé aux expatriés, ont été assassinés à proximité de Ghardaya (dans le Grand Sud). Trois autres étrangers ont trouvé la mort lors de cette attaque. En France, six opérations terroristes ont été menées entre juillet et octobre 1995, faisant au total dix morts et près de deux cents blessés. La plus meurtrière et la plus spectaculaire d'entre elles fut l'explosion d'une bombe dans le Métro, à la station Saint-Michel. Aux premières heures du 27 mars 1996, sept moines trappistes de Notre-Dame de l'Atlas qui demeuraient au prieuré de Tibéhirine (à sept kilomètres de Médéa) ont été enlevés. Selon le communiqué du GIA, les « sept moines prédicateurs », qui célébraient leurs fêtes et leurs prières en public et ne respectaient pas leur statut de *dhimmis* (protégés de l'islam), auraient été enlevés pour s'opposer à une « évangélisation » menaçante. Le 30 avril, un émissaire du GIA s'est présenté à l'ambassade de France à Alger avec une cassette audio qui consignait la voix des otages. Il a été reçu par le responsable français de la sécurité de l'ambassade, qui se trouvait « par hasard », aux dires d'un diplomate, au poste d'accueil. D'autres sources assurent que l'émissaire était un ancien employé de l'ambassade, ce qui aurait facilité son entrée dans l'enceinte diplomatique. Il a présenté une liste de revendications, dont la libération de Layada (l'ancien chef du GIA emprisonné à Alger) et des prisonniers du GIA en France. Il est reparti avec un accusé de réception, portant le cachet de l'ambassade, qui mentionnait : « A l'attention de Abou Abdel Rahmane Amine, émir du GIA » et concluait : « Nous souhaitons maintenir le contact avec vous ». L'émissaire aurait été déposé par deux voitures blindées de la chancellerie aux abords d'un quartier populaire d'Alger.

Mais le 21 mai, les moines ont été découverts décapités.

Seules leurs têtes décomposées, enterrées puis déterrées, ont occupé leurs cercueils le jour de leur enterrement solennel, le 2 juin[1]. Après la revendication de l'enlèvement, la France a adopté une ligne de conduite prudente, afin de gagner du temps en laissant planer le doute sur la crédibilité de la revendication du GIA et de ne pas heurter le régime algérien échaudé par l'issue humiliante de la prise d'otages de l'Airbus d'Air France en décembre 1994. Paris était conscient qu'Alger serait prêt à torpiller toute tentative française de libérer les moines, si celle-ci devait contourner les autorités algériennes ou redorer l'image du GIA en Occident. En réalité, lors des négociations secrètes, le GIA a réclamé à ses interlocuteurs de l'Eglise catholique française et romaine, notamment par le biais de la communauté de Sant'Egidio, la libération des militants du GIA en Algérie et de ceux qui étaient détenus en France. La vérification du ministère français de la Justice a révélé que plus de deux cents détenus algériens en France pourraient appartenir au GIA, mais sans qu'aucun ne revendique cette filiation. Ils étaient en détention provisoire dans l'attente de leur procès, ce qui rendait très délicate toute tractation en vue de leur libération anticipée, à supposer d'ailleurs que Paris ait eu l'intention de transiger. Il semble que Paris ait choisi de faire une lecture minimaliste du communiqué du GIA, dans lequel il n'est fait aucune mention expresse des membres de cette organisation détenus en France ; « J'ai [Djamel Zitouni] jugé qu'il serait bon d'échanger nos prisonniers avec les vôtres. Nous détenons une liste détaillée [des nôtres]. Nous citons à l'heure actuelle le nom de notre frère Abdelhak Layada — que Dieu le préserve et accélère sa libération. Nous citerons le reste de notre liste — si Dieu le veut — le jour où nous apprendrons votre volonté d'effectuer l'échange. »

Trop de mystères entourent encore, et sans doute pour longtemps, cet épisode cruel, dans la mesure où la prise d'otages a été principalement gérée par les services des deux pays. La suspicion et la rétention d'informations,

1. Voir à ce sujet, Mireille Duteil, *Les martyrs de Tibéhirine,* Brepols, Paris, 1996.

notamment entre les différents services français, ont marqué cette collaboration avortée.

Après quinze mois de trêve, un nouvel attentat est survenu le 3 décembre 1996, à la station du RER Port-Royal, faisant deux morts et une centaine de blessés.

Plus de trois ans après cet attentat, la justice ne tient pas même l'ombre d'une piste. Le professionnalisme des terroristes a fait naître des suspicions sur l'éventuelle contribution d'une équipe de la sécurité militaire algérienne (SM) à la campagne d'attentats, dans le but de mobiliser la France contre un islamisme diabolisé et de l'inciter à s'engager davantage aux côtés du gouvernement algérien. En septembre 1995, le ministre français de l'Intérieur a publiquement évoqué cette hypothèse, inspirée par certains services français. L'un des gros points d'interrogation de cette affaire concerne la mystérieuse disparition, en Algérie, du cerveau présumé des attentats en France, Ali Touchent, dit « Tarek », qui était financé, depuis Londres, par Rachid Ramda, *alias* Abou Farès. Tarek aurait été abattu en compagnie d'un autre islamiste par les forces de sécurité algériennes, le 23 mai 1997, à l'hôtel El-Amir, rue de Tanger, à Alger. Ce maître du déguisement et de la fabrication de faux a échappé, à maintes reprises, aux mailles de la police française. Il aurait pu rejoindre l'Algérie grâce à l'aide du groupe FIDA, sous le pseudonyme de Abdelawahab. Il s'était procuré trois fausses cartes d'identité et trois cartes professionnelles. Selon un journal arabe de Londres, il n'est pas exclu que les forces de sécurité algériennes aient capturé Touchent vivant et l'aient éliminé, de peur que la France ne demande son extradition. La source citée par *Al Hayat* affirme que Tarek est revenu à Alger en 1996 et que sa présence, contrairement à ce qu'affirment les autorités algériennes, n'était pas secrète. Les voisins de la famille de Tarek ont appris sa mort dès le mois de juin 1997, quand des hommes en civil sont venus chercher ses parents pour reconnaître son corps à l'hôpital militaire de Aïn Ennaâja. L'assassinat du propriétaire de l'hôtel El-Amir à Alger, en février 1998, serait lié à l'annonce de la mort de Touchent. Les assassins de l'hôtelier ont été abattus par les forces de sécurité, rue Patrice

Lumumba à Alger. Selon un de ses proches cité par *Al Hayat*, Touchent était en relation avec un responsable de l'ambassade d'Algérie à Paris, un dénommé « Habib », qui soutenait les thèses islamistes et voulait contribuer secrètement à la lutte, et qui lui aurait dit que la France ne « comprend que la logique de la force ». Après le détournement de l'Airbus d'Air France, Tarek a pris ses distances avec cheikh Sahraoui. Celui-ci a été assassiné à Paris quelques jours avant le début de la campagne d'attentats. Mais il paraît surprenant qu'un professionnel des services secrets algériens se soit exposé de la sorte, alors qu'il savait que ses collègues français le surveillaient étroitement.

Les personnes impliquées dans cette affaire, Tarek lui-même et le cheikh Sahraoui, ont toutes deux été assassinés. « Habib », le contact de Touchent à l'ambassade d'Algérie à Paris, est le colonel Mahmoud Souamès, qui dirigeait l'antenne française des services algériens. Il est mort d'un cancer des poumons. Tous les trois ont probablement emporté avec eux les secrets de l'« affaire Tarek » et des attentats de Paris.

Le GIA de Zouabri grossièrement manipulé

La violence en Algérie n'est pas née avec le GIA. Elle s'est manifestée tout au long de la conquête coloniale, au cours de laquelle les Algériens ont été dépossédés de leurs terres. Elle a été glorifiée pendant la guerre d'indépendance et élevée au rang de mythe national. Toutes les villes du pays ont baptisé une de leurs principales artères du nom du colonel Amirouche, le chef de la Wilaya III pendant la guerre d'indépendance, tombé en mars 1959. Or, selon les Mémoires de l'un des dirigeants historiques de l'ALN, Ali Kafi, parus à Alger en 1999, cet ancien forgeron, qui assimilait les élites intellectuelles algériennes au colonisateur, avait été victime d'une opération d'intoxication (« la Bleuite ») menée par l'armée française, et il s'était illustré par l'égorgement de 1 800 personnes, tous universitaires ou lycéens. Ce « cancer de la suspicion » s'était emparé aussitôt de la Wilaya IV, faisant à nouveau près de 500 victimes. Plus grave encore, Kafi révèle que le ministre de la Défense et celui de l'Armement et des liasons générales du FLN, Krim Belkacem et Abdelaziz Boussof, avaient félicité Amirouche d'avoir « éventé le complot ». La mort par « égorgement » de ces élites, qui avaient rejoint le maquis kabyle après les grèves des universités en avril-mai 1956, avait été justifiée par la volonté d'« économiser les balles ». Cette tuerie collective a été connue sous le nom de la « nuit rouge de la Soummam[1] ». Un autre massacre qui est resté dans les mémoires, et que la plupart des Algériens attribuent à l'Armée de libération nationale (ALN), qui d'ailleurs s'en défend, avait fait plus de 300 victimes à Mellouza, une localité située à mi-chemin entre Alger et Constantine, qui était contrôlée par le Mouvement national algérien (MNA). Pendant cette guerre, l'égorgement fut le châtiment des traîtres. Les Algériens disaient : « Tel a trahi. Il a été égorgé par le Front. Honte à sa famille. » Or on ne trouve nulle trace de cette barbarie dans le livre consacré à l'ALN par le Musée central de l'Armée, *Mémoire d'Algérie,* paru en 1984.

D'autres formes de châtiment avaient cours pendant la guerre. D'authentiques *moudjahedin* nous ont rapporté ces faits auxquels ils avaient assistés, comme témoins impuissants. Plusieurs *caïds,* des fonctionnaires musulmans qui étaient les relais de l'administration coloniale, avaient été arrêtés par l'ALN. Seuls leur tête et leur sexe tranchés et déposés avec leur carte d'identité étaient retrouvés sur le chemin de leur village. Cela avait provoqué la démission de l'écrasante majorité de ce corps dans ses trois grades : *caïd, agha* et *pach-agha*[2]. D'autres témoignages font état de mutilations du nez au rasoir pour tous ceux qui ne respectaient pas l'ordre du FLN de ne pas fumer de cigarettes et de ne pas boire d'alcool. « L'indignité »

1. Lire l'excellente analyse de l'historien Benjamin Stora : « Un siècle d'apprentissage de la violence », *l'Evènement du Jeudi,* 11 septembre 1997, et la biographie de Ferhat Abbas écrite par Stora et Zakya Daoud, éd. Denoël, 1995, p. 264.

2. Le mot *caïd* est d'origine arabe et signifie « le chef qui commande ». Les termes de *agha* et *pach-agha* sont d'origine turque. L'administration française a continué à les utiliser, après l'éviction des Ottomans. Ces trois catégories de fonctionnaires réclamaient un *bakchich* aux administrés, même pauvres. D'où l'origine de l'expression : « Les *caïds* font suer le *burnos.* »

à perpétuité, ainsi portée au visage, ne pouvait nullement être dissimulée.

Trente-huit ans après la guerre d'indépendance, aucun débat de société n'a eu lieu à propos de la violence, des liquidations qui ont été commises au sein de l'ALN, ou encore des agissements de l'ALN à l'encontre du Mouvement national algérien (MNA) de Messali Hadj, le père du nationalisme algérien. Car le FLN et l'armée, héritière de l'ALN, tirent toujours leur légitimité de la guerre d'indépendance et ils n'entendent pas « exposer leur linge sale sur les balcons », ni saper les fondements de leur légitimité révolutionnaire. Toutefois, le livre de Kafi ouvre la voie à une douloureuse et nécessaire autocritique. Une partie de la jeunesse a retenu du passé que les anciens rebelles de l'ALN et du FLN avaient eu recours à la violence, et qu'elle leur avait permis d'accéder au pouvoir. S'inspirant également de l'expérience afghane, elle s'est appliquée à reproduire cette violence pour assurer son propre succès.

L'horreur n'a pas atteint ses limites sous le règne de Zitouni. Son successeur, Antar Zouabri, a fait pire encore en commettant, en 1997, des massacres dont l'ampleur est sans précédent. Sous son commandement, le GIA est passé de la doctrine *salafite* et *djihadiste* à l'application de la doctrine *takfiriste*. Il a décrété que la société tout entière était impie et méritait d'être châtiée ; aucune distinction ne sera faite entre le sort réservé aux hommes, aux femmes et aux vieillards. Seuls les enfants ne doivent pas être tués « intentionnellement ».

Antar Zouabri, porteur d'un prénom mythique qui signifie Superman, est né en 1970, à Boufarik (à une quarantaine de kilomètres d'Alger), dans une famille de huit enfants. Le hameau où vivaient les Zouabri a été attaqué en 1996 par des milices du régime. Vingt-sept personnes de sa famille et de ses proches, dont le père et la mère de Antar, ont péri dans l'offensive. Ses deux sœurs, Fadila et Massouda, ont rejoint le maquis ; cette dernière est morte au combat. L'aîné, Ali, s'est engagé en 1989 dans le premier embryon du GIA de Méliani, avant de devenir l'un des adjoints de Layada en 1992 ; il a été tué en mars par les forces de sécurité. Au début de l'année 1992, son frère

Toufic a été assassiné à Blida. Ahmed, un autre de ses frères, a été enlevé à l'intérieur de la mosquée d'Alkrou, au printemps 1996, et abattu à cinquante mètres de là. Quant à Achour, il a été interné dans un camp du désert en 1992[1].

Antar Zouabri a rejoint les groupes *salafites* qui, comme les *Moutawa'a* d'Arabie Saoudite, formaient une milice d'inspiration religieuse pour veiller sur les mœurs au nom de « la promotion de la vertu et la répression du vice ». Il avait suivi des études primaires à l'école du hameau. Il faisait la prière avec assiduité et a acquis sa culture religieuse grâce aux cassettes enregistrées, qui véhiculaient les prêches incendiaires d'oulémas égyptiens, saoudiens ou afghans. Entré au service militaire en 1992, il s'est enfui à la fin de l'année en emportant son arme. Dans le maquis, il a épousé une certaine Mariam dont il a eu deux enfants.

En ce qui concerne l'évolution doctrinale du GIA de Zouabri, il convient de relever les multiples points d'interrogation qui mettent en doute la sincérité de ses dirigeants et de leur pensée. Car, loin de servir les islamistes ou de hâter leur arrivée au pouvoir, l'idéologie et les méthodes du GIA n'ont pu que le diaboliser aux yeux de la population et des puissances arabes et internationales, écartant toute alternance islamiste sur le moyen terme.

Beaucoup de médias, d'ONG et d'observateurs neutres se sont interrogés sur les massacres collectifs qui ensanglantent l'Algérie depuis 1997. Ils ont réclamé une enquête indépendante et ont posé des questions pertinentes ; comment des groupes islamistes peuvent-ils se déplacer dans des quartiers qui abritent des casernes de l'armée, et se livrer à leurs crimes pendant des heures entières, sans que celle-ci n'intervienne ? Pourquoi aucun criminel n'a-t-il été arrêté ni aucun commanditaire identifié ? L'un des indices les plus troublants mettant en cause l'authenticité du GIA est la reddition mystérieuse de son idéologue, Mouhammad Redouane Makador, dit Abou Bassir, qui, selon une dépêche de l'Agence France Presse de juin 1997, se

1. *Al Hayat,* 20 février 1999.

serait rendu aux forces de sécurité algériennes en fournissant de précieuses informations sur son organisation. Personne ne connaît le sort que l'armée lui a réservé. Il n'a pas eu de procès. Beaucoup de dirigeants islamistes pensent qu'il était un membre des services algériens, infiltré au sein du GIA ; il serait simplement « rentré au bercail » après avoir accompli sa mission. Il y a eu d'autres infiltrations massives, comme le millier de prisonniers qui se sont évadés du pénitencier de Tazoult (à l'est du pays) en mars 1994 ; les ex-prisonniers ont rejoint l'AIS en gestation et surtout le GIA dans la Mitidja. Ce qui n'a été pendant des années qu'une simple hypothèse vient d'être confirmé par la déclaration du porte-parole des officiers dissidents de l'armée (MAOL), le colonel B. Ali : « Parmi les fugitifs, il y avait de nombreux officiers de la SM infiltrés dans la prison. En rejoignant les maquis en tant qu'islamistes, ces agents en service commandé ont eu pour mission de faire capoter toutes les tentatives de rapprochement entre les instances des GIA et les leaders de l'ex-FIS. Ils ont déclenché ce que l'on appellera la "guerre inter maquis" [...]. Des officiers infiltrés ont pris la tête d'un grand nombre de sections et la SM contrôlait la plupart des GIA[1]. »

Cette révélation a trouvé de nombreuses confirmations. Deux jours après sa reddition, l'ex-émir du GIA de Thénia, Nouréddine Halouane, a tenu une conférence de presse au siège de la sous-préfecture, en présence du préfet ! Il a expliqué les avantages de la loi sur la Concorde civile et a appelé les parents des terroristes à convaincre leurs enfants de se rendre, alors que, à l'extérieur du bâtiment, des victimes du terrorisme s'étaient rassemblées pour réclamer justice. Cette conversion rapide ainsi que l'accueil qui a été réservé à cet ancien chef du GIA par les autorités entretiennent le doute sur sa sincérité.

Selon certains dissidents, comme le diplomate Mouhammad Laarbi Zeitout[2], le GIA a rendu service au

1. *Le Monde*, 27 novembre 1999.

2. Zeitout était en poste à l'ambassade d'Algérie en Libye. Il a fait défection en 1995, a rejoint l'opposition et s'est installé à Londres.

régime, qui lui « a confié les tâches les plus sales » ; il « a menacé de mort des milliers d'employés de la Sonatrach [Société nationale de transport et de commercialisation des hydrocarbures] que le régime devait licencier », ainsi que « les pompiers qui refusaient le port d'armes » et « les appelés qui refusaient de rejoindre les rangs de l'armée ». Il a aussi menacé le secrétaire général de l'ONU, « lui interdisant de s'ingérer » dans les affaires algériennes [1].

En 1997, le GIA s'est illustré par une série noire de massacres. Le 30 août, il a attaqué le quartier de Raïs, à Sidi Moussa, faisant, selon les différentes sources, entre 100 et 320 morts. Une semaine plus tard, quatre-vingts personnes ont été sauvagement assassinées à Beni Messous, et autant à Ben Talha, le 24 septembre, à proximité des casernes militaires. Antar Zouabri a publié un communiqué, en annexe du bulletin *Al Ansar* [2], qui comporte quatre points fondamentaux :

1. Le GIA revendique les massacres de civils en Algérie et promet de poursuivre son action.
2. Il déclare la guerre aux tyrans mais aussi « aux partisans des tyrans dans les villages et les déserts [...]. Le GIA les éliminera, détruira leurs champs, capturera leurs femmes et confisquera leurs biens [...]. »
3. Il dénonce l'appel à la trêve des combats, lancé par le chef de l'AIS.
4. Il adresse de violentes menaces à la France : « [...] Nous n'avons pas oublié et nous n'oublierons pas les aides que [la France] apporte aux « impies » et nous ne faiblirons pas dans notre combat contre elle » et il conseille aux Nations unies de « ne pas suivre la voie de la France. Faute de quoi, elles seraient frappées comme la France l'a été, car nous n'aurons ni merci ni pitié. »

Enfin, le GIA réitère sa devise : « Pas de dialogue, pas de trêve, pas de réconciliation. »

La diffusion de ce texte a suscité beaucoup d'interrogations ; ce chef-d'œuvre du genre aurait pu être fabriqué par le bureau chargé de l'intoxication ou de la lutte contre

1. Débat sur la chaîne qatariote *Al Jazira*, le 22 octobre 1997.
2. Communiqué n° 51, daté du 27 septembre 1997.

l'islamisme au sein de la sécurité militaire. Quel message aurait pu servir davantage le régime que celui qui revendique les massacres, blanchit l'armée et ses multiples auxiliaires et menace la France et les Nations unies, au cas où elles souhaiteraient internationaliser la crise ? L'Egyptien Moustapha Kamel a retiré son soutien au GIA en septembre 1997, considérant que ce communiqué était le fruit de la bêtise ou de l'infiltration : « Celui qui a écrit ce communiqué ou bien ignore la langue arabe ou bien cherche à détruire le *djihad*. »

L'Algérie est entrée alors dans une guerre civile totale, au cours de laquelle des meurtres ont été perpétrés entre villages voisins, voire au sein d'un même village. La vendetta s'est installée. Zouabri a revendiqué, dès février 1997, deux massacres qui ont entraîné la décapitation de vingt-cinq personnes à Hamam Malouane, et l'égorgement de quarante et une autres dans le centre touristique de Chréa, au sud de la capitale. Il s'agissait souvent de familles de soldats ou de « patriotes » massacrées par les islamistes qui voulaient venger leurs propres familles. La guerre civile s'est accompagnée d'une guerre tribale, où les innocents ont été les premières victimes de ces massacres croisés. De retour d'une mission en Algérie, Haïtham Mannah, le vice-président de la Fédération internationale des droits de l'homme (FIDH), a constaté que « la vendetta [était] de plus en plus courante. La volonté de venger des proches abattus, des filles et des femmes violées motive des représailles de la part de miliciens ou de simples citoyens [...]. Ceux qui ont des comptes à régler le font grâce aux milices d'autodéfense [1]. »

Des « patriotes » ont commis, au nom de la légitime défense, des actes de vendetta ou de racket aussi barbares que ceux qui sont attribués aux islamistes. En mars 1997, dans la perspective des législatives, le gouvernement d'Alger a traduit en justice plusieurs dizaines de militaires et de « patriotes », accusés du massacre de vingt et une personnes à Boukraïk (aux environs de Blida, à cinquante kilomètres d'Alger) lors d'actes de vengeances ou de

1. Radio Orient, 13 mai 1997.

pillages. *Hadj* Ferguène, le maire de Rélizane, qui appartenait au Rassemblement national et démocratique (RND), était à la tête de sept cents « patriotes » ; il a été accusé par la Ligue algérienne des droits de l'homme (LADDH, une organisation indépendante) d'être « impliqué dans cinquante-huit disparitions qui ne concern[aient] pas des terroristes ». Arrêté en avril 1998, il a rapidement recouvré la liberté, grâce au soutien de personnes haut placées. Il s'était outrageusement enrichi par le biais du racket. Dix-huit mois après les faits, aucune plainte présentée par ses victimes n'a abouti.

Beaucoup de règlements de comptes entre les différents clans du régime sont imputés au GIA, comme l'assassinat de Abdelhak Benhamouda, le secrétaire général de l'Union générale des travailleurs algériens (UGTA), qui a été froidement abattu le 28 janvier 1997, en sortant du siège de la centrale syndicale. Deux semaines plus tard, l'explosion d'une roquette a fait huit morts au domicile de Rachid Moujahed, qui a « avoué » à la télévision, le 23 février, être l'auteur de cet assassinat. Il avait l'œil tuméfié et un débit très lent. Ses parents ont été informés, le 2 avril, qu'il était mort le 26 février. Selon Amnesty International, son père a pu voir son corps criblé de balles, mais il ne lui a pas été restitué. L'exécution extrajudiciaire de l'assassin de Benhamouda a-t-elle été organisée en prison, empêchant un procès en bonne et due forme, et l'éclatement de la vérité sur l'identité des assassins et de leurs commanditaires ? Plusieurs personnes bien informées ont accusé un clan de l'armée d'avoir abattu Benhamouda, qui avait rejoint le clan adverse animé par le chef de l'Etat, en vue de diriger le parti présidentiel en gestation. Plusieurs gradés de l'armée ont également trouvé la mort lors d'actions « terroristes » ou d'« accidents de la route ». Ces disparitions suspectes constituent des « messages » échangés entre les différents clans de l'armée. L'assassinat de plusieurs personnalités politiques est attribué de façon vague aux islamistes ou à la « mafia politico-financière », comme celui de l'ancien président Boudiaf, de l'ancien chef des services secrets Kasdi Merbah, du poète et écrivain Taher

Djaout, du psychiatre Mahfoud Boucebci, et du dirigeant du FIS, Abdelkader Hachani.

L'AIS dépose les armes

Pendant que le GIA multipliait les massacres de civils et occupait les médias, l'Armée islamique du salut (AIS), le bras armé du FIS, attaquait exclusivement les militaires. Ses actions sont souvent restées dans l'ombre, sans retombées médiatiques, car l'armée ne tenait pas à donner de publicité aux pertes qu'elle subissait. Une partie des combattants de l'AIS a déserté cette organisation pour rejoindre les radicaux du GIA, notamment dans l'Algérois. Les dirigeants politiques du FIS étaient en prison, en exil, en résidence surveillée ou privés de liberté d'action politique.

La participation du FIS à la réunion de Sant'Egidio, et sa signature de la plate-forme de Rome en janvier 1995, ont été perçues par le régime comme un véritable camouflet. Les partis qui ont participé à la conférence avaient recueilli plus de 80 % des suffrages lors des législatives de 1991, et la conclusion de cet accord montrait que les islamistes du FIS pouvaient s'entendre avec des partis laïques, trotskistes, ou encore avec les nationalistes du FLN. Ils s'engageaient à respecter le pluralisme, les libertés fondamentales et l'alternance politique. Le régime, très isolé, n'était pas en mesure de rallier une telle majorité et perdait l'initiative. C'est pourquoi il a crié au scandale, à la trahison et a accusé les signataires de Rome de favoriser l'ingérence étrangère.

Au printemps 1995, un nouvel homme fort est apparu au sein du courant islamiste : l'émir national de l'AIS, Madani Mezrag, un homme massif et un tribun qui manie à la perfection un arabe châtié. Il a débuté sa carrière d'islamiste au sein du parti *Ennahda* de cheikh Abdallah Djaballah. Le 3 avril 1995, il a adressé une lettre ouverte au président Zéroual, aux dirigeants du FIS, aux *moudjahedin,* à l'armée algérienne et à la police, dans laquelle il dénonçait « les infiltrés et les ignorants qui ont noyauté la mouvance islamiste » et mettait en garde contre « les docteurs de la loi qui œuvrent pour les services de renseignements afin de diviser les *moudjahedin* et de leur nuire ». Il demandait aux dirigeants historiques du FIS de revoir les principes fondateurs de leur organisation, de s'exprimer ouvertement sur les pratiques du GIA et de doter l'AIS et les groupes armés d'un « code de conduite ». Il mettait en garde les *moudjahedin* contre les infiltrés des services de renseignements et les auteurs de *fatwas* non fondées qui propageaient la haine et la division. Enfin, il assurait Zéroual que les militants étaient « prêts à aller plus loin » pour parvenir à une solution négociée avec le gouvernement algérien et mettre fin à la guerre civile. Le chef de l'AIS s'impatientait devant les succès du GIA et il dévoilait sa volonté de s'émanciper des dirigeants du FIS.

Le 21 septembre 1997, Mezrag a proclamé une trêve unilatérale. Cette initiative a été motivée par l'horreur suscitée par les crimes du GIA et la prise de conscience du divorce entre l'opinion publique et le courant islamiste. Le chef de l'AIS voulait prouver que les auteurs des massacres de familles entières n'appartenaient pas à son organisation, car il avait compris que le régime, loin de s'affaiblir, se renforçait des exactions commises par le GIA.

Grâce à la trêve, l'armée a pu redéployer ses forces pour neutraliser le GIA dans l'Algérois, provoquant la crainte des dirigeants politiques du FIS qui ne voulaient pas perdre la carte de l'opposition armée. Abbassi Madani, le chef historique du FIS, a engagé un nouveau dialogue avec le pouvoir, mais cette tentative a échoué comme les précédentes. Les dirigeants du FIS étaient emprisonnés et devaient tout faire pour que leurs décisions ne s'apparentent pas à une reddition. La situation était d'autant plus difficile pour eux qu'ils négociaient avec les membres les moins représentatifs du régime, le président de la République et son ministre conseiller, le général Mouhammad Bétchine.

Tirant les leçons de ces échecs, Madani Mezrag avait engagé, au printemps 1997, un dialogue avec les militaires qui représentaient le pouvoir réel, en rivalité avec le clan présidentiel. Les généraux qui contrôlaient la SM, Mouhammad Mediene et son adjoint Smaïn Laamari, avaient des comptes à régler avec Bétchine et étaient décidés à obtenir son départ de la présidence. Ils ont pris le prétexte de sa rapacité et de son manque de discrétion pour l'écarter, après l'avoir impliqué dans des contacts infructueux avec le FIS.

Des relations familiales et de voisinage ont permis de nouer un dialogue entre Mezrag et le général Mouhammad Boughaba, qui commandait la principale région militaire où se déployait l'AIS. L'armée a pris des mesures pour établir la confiance, en déplaçant des barrages et en arrêtant les survols par hélicoptères. Trois jeunes islamistes ont pris en charge le redoutable général Smaïn Laamari, qui dirige la DST algérienne, jusqu'au lieu de la rencontre. Celui-ci a pris des risques certains en venant négocier avec les dirigeants de l'AIS sur un territoire contrôlé par des forces hostiles à l'armée. Cette dernière pensait que le régime avait beaucoup à gagner en exploitant cette disposition du bras armé du FIS à la négociation ; en traitant avec les militaires de l'AIS, elle cherchait à isoler la direction politique du FIS et surtout à marginaliser le GIA en lui donnant un nouvel ennemi à combattre. La multiplication des massacres perpétrés par le GIA a convaincu les deux parties de hâter leur entente.

La discussion s'est déroulée dans de bonnes conditions et les chefs militaires des deux bords ont convenu de convaincre leurs organisations respectives pour parvenir à un accord. Le général Laamari a fait une tournée dans les régions militaires pour réunir une majorité d'officiers capables de faire face à l'obstination de Zéroual et de le persuader de rallier l'accord conclu, et Mezrag a dépêché un émissaire auprès de Abbassi Madani. Mezrag était déterminé à annoncer une trêve, quel qu'en fût le prix. Il a été décidé de libérer Abbassi Madani qui devait, le jour même de l'annonce de la trêve, lancer un appel à la télévision invitant les groupes armés à un cessez-le-feu.

Le président Zéroual a été très mécontent de cette négociation menée à son insu. Il a assuré à maintes reprises que « la page du FIS [était] définitivement tournée » et qu'il n'était plus question de négocier avec ce parti. Mais Mezrag, soutenu par le Comité exécutif du FIS à l'étranger, a proclamé, le 21 septembre, une trêve totale des opérations armées qui prendrait effet le 1er octobre. La radio et la télévision d'Etat algériennes et le quotidien gouvernemental *El Moudjahid* ont diffusé l'intégralité de cet appel, avec tous les égards dus à un communiqué officiel. Le 1er juin 1998, Mezrag s'est adressé à nouveau au président Zéroual : « Si vous donnez à la trêve la légitimité et la couverture politique qu'elle mérite [...] et si vous respectez l'accord conclu entre l'AIS et l'Armée nationale populaire (APN), nous publierons un communiqué dans lequel nous nous engagerons à coopérer avec vous pour mettre fin à la crise et abandonner l'action armée [...]. Il serait utile de vous rappeler que l'éradication des groupes terroristes et l'arrêt de l'effusion du sang sont à portée de mains. » Mais Zéroual a campé sur sa position de refus et a été contraint à la démission, en septembre 1998.

Le président Bouteflika a légalisé cette trêve et accordé aux hommes de l'AIS sa « grâce amnistiante », leur permettant de retrouver la vie civile et leurs droits civiques, tout en s'opposant à la reconstitution du FIS dissous.

En alternant la répression et la ruse, le régime a réussi à marginaliser les hommes politiques du FIS et à les diviser, tout en négociant avec les militaires de l'AIS pour les neutraliser. Les hommes de l'AIS n'ont plus d'autre choix que de poursuivre la traversée du tunnel dans lequel ils sont engagés, et qui va les conduire, selon les plans de l'armée, à la collaboration militaire totale et à la neutralité politique.

L'arrivée d'un homme de continuité éclairé : Abdelaziz Bouteflika

En refusant de se conformer à l'avis des hommes forts de l'armée, le général Zéroual avait scellé son sort et celui de son clan. En 1998, les accusations contre son bras droit et son mentor, le général Bétchine, se sont étalées sur les pages de la presse algérienne. L'armée réunie en conclaves et l'état-major ont insisté auprès de Zéroual pour qu'il se sépare de son ambitieux ministre conseiller, accusé de se constituer un empire financier en exploitant ses fonctions à la Présidence. Zéroual a tenté de résister en associant l'éventuel départ de Bétchine au sien. La campagne a alors redoublé d'intensité.

Malmené par ses généraux, n'ayant jamais pu gouverner comme il l'entendait, même au lendemain d'un suffrage universel truqué qui lui donnait une apparence de légitimité, Zéroual a annoncé, en septembre 1998, sa démission et la tenue d'une élection présidentielle anticipée.

Après plusieurs mois d'expectative, sept candidats se sont finalement déclarés. L'armée a opté pour l'élection d'un civil. La campagne électorale a démarré dans d'excellentes conditions ; il semblait même qu'elle allait se dérouler de façon loyale. Mais à l'approche du moment fatidique, les indices de la fraude se sont accumulés. Alertés par le président Zéroual lui-même à la veille du scrutin, six candidats se sont retirés, laissant le candidat de l'armée, Abdelaziz Bouteflika, vaincre sans gloire, dans un scrutin où il restait le seul prétendant en course.

Bouteflika méritait une meilleure légitimation. Il avait exigé et obtenu des généraux qui l'avaient coopté une élection dès le premier tour et un score supérieur à celui de Zéroual en 1995. Le ministère de l'Intérieur lui a attribué 73,79 % des votants, pour un taux de participation officiel de 60,25 %. Mais personne n'est dupe, à commencer par les Algériens qui ont largement boycotté le scrutin. Selon le Mouvement algérien des officiers libres, le taux de participation serait de 23,03 %. Bouteflika aurait recueilli 28,30 % des suffrages exprimés, soit 1,1 million de suffrages sur 17,4 millions d'inscrits.

A l'exception de deux élections — les municipales de 1990 et le premier tour des législatives de 1991, toutes deux remportées par le FIS —, tous les scrutins en Algérie ont été marqués par une fraude massive, qui a été reconnue par le gouvernement quelques mois ou quelques années après leur déroulement [1].

1. En ce qui concerne les législatives de juin 1997, la chaîne franco-allemande Arte a réalisé un dossier complet sur l'Algérie dans lequel ses journalistes ont pu filmer, comme dans une série de fiction, le remplacement des vraies urnes par d'autres bourrées de faux bulletins. Emission diffusée le 22 juin, comportant d'excellents reportages de Véronique Taveau.

Pour l'élection présidentielle de 1999, la Commission nationale indépendante de surveillance des élections présidentielles (CNISEP) a été créée, sous la présidence de Mouhammad Bedjaoui, un juge qui siège à la Cour internationale de La Haye. Cette personnalité internationale, hautement respectable, a servi d'alibi à une fraude massive. Sans doute consentant, Bedjaoui s'est absenté d'Alger pendant une dizaine de jours. En son absence, la CNISEP a été le siège d'un conflit opposant les partis et les candidats qui voulaient appliquer le texte de la loi, aux représentants de l'administration, menés par le délégué du ministère de l'Intérieur, M. Attaf, qui voulaient réduire la CNISEP à n'être qu'une cellule annexe du gouvernement, chargée de légitimer les décisions du régime. Bedjaoui est intervenu publiquement, par deux fois, pour désavouer les décisions prises pendant son absence. Le montant des indemnités versées aux membres de la CNISEP était censé imposer leur silence ; ils ont touché dix mille dinars par jour, un montant de loin supérieur au Smic mensuel, et ont bénéficié d'importants avantages en nature.

Finalement, Abdelaziz Bouteflika a bel et bien conquis le palais d'El-Mouradiya, le siège de la présidence de la République algérienne. Il n'a rien à envier à ses collègues arabes puisqu'il a été presque aussi bien élu que ses homologues, généralement désignés à une majorité qui frôle ou dépasse les 99 % !

Après une traversée du désert de vingt ans, Bouteflika a fait son retour sur la scène politique. Il était très ému lors de sa prestation de serment au Palais des Nations ; pourtant, cet homme a été un habitué des tribunes internationales pendant seize ans. En 1974, il avait même brillamment présidé l'Assemblée générale des Nations unies et organisé l'entrée de l'OLP (l'Organisation de libération de la Palestine) en tant qu'observateur.

Selon sa biographie officielle, Abdelaziz Bouteflika est né le 2 mars 1937 (en 1935, selon d'autres sources) à Oujda (au Maroc). Son père, Ahmed, était responsable du marché des fruits et légumes. Tombé en disgrâce auprès des Français, vraisemblablement à cause de sa sympathie envers les nationalistes, il a dû se reconvertir dans la vente de ferraille. Sa mère tenait un bain maure. Le jeune Abdelaziz a fait ses études au lycée Omar Ben Al-Aziz d'Oujda. Après avoir obtenu la première partie du baccalauréat, il a rejoint l'Armée de libération nationale (ALN) en 1956 et est devenu le bras droit de Houari Boumediene. Ahmed Ben Bella, qui l'avait rencontré à la prison d'Aulnoy en 1961, lors d'une mission secrète, l'a nommé un an plus tard, à vingt-cinq ans, ministre de la Jeunesse, des Sports et du Tourisme dans le premier gouvernement de l'Algérie indépendante. L'année suivante, il lui a confié le ministère des Affaires étrangères, poste que Bouteflika a occupé jusqu'à la disparition de Boumediene, en décembre 1978. A la mort de celui-ci, l'armée a préféré à son héritier naturel un colonel éteint, incapable de faire de l'ombre à qui que ce soit. Bouteflika, qui avait prononcé l'oraison funèbre, a été nommé par le président Chadli ministre conseiller à la présidence.

En s'apercevant que les comptes des Affaires étrangères étaient examinés de près, Bouteflika prit l'initiative de remettre un chèque de onze milliards de centimes au président (l'équivalent de trente millions de dollars), qui lui demanda d'adresser ce chèque au ministre des Finances, Ben Yahia, avec un décompte précis. Mais le chèque fut remis sans le décompte. Chadli ordonna alors une enquête financière. Réalisée par la toute jeune Cour des comptes, elle révéla que le reliquat des fonds restés entre les mains de Bouteflika, après le remboursement des onze milliards, était de sept milliards de centimes. Ce dernier remit un second chèque de deux milliards, avec des justificatifs peu convaincants, et expliqua que le solde avait servi à financer les mouvements de libération nationale, dont une large partie aurait été remise à l'OLP sur ordre personnel de Boumediene. La Cour des comptes a révélé que, pendant les quinze années de la présidence de Boumediene, le surplus des budgets des ambassades et le montant de la TVA étaient virés sur un compte en Suisse, qui s'est révélé être un compte différent de celui de l'Etat algérien. Pour faire diversion à cette affaire, Bouteflika a accusé ses détracteurs de vouloir nuire à l'image de Boumediene, puisqu'il était son plus ancien camarade et le dernier à l'avoir accompagné dans son agonie. A l'issue de cette enquête, Bouteflika a été exclu du FLN et *El Moudjahid*, le journal officiel du parti unique, l'a mis ouvertement en cause. Bouteflika a alors entamé sa traversée du désert. Il s'est installé en Suisse où il a vécu six ans, avant de devenir le conseiller de Ahmed Souaïdi, le bras droit du chef des Emirats arabes unis, cheikh Zayed Bin Soultan. En 1989, avec le déclin de Chadli, il a été réhabilité et est entré au comité central du FLN.

Pendant la campagne présidentielle, Bouteflika s'est montré très embarrassé de devoir évoquer cet épisode et a eu recours au charme, à l'intimidation ou au chantage pour dissuader ses interviewers. Cette affaire, ainsi que les conditions de son élection et l'élimination physique de dirigeants du FLN sous Boumediene, a constitué un lourd handicap pour l'image du nouveau président.

Boumediene, qui s'était marié sur le tard et n'avait pas eu d'enfants, avait quasiment « adopté » Bouteflika. Il en avait fait son secrétaire particulier à Oujda et son homme de confiance et l'a protégé tout au long de son règne. Sur son lit de mort à Moscou, il a confessé à l'un de ses plus proches conseillers : « Abdelaziz est un timide. C'est aussi un enfant gâté qui n'a pas eu de père. J'ai remplacé son père. »

Cet enfant de la révolution, qui a pris l'habitude de commander et d'être obéi dès l'âge de dix-neuf ans, et s'est trouvé contraint, à quarante et un ans, d'entamer une retraite anticipée après tant de gloire, a tenté d'assumer sa traversée du désert avec courage. Par arrêté de justice, il a dû quitter sa luxueuse villa du quartier Poirson sur les hauteurs d'Alger, qui lui avait été attribuée par Boumediene. Le banni du nouveau régime a beaucoup médité ; il a voyagé, observé, lu, appris et ne s'est jamais désintéressé de l'évolution de son pays. Cet homme, doté d'un charme indéniable, est vif, intelligent, manœuvrier, caustique. Il se sert de ses grands yeux verts très clairs et de ses grandes mains, pour communiquer avec ses interlocuteurs. Amateur de costumes croisés trois pièces et de cravates de marque, fin connaisseur de cigares, il refuse d'exposer son front dégarni et s'efforce de le couvrir, tant bien que mal, par un reste de cheveux allongés.

Bouteflika déploie, depuis son arrivée à la présidence, une énergie inépuisable. Il est doué d'un exceptionnel talent de communication, et rompt en cela avec son prédécesseur sombre et timide, qui n'a jamais osé accorder une interview à un journaliste, fût-il complaisant. Bouteflika explique l'importance de la communication dans la politique d'un chef d'Etat : « La seule chose qui compte est que le peuple puisse accéder directement aux intentions et aux actes politiques de ses dirigeants. C'est son droit de savoir et c'est mon devoir de lui expliquer [...] [1]. » Cette politique de communication a été inaugurée lors de son premier discours solennel, le 29 mai 1999 ; appuyé sur un pupitre devant un tableau du peintre Etienne Nasreddine Dinet qui représente des croyants implorant Dieu, Bouteflika a commencé sa prestation par une sourate du Coran. Pendant une heure et cinquante minutes, le nouveau président a fait le bilan de l'héritage, un héritage catastrophique. Il a approuvé toutes les accusations de l'opposition, qui avaient été rejetées par le régime jusqu'à ce jour : « Je le déclare nettement : l'Etat est malade, malade dans ses institutions, malade dans son administration, malade des pratiques à large échelle de passe-droit, du clientélisme, de l'abus de la force et de l'autorité, de l'inutilité et de la vanité fréquente des recours, des privilèges inconsidérés, des gaspillages et des détournements des ressources collectives impunis. Toutes ces circonstances ont affaibli l'esprit civique dans la Nation, éloigné les hommes compétents et honnêtes de la gestion des affaires communes et perverti gravement le sens de l'Etat et du service public. » Ce discours tant attendu a marqué les Algériens par son contenu réformateur. Bien qu'il ait été coopté par le régime, le nouveau président a tenu un discours d'homme d'Etat, voire d'opposant, sans pour autant noircir outrageusement le tableau de l'héritage. Au terme de son diagnostic très sévère, il a reconnu que « les tâches à réaliser [étaient] immenses, les obstacles

1. *Le Matin* du 24 juillet 1999.

nombreux et [que] les résistances risqu[aient] d'être acharnées ».

Dès ce jour, Bouteflika a lancé sa croisade en faveur de la réconciliation nationale et a évoqué avec franchise les difficultés de la vie quotidienne des Algériens : « Le drame du logement, le problème de l'eau, le chômage, l'exclusion, l'exode rural, l'école et le système d'enseignement en général, l'extension de la précarité et de la pauvreté [...]. » Il a osé mettre en garde ceux qui font une démonstration outrageuse de leur patriotisme pour le transformer en « rente viagère, afin de s'ériger devant la société en tuteur des autres [...] », a promis « le démantèlement des monopoles de fait et de leurs réseaux occultes » et a fait du Maghreb arabe le premier axe de son action diplomatique, suivi par les relations avec l'Union européenne et l'appartenance au monde arabe. Son souci majeur est de restaurer la place de l'Algérie en Afrique et dans le monde. A chacune de ses apparitions publiques, Bouteflika fait la preuve d'un talent de communication que peu de chefs d'Etat arabes possèdent. Les premiers mois de son mandat ont été très fertiles en discours et réunions publiques : le forum de Crans Montana, la fête nationale du 5 juillet, le sommet de l'Organisation de l'unité africaine (OUA), les visites de Constantine et d'Oran, sans oublier le rendez-vous inopiné de Rabat, lors des obsèques de Hassan II, ou la campagne pour le référendum. La stratégie mise en œuvre par Bouteflika vise à réconcilier l'ensemble des Algériens, en excluant seulement les extrémistes qui ne peuvent retrouver une place dans ce concert national. Dès son premier discours, il a cherché à établir un consensus et, le 12 juin, en raccompagnant le président Moubarak à l'aéroport, il a déclaré : « Il y a de la place pour tous les Algériens en Algérie. Personne n'a le droit de renvoyer des Algériens [les islamistes] au Soudan et d'autres [les laïcs] en France. » Invité au forum de Crans Montana à la fin du mois de juin 1999, il a répété avec insistance son message en faveur de la paix en Algérie. Deux mois après sa prise de fonctions, il a présidé son premier Conseil des ministres pour faire adopter le projet de loi sur la Concorde civile. Depuis la Suisse, il a annoncé la tenue d'un référendum destiné à connaître les aspirations des Algériens. En réalité, le président, qui sait avoir été élu dans de mauvaises conditions, cherche à obtenir une investiture franche sur laquelle il puisse fonder sa légitimité et acquérir son indépendance, aussi bien vis-à-vis de ceux qui l'ont coopté que de la communauté internationale. Il a déclaré : « J'ai promis au peuple algérien de faire la paix et de rétablir la sécurité [...]. Le corollaire de la paix est le redémarrage de la vie économique et sociale. Je pense que ces deux conditions sont suffisantes pour que l'Algérien retrouve sur-le-champ la fierté d'être simplement algérien. Nous avons une jeunesse perdue qui ne rêve que de visas et de voyages lointains [...]. » Et il a prononcé la phrase qui a fait l'effet d'une bombe à Alger et qui lui a été violemment reprochée : « Parmi les causes endogènes [de la guerre], il y a l'arrêt du processus électoral en 1992, qui était une violence que je souligne. » Cette déclaration dément le discours officiel, inlassablement répété depuis 1992, selon lequel la violence aurait commencé avant l'annulation de l'élection législative. Mais Bouteflika a nuancé cette première déclaration quand il s'est présenté, le 5 juillet, devant les officiers supérieurs au ministère de la Défense : « J'ai dit que l'interruption du processus électoral était un acte de violence. Je le confirme. C'était un acte de violence réactionnel. Il est venu après les élections communales où la violence verbale a atteint des sommets jamais connus dans quelque pays que ce soit. » Six semaines plus tard, il a développé sa défense devant la télévision égyptienne en justifiant le coup d'Etat par la violence terroriste : « L'interruption [des élections] est intervenue en réaction à une violence qui a commencé sur nos frontières est, à Guemmar [1]. » Cette rectification était indispensable pour calmer les généraux impliqués dans le coup d'Etat de 1992 et arrêter la campagne menée contre le président par la presse qui avait soutenu l'annulation des élections.

Dans sa croisade pour la réconciliation, Bouteflika sait que toute l'armée ne le soutient pas. Il a tenu à la rassurer dans chacun de ses discours. Au siège du ministère de la

1. TV égyptienne, le 18 août 1999.

Défense, il a déclaré le 5 juillet : « Je suis l'un de vous. Je ne vous abandonnerai pas. Je suis fier de votre appui et j'ai besoin d'un soutien encore plus grand [...]. L'Etat est fort maintenant, et le fort est capable de tourner la page et de pardonner à ceux qui se sont égarés [...]. Je vous invite à m'aider à réaliser la Concorde nationale. » En s'inclinant devant toutes les victimes du terrorisme sans exception, il a ajouté : « La patrie ne considérera pas un enfant de cinq ans comme un criminel parce que son père a commis un crime. »

Bouteflika a également saisi l'occasion de la fête nationale du 5 juillet pour réhabiliter plusieurs figures historiques que Boumediene ou le FLN avaient méprisées, bannies, ou même fait assassiner, à commencer par le fondateur du nationalisme algérien, Messali Hadj, dont l'aéroport de Tlemcen, sa ville natale, porte désormais le nom. Il a honoré la mémoire d'hommes assassinés par les services de Boumediene, comme Abbane Ramdane, Mouhammad Khider, Krim Belkacem et Mouhammad Chaabani, en leur attribuant des décorations à titre posthume. Enfin, il s'est réconcilié avec Ahmed Ben Bella en lui rendant visite à son domicile, alors qu'il avait lui-même participé au coup d'Etat que Boumediene avait mené contre le premier président de la République algérienne en 1965. Il lui a attribué une place centrale à la tribune, lors du sommet de l'OUA.

Bouteflika a consacré sa première sortie en province à une ville de l'Est, Constantine (qui abrite la principale université islamique d'Algérie), à l'occasion de la commémoration des 2 500 ans de la fondation de la ville berbère de Cirta. Il a su répondre habilement aux attentes de la population locale. Sa visite, savamment organisée, comprenait quatre moments forts. Il s'est d'abord rendu dans la famille de l'imam Ben Badis, considéré comme l'un des fondateurs de l'identité islamique de l'Algérie. La famille de Ben Badis a offert au président le Coran personnel de l'imam, qu'il s'était procuré à Jeddah, il y a 88 ans, et qu'il avait annoté de ses propres mains. Le président prend le Livre sacré, l'admire et l'embrasse ! L'image était forte. Elle s'adressait à la frange islamique traditionnelle de la population. Puis, Bouteflika s'est rendu au stade

Hamlaoui, où Miss Cirta lui a offert un bouquet de fleurs. Cerine, une étudiante de dix-huit ans aux yeux bleus, venait d'être couronnée Miss Cirta pour le premier concours de beauté organisé dans ce fief de la tradition islamique. Le président l'a remerciée chaleureusement et l'a embrassée. Par ce geste, il s'adressait à la jeunesse moderne et « branchée ». Quand il a pris la parole devant des dizaines de milliers de personnes rassemblées au stade, il a commencé par citer un verset coranique, en rappelant aux Constantinois que leurs ancêtres avaient rayonné jusqu'à Toughourt dans le Sud et jusqu'à Tunis à l'Est. Il a évoqué leur « résistance pendant dix-sept ans aux envahisseurs français en 1830 » et la destitution par le colonisateur des deux muftis de la ville, qui étaient en relation avec l'émir Abdelkader, dans l'Ouest ; ainsi, il a fait d'une pierre deux coups : il a rappelé que la résistance était née dans l'Ouest (son pays natal) et a réhabilité l'émir, ce précurseur de la résistance qui n'avait pas eu la considération qu'il méritait auprès du FLN. Puis Bouteflika a rappelé dans un geste d'ouverture et de tolérance que la communauté juive de cette ville avait joué un rôle important pour préserver la culture et la tradition communes, bien qu'elle ait bénéficié de la nationalité française. Cet hommage a été réitéré à Oran, trois semaines plus tard. C'était le prélude à la poignée de mains échangée avec le Premier ministre israélien, Ehud Barak, lors des obsèques du roi du Maroc, le 25 juillet 1999. Le président, sans doute pressé de se substituer à Hassan II sur la scène politique israélo-arabe, a même déclaré à Ehud Barak : « Si vous avez besoin d'aide, nous sommes tout à fait prêts à vous aider », provoquant de la part des Etats-Unis un regain d'intérêt pour le nouveau président algérien.

Bouteflika sait pertinemment que ce même Abdelhamid Ben Badis, à qui il a rendu un hommage très appuyé à Constantine, écrivait dans l'éditorial du premier numéro d'*El Mountaked* (« le Critique ») du 2 juillet 1925 : « Le peuple algérien est un peuple faible et insuffisamment évolué. Il ressent le besoin d'être sous la protection d'une nation forte, juste et civilisée, qui lui permette de progresser dans la voie de la civilisation et du développement. De telles qualités, il les trouve dans la France, un pays auquel il se sent attaché par des liens d'intérêt et d'amitié. Notre action consiste à favoriser la compréhension entre les peuples algérien et français, à expliquer au gouvernement [français] les aspirations du peuple algérien, et à plaider pour les droits de celui-ci en toute sincérité et franchise[1]. » Mais il ne s'embarrasse pas de cette déclaration, qui va pourtant à l'encontre des valeurs de la lutte pour l'indépendance, puisqu'il veut imposer le grand pardon, renforcer l'union nationale et rassembler autour de lui l'ensemble des Algériens pour tourner la page de la guerre civile.

Bouteflika occupe tous les domaines de la vie politique et sociale. Où est passée l'opposition ? Elle est entièrement sonnée et reste sans voix. Le président ne fait rien pour la laisser s'exprimer, comme en témoignent les journaux télévisés du soir, qui, pendant une heure ou deux, ne font que reproduire les discours, faits et gestes du président, ou les télégrammes qu'il a reçus ou envoyés.

Bouteflika moderniste et manœuvrié

Le président algérien rompt avec ce qu'il considère comme la rigidité héritée d'un autre temps. Lors de sa campagne électorale, il a vivement interpellé les Algériens et a fustigé leur « médiocrité », les appelant à fournir les efforts nécessaires pour sortir le pays du sous-développement. Ses propos sont condescendants, souvent violents, parfois humiliants.

Cet homme qui est né au Maroc, où il a vécu jusqu'à l'âge de vingt-cinq ans, et qui a passé plus de temps à l'étranger que dans son pays, a compris que les seuls slogans nationalistes ne permettraient pas à l'Algérie de s'en sortir, à l'heure de la mondialisation. Il a affirmé, à maintes reprises, que les diplômes de l'université algérienne étaient aussi dévalués que le dinar algérien et a plaidé pour l'apprentissage des langues étrangères. A la veille du sommet de l'OUA, il a invité une vingtaine de directeurs et de rédacteurs en chef de médias internationaux et s'est

1. Cité par Mourad Benhachenhou, *op.cit.*, p. 149.

exprimé pendant plus de deux heures en français. Durant ce dialogue à bâtons rompus, transmis en direct par la télévision algérienne, Bouteflika répondait en français aux questions formulées en arabes par des journalistes arabes, qui parfois ne comprenaient pas la langue de Molière ! Evidemment, la multiplication des interventions en français a choqué les islamistes du *Hamas* et d'*Ennahda*, qui ont qualifié cette attitude d'anticonstitutionnelle. Mais les plus farouches partisans de la langue arabe au sein du FLN n'ont pas protesté, car ce parti s'aligne systématiquement sur les positions du président pour conserver sa place dans le gouvernement. D'une manière générale, Bouteflika veut briser les tabous. « L'Algérie est dans le monde et elle doit s'adapter aux problèmes qu'il pose. L'ouverture franche vis-à-vis des langues universelles [...] n'est pas un parjure [...]. Nous ne sommes ni plus arabes ni plus intelligents que nos frères du Maroc ou de Tunisie, d'Egypte, de Jordanie, de Syrie, du Liban, de Palestine ou d'ailleurs. [...] Le chauvinisme et le repli sur soi ne sont plus de mise. Ils sont stériles, ils sont destructeurs. »

Bouteflika est hanté par l'obsession du complot ou du moins feint d'y croire pour arracher des concessions à ses interlocuteurs. Pour accélérer le retour des vols d'Air France (suspendus depuis fin décembre 1994), il a comparé l'aéroport d'Alger à d'autres aéroports africains où des prises d'otages avaient eu lieu, comme Kampala ou Entebbé et il a accusé : « Nous constatons que la France cesse ses vols vers l'Algérie. Mieux, la France fait des démarches auprès des pays de Schengen pour que les aéroports algériens soient boycottés [...]. » Il a recouru à la même méthode pour obtenir que les visas accordés aux ressortissants de son pays ne soient plus traités à Nantes, comme c'est le cas depuis 1995, mais à Alger. Il estime que la France pratique l'attaque pour mieux se défendre, alors qu'en réalité c'est lui qui applique cette stratégie.

Dans le même esprit de suspicion obsessionnelle, Bouteflika a accusé l'Espagne de favoriser le trafic d'armes au profit des groupes islamistes, dans le cadre de vieux règlements de comptes avec l'Algérie. Il a rappelé qu'Alger, dans les années 70, avait manifesté sa solidarité avec les

Basques Espagnols qui avaient mené une campagne de violence.

A un journaliste français qui, à Crans Montana, l'interrogeait légitimement sur le sort des dirigeants du FIS, Madani et Benhajj, Bouteflika a répondu par des invectives : « J'aurais souhaité monsieur qu'en tant que journaliste français, vous posiez une question sur les relations entre l'Algérie et la France [...], mais il est de tradition que vous, Français, vous vous immisciez dans nos affaires intérieures, partant de l'idée que l'attaque est la meilleure défense possible (...). »

Et quand, par la suite, la correspondante d'*Al-Hayat* basée à Paris, Randa Takieddine, lui a posé une question tout aussi justifiée sur la visite de Jean-Pierre Chevènement à Alger (en juin 1999), Bouteflika a réagi injustement et s'est montré agressif : « Madame, je vous remercie de la répartition des rôles que vous avez si bien orchestrée avec votre confrère. Et comme j'avais eu l'occasion de vous rencontrer, je crois, à Paris, au faubourg Saint-Honoré, n'est-ce pas ? — vous voyez comme j'ai bonne mémoire — je pense que vous devez à l'hospitalité parisienne quelque gentillesse [...]. »

La tentation monarchique de Bouteflika

Bouteflika est habité par le désir de se montrer le plus intelligent, le plus brillant, l'homme à qui rien ne peut échapper. Le président algérien se croit investi d'une mission sacrée pour restaurer la grandeur de son pays. Il veut rassembler les Algériens et réhabiliter un pays qui saigne de partout. Il a lu et relu les livres concernant l'homme de l'Appel du 18 juin. Il n'a pas caché son admiration pour le Général quand il a déclaré, à Crans Montana : « Les Algériens sont narcissiques. Ils sont gaulliens. Tous les Algériens admirent le général de Gaulle, non seulement parce qu'il est un phénomène de l'histoire contemporaine et certainement l'une des plus grandes figures du XXe siècle, mais parce que le général de Gaulle aimait passionnément son pays. Et chaque Algérien aime le général de Gaulle parce que chaque Algérien en regardant de Gaulle aimerait être le de Gaulle de son pays. »

Fort de la haute estime qu'il a de lui-même, et s'appuyant sur une constitution qui accorde au président des prérogatives bien supérieures à celles de tous ses homologues dans le monde, Bouteflika voudrait remplir le rôle d'un monarque éclairé et être seul maître à bord. Il a royalement ignoré pendant deux mois le gouvernement dont il a hérité, refusant même de présider le Conseil des ministres. Lors de sa première participation au Conseil, le 28 juin 1999, il a renvoyé, en dix minutes, le ministre de la Communication, Abdelaziz Rehabi, accusé de connivence avec la presse. Quatorze hauts fonctionnaires en poste à la présidence ont été congédiés de façon humiliante et vingt-deux *walis* (préfets) ont subi le même sort. Les ministres et hauts fonctionnaires tremblent devant le président, capable de colères retentissantes et de décisions sans appel, exécutoires sur-le-champ. Cette méthode expéditive permettra-t-elle de réduire la corruption et les abus de pouvoir ?

Mais Bouteflika n'a pas les moyens d'exercer ce pouvoir, puisqu'il n'a pas de réelle maîtrise de l'armée. Il espère acquérir, grâce à ses prestations médiatiques, à ses succès diplomatiques et au référendum de légitimation, une autorité suffisante pour prendre les rênes du pouvoir et réduire toutes les résistances susceptibles de s'exprimer.

Tout au long des mois de juin et de juillet 1999, il a eu recours au chantage, en menaçant de rentrer chez lui, pensant donner ainsi plus de poids au message de rupture qu'il adressait au pays.

La promesse d'une rupture non tenue

Les relations entre Bouteflika et l'armée sont complexes. Sans elle, il ne serait pas président ; c'est l'armée, et particulièrement quelques puissants officiers à la retraite et leurs homologues dans l'armée active, notamment au sein de la SM, qui ont fait appel à lui et l'ont soutenu. L'armée cherchait un civil fiable, doté d'une légitimité politique. Elle était échaudée par l'expérience de

Zéroual qu'elle avait choisi pour occuper simplement les devants de la scène. L'ex-président avait cru un moment qu'il était devenu roi grâce à une élection trafiquée et avait manifesté la volonté de s'émanciper de l'armée et d'exercer le pouvoir ; il a été renvoyé. Mais l'armée ne voulait pas non plus rééditer l'expérience du président Boudiaf qui, à peine installé, avait cherché à s'attaquer à la mafia politico-financière et à mener une opération « mains propres » d'envergure, qui aurait conduit les hautes sphères de l'armée et de l'administration en prison. Si l'on en croit le récit de l'assassinat de Boudiaf, présenté par le Mouvement algérien des officiers libres (MAOL) [1] comme un véritable roman d'espionnage, c'est l'armée qui aurait exécuté le président, qui tentait d'échapper complètement à son contrôle.

« Boudiaf commença par prendre certaines libertés et par placer ses amis fidèles à tous les échelons du pouvoir [...]. » Il fut alors mis « sous écoute permanente et surveillé de très près : les contacts de Boudiaf étaient aussitôt identifiés et neutralisés "si nécessaire". Doté d'un caractère têtu, Boudiaf surprit tout le monde en décidant de rejuger le général Belloucif [l'ancien secrétaire général du ministère de la Défense, condamné à la prison ferme] [...], après des consultations secrètes avec Kasdi Merbah [l'ancien chef des services algériens] [...], l'un des hommes les mieux informés de la situation algérienne [...]. Le peuple algérien demandait des comptes et réclamait justice pour les victimes d'octobre 1988 [...]. Kasdi Merbah avait présenté à Boudiaf un dossier de plus de trois cents pages sur les activités de certains hommes au pouvoir. Merbah avait même recommandé au président les noms de certains officiers pour entreprendre cette grande opération

1. La prudence s'impose au sujet du MAOL. Beaucoup de questions demeurent sans réponse, en ce qui concerne l'identité de ce mouvement, sa représentativité, ses relais en Algérie, voire les sympathies dont il bénéficierait au sein du régime. Par ailleurs, on peut s'interroger sur les protections dont il dispose en Occident, pour se déplacer sans risques et organiser une communication qui nuit gravement à l'armée algérienne. En dépit de ces réserves, les communiqués de cette organisation restent d'un grand intérêt, s'agissant d'un pays où l'opacité est la règle. En outre, sa littérature, parfois prétentieuse, est bien plus crédible que la platitude des communiqués officiels.

de nettoyage. Boudiaf avait ainsi pu choisir comme chef de mission un officier supérieur des services de la DRS, [...] le colonel Mourad. Celui-ci présenta au président un rapport préliminaire qui donnait un aperçu de l'étendue de la corruption et de l'influence de la mafia "politico-financière" en Algérie [...]. Sachant que les personnes mises en cause possédaient des comptes bien garnis à l'étranger, surtout en Suisse et en France, le colonel Mourad fut chargé par Boudiaf de faire des investigations sur ces détournements et d'examiner comment on pourrait récupérer au moins une partie de cet argent [...]. Le colonel Mourad et trois de ses collaborateurs se rendirent à Paris. Ils furent reçus par leurs homologues à Matignon. Le but du voyage était d'avoir des détails sur les comptes bancaires de certains hauts fonctionnaires algériens [...]. Le voyage du colonel Mourad et de ses collaborateurs fut un échec, car le refus de la justice française d'accorder une levée sur la confidentialité des comptes bancaires des personnes mises en cause était sans appel. Une semaine après le retour du colonel Mourad à Alger, celui-ci fut retrouvé mort à Bachdjarah avec trois balles dans le cou. C'était bien sûr les terroristes qui l'avaient abattu, (selon la version officielle) ; des trois autres militaires qui l'avaient accompagné à Paris [...] aucun ne survécut : ils furent tous abattus par des terroristes dans la quinzaine qui suivit. Ils eurent quand même droit aux honneurs militaires lors de leurs funérailles. Boudiaf fut hors de lui lorsqu'il apprit la mort du colonel Mourad, et il finit par comprendre à qui il avait affaire, ce qui le décida à laisser tomber ce poste maudit et à rentrer chez lui au Maroc sans avertir personne. C'était la première fois qu'un président algérien abandonnait son poste au milieu de la nuit. Boudiaf avait donné trop de coups dans la fourmilière de la mafia algérienne ; beaucoup de têtes allaient tomber si les mesures qu'il avait prises étaient mises à exécution [...]. Au début du mois de juin 1992, lors d'une réunion nocturne des généraux [...] à Sidi Fredj, l'hypothèse de la liquidation physique du président s'imposa comme la seule solution au "problème Boudiaf", d'autant plus que ce dernier venait juste de revenir du Maroc pour réintégrer son poste de président, après le voyage qu'avaient fait plusieurs responsables algériens pour le persuader de continuer à servir son pays. Une semaine avant le meurtre du président Boudiaf tous les dossiers qu'il avait constitués furent dérobés durant la nuit, dans son bureau à la présidence [...]. L'heure était grave et le temps pressait ; il fallait tout faire pour arrêter Boudiaf [...]. Le scénario islamiste ne fut pas retenu pour des raisons de confidentialité. En effet, l'utilisation d'agents islamistes n'aurait pas pu garantir la discrétion absolue de l'opération, et le résultat aurait été incertain à cause de l'efficacité des éléments du SSP [service de la sécurité présidentielle] et du GIS [groupe d'intervention spéciale]. La seule manière d'obtenir un résultat assuré était de monter une opération de l'intérieur : un tireur isolé qui agirait de son propre chef [...] ; ils pourraient dire à la limite que l'assassin était un déséquilibré mental et ainsi classer l'affaire [...] ». Le sous-lieutenant Boumaarafi fut alors sélectionné et préparé « pour purifier la patrie des traîtres qui voulaient détruire et vendre tout le pays. La veille de l'opération, un problème de dernière minute faillit presque tout gâcher ; le commandant Hamou[1] [le chef du GIS] n'avait pas désigné le sous-lieutenant Boumaarafi pour faire partie de la mission de Annaba [...] ». Un officier supérieur, « mis au courant des partants pour Annaba, appela Hamou pour lui ordonner d'émettre un ordre de mission individuel à Boumaarafi [...]. Hamou émit des réserves quant à l'efficacité de cet agent, mais il finit par céder devant l'insistance de son chef. »

« Au moment où toute l'attention du public était portée sur le discours du Vieux révolutionnaire [Boudiaf], une première petite explosion retentit dans la salle [...]. Boumaarafi venait de dégoupiller sa grenade et de la faire rouler sous le rideau ; il surgit au même moment, tirant une première rafale, pour faire diversion. Les hommes du SSP et du GIS avaient cru à une attaque extérieure en voyant Boumaarafi tirer, mais celui-ci pointa son pistolet mitrailleur à bout

1. Il commande aujourd'hui la garde présidentielle du président tchadien Idriss Déby.

portant sur la tête du président Boudiaf, tirant une longue rafale. Tout le monde fut pris de panique et les hommes du SSP commencèrent à tirer vers le rideau [...]. La seule image que tout le monde garda en mémoire fut la fuite de Boumaarafi vers la porte arrière de la salle devant laquelle se trouvait le lieutenant Yacine, sans même que ce dernier comprenne ce qui se passait. Le peuple algérien venait de suivre en direct la liquidation de son président ; on avait de la peine à croire que cela se passait en Algérie. Une fois dans l'arrière-cour, Boumaarafi enjamba en toute hâte un mur de presque deux mètres de haut. Seuls quelques policiers au loin et quelques passants purent voir cette scène. Il se dirigea ensuite vers l'immeuble le plus proche, et au rez-de-chaussée il frappa à la porte du premier appartement qu'il trouva ; une jeune femme lui ouvrit la porte, sans doute impressionnée par la tenue et l'arme de Boumaarafi, croyant à une descente de police. La seule chose que Boumaarafi lui demanda fut d'appeler la police et de lui dire que le tueur du président voulait se rendre. La police se rendit assez vite à l'adresse indiquée. Les chefs du GIS et du SSP furent prévenus par le chef de la sûreté de la Wilaya de l'arrestation de Boumaarafi qui s'était rendu sans résistance. Au même moment et dans une confusion totale, le président était conduit dans une ambulance mal équipée et sans médecin vers un hôpital qu'on n'arrivait même pas à trouver. Le président était très gravement touché et la mort fut presque instantanée : une décérébration aiguë fut causée par les nombreuses balles qui avaient touché son cerveau. Une commission nationale d'enquête fut installée en toute hâte le 4 juillet 1992 par le Haut Conseil d'Etat ; elle était composée de personnalités triées sur le volet par les généraux concernés. Elle comprenait MM. Belhocine Mabrouk, Ahmed Bouchaib, M'hamed Ferhat, Youssef Fathallah, Kamel Rezag Bara et Allel Thaaliby. A l'issue de la première réunion de cette commission, Ahmed Bouchaib (un ami intime de Boudiaf) [...] fut nommé président, et Kamel Rezag Bara rapporteur. De nombreuses divergences se manifestèrent au sein de la commission d'enquête, ainsi que des différends profonds pour la désignation des vrais coupables. Les différents membres avaient tous cédé aux pressions et aux intimidations des généraux, sauf Youssef Fathallah qui refusa jusqu'à la dernière minute de signer le rapport final, dans lequel il voulait mentionner la responsabilité des dirigeants des corps de sécurité et demander leur démission comme conséquence logique du drame [...]. Le meurtre de Youcef Fathallah (dans son bureau de la place Emir Abdelkader) est survenu un an et demi plus tard, lorsque ce dernier commença à écrire son propre rapport sur l'affaire Boudiaf. Son bureau a été fouillé, sans doute pour rechercher des documents ou un manuscrit. Une question posée à Boumaarafi par la commission d'enquête restait sans reponse : "Pourquoi n'êtes-vous pas resté sur les lieux du crime après votre acte, et pourquoi vous êtes-vous rendu dix minutes après au service de police ?" Ce n'est pas Boumaarafi qui apporta la réponse à cette question, mais l'un de ses collègues du GIS, le sergent chef Kamel Aidoun [...]. Celui-ci avait reçu une semaine avant le drame la mission suivante [...] : "En raison des soupçons qui entourent la loyauté de Boumaarafi, tu as carte blanche pour le liquider à la moindre faute." Le bilan de l'"opération Boudiaf" fut lourd en vies humaines ; plus d'une vingtaine de personnes au total furent liquidées [...] pour protéger le grand secret, sans oublier l'assassinat de Kasdi Merbah qui avait décidé de rendre publiques les raisons de l'assassinat de Boudiaf [...]. Il va sans dire que le massacre de Serkadji [1], qui a coûté la vie à près de deux cents personnes, en février 1995, était directement lié à la volonté d'étouffer l'une des dernières preuves [...] du meurtre d'un des symboles de la révolution. Condamné en juin 1995 à la peine capitale, Lembarek Boumaarafi est actuellement incarcéré à la prison militaire de Blida. L'exécution de sa peine est suspendue pour le moment [...].

Quant au compte rendu du rapport de la commission nationale d'enquête, il n'apporte aucun élément crédible et se contente d'accuser des lampistes, sans chercher les véritables commanditaires. Il constate que "l'auteur matériel

1. La prison où était emprisonné le sous-lieutenant Boumaarafi, avant son transfert à la prison militaire de Blida.

de l'assassinat du président Mouhammad Boudiaf est bien le sous-lieutenant Boumaarafi Lembarek dit Abdelhak, membre du GIS [...]. L'auteur matériel du crime a depuis le début tenté de justifier son action par des considérations tirées de ses convictions religieuses [...]. Il dit être favorable à l'utilisation de la violence pour supprimer l'injustice et les oppresseurs [...]. Cependant, cette thèse d'une action isolée ne nous paraît pas des plus vraisemblables. Boumaarafi invoque le *djihad* et le martyre. Mais en réalité, il tient un discours plus politique que religieux et il ne présente nullement le profil d'un *moussebel* [fou] ou d'un kamikaze. Si l'assassin a constamment affirmé avoir agi seul et s'il a insisté sur ses mobiles, tirés de ses convictions religieuses, il n'en demeure pas moins que les négligences, les défaillances, les lacunes et le laisser-aller que nous avons révélés à tous les niveaux des services qui ont prévu la visite du président à Annaba, organisé son déroulement et assuré la sécurité présidentielle ont constitué, de manière directe ou indirecte, des éléments qui ont facilité objectivement l'organisation du crime. A ce stade de l'enquête, la commission retient la thèse de négligences coupables et criminelles" [...]. »

Dans ses mémoires, le général Khaled Nezzar s'est employé à dégager toute responsabilité de l'armée dans l'assassinat du président, tout en accusant d'incompétence un conseiller de Boudiaf qui avait été chargé d'organiser la visite présidentielle, Hocine Bendjoudi. Mais l'ancien secrétaire général du FLN, Abdelhamid Mehri, fait une analyse différente de cette exécution : « Le président Boudiaf n'était pas un homme à se satisfaire d'un rôle de figurant. Ceux qui l'ont amené au pouvoir ignoraient sa vraie nature. Sa volonté de s'acquitter des devoirs d'un président responsable lui a attiré des problèmes, et a peut-être même provoqué son assassinat[1]. »

Le président Bouteflika n'ignore pas les tenants et les aboutissants de l'assassinat de son prédécesseur. Il a sans doute tiré les enseignements de ce précédent et n'ordonnera jamais la réouverture de ce procès, d'autant plus que

1. *Al Jazira*, 17 novembre 1999.

les militaires mis en cause par le MAOL sont toujours en poste et sont plus puissants que jamais. Il doit calculer exactement la marge de manœuvre dont il dispose.

Pourtant, Bouteflika a fini par dénoncer, dans son discours de Jijel de la fin août 1999, la quinzaine d'hommes qui se sont substitués à l'Etat dans le contrôle des monopoles du café, du sucre, des médicaments, du rond à béton, etc. En évoquant cette mafia relativement jeune comme sa consœur russe, donc imprévisible puisqu'elle n'a pas de traditions établies, le président a pris des risques énormes, d'autant plus que les bénéficiaires de ces marchés captifs sont de puissants militaires dans l'armée active ou à la retraite, qui opèrent à l'abri de prête-noms.

Le président algérien ne semble pas pouvoir compter sur un corps de généraux influents dans l'armée active. Les officiers supérieurs qui forment son conseil à la présidence ne détiennent pas le pouvoir réel au sein de l'institution militaire. A l'instar du général Bétchine, l'ex-bras droit du président Zéroual, ils sont fortement suspectés par la haute hiérarchie militaire et n'apportent pas à Bouteflika le soutien dont il a besoin. Il semble dès lors impossible que le président devienne le véritable chef de cette institution.

Bouteflika est soumis à de multiples contraintes qui entravent son action. Les hommes qui détiennent les postes stratégiques à l'état-major sont quasiment immuables depuis le début des années 90, alors que bien des gouvernements et des présidents se sont succédé depuis cette date. Certes, le changement des cadres de l'armée pourrait être accéléré par le biais de fuites et de révélations compromettantes, car la guerre civile a été propice aux excès et à l'arbitraire. Mais l'état-major de l'armée s'est montré très solidaire face à un président qui se veut hégémonique et qui manifeste un grand appétit de pouvoir, et le recours à cette méthode, qui a été testée efficacement lors de la « guerre des généraux » au cours de l'été 1998, entraînant la démission de Bétchine puis celle de Zéroual, ne serait pas toléré de la part d'un civil, fût-il président de la République. Le véritable pouvoir demeure toujours confisqué par les généraux.

Au lendemain du référendum du 16 septembre — la onzième consultation populaire en onze ans — qui a été assimilé à un plébiscite puisque les chiffres officiels ont annoncé un taux de participation de 85,06 % et une approbation de la Concorde civile par 98,63 % des votants, les mauvaises nouvelles pour le président se sont succédé. Au lieu de s'émanciper de l'emprise des généraux, il a été rappelé à l'ordre par ces derniers. Selon un hebdomadaire arabe, ils se seraient rendus au palais pour fixer au président les limites à ne pas franchir, notamment en ce qui concerne la mouvance islamiste, le maintien de l'équilibre institutionnel, et les relations avec Rabat... Selon plusieurs sources dignes de foi, Bouteflika aurait annoncé à l'un des piliers de l'armée son prochain départ à la retraite, mais aucun des officiers pressentis n'a eu l'audace de remplacer son collègue congédié. L'état-major a adressé au président un message sans équivoque, lui affirmant que l'armée demeurerait solidaire du président qu'elle s'était choisi, mais que les manœuvres de ce dernier, consisitant à s'appuyer sur les uns pour se débarrasser des autres, afin d'installer ses hommes de confiance au pouvoir et devenir le seul maître à bord, étaient vouées à l'échec.

Bouteflika devrait-il compter sur le renouvellement des générations pour tenter d'imposer ses partisans à la tête de l'armée et s'efforcer de démanteler le « Cabinet noir » — évoqué par le dirigeant FLN Mouhammad Yazid, qui réunit en son sein la « junte informelle » composée de généraux en activité et d'autres à la retraite — ou tout au moins de le transférer à la présidence ? Mais le président se veut le protecteur de l'armée, interdisant qu'on lui demande des comptes pour les dépassements qu'elle a commis ; c'est l'engagement qu'il a contracté auprès de l'état-major, avant d'accéder au palais d'Al-Mouradiya. A un ministre français, il a confié : « Ils devront me passer sur le corps avant de pouvoir s'attaquer à l'armée. » Lors de l'assemblée générale annuelle de l'ONU, à New York, Bouteflika s'est ouvertement opposé à toute « ingérence humanitaire » en Afrique, afin de protéger l'armée algérienne de toute incursion de la justice internationale. Car les officiers algériens redoutent le développement d'une juridiction internationale et s'inquiètent de voir les familles des victimes solliciter l'ouverture d'enquêtes et demander des comptes sur les crimes, les tortures et les disparitions qui se sont produits tout au long de la guerre. Le cas du général Pinochet, inculpé et retenu à Londres pendant de longs mois, est sérieusement médité à Alger. Et la Cour pénale internationale (CPI), créée par le traité de Rome qui a été signé le 18 juillet 1998, entrera en vigueur dès que ce traité sera ratifié par soixante des quelque cent vingt pays signataires.

En quelques mois, Bouteflika a annulé le passif du régime, afin de le réhabiliter et de repartir sur de nouvelles bases. Il a tenu un discours d'opposant pour élargir la base sociale de son régime et vaincre l'opposition sur son propre terrain. Il a concédé que la violence avait fait plus de 100 000 morts, alors que l'ancien Premier ministre Ouyahyia n'avait reconnu que 26 500 morts et 21 000 blessés. Il a officialisé l'accord intervenu entre l'AIS et l'armée. Il a réhabilité la plate-forme de Sant'Egidio, en adoptant la position de l'opposition, qui y voyait, depuis 1995, la solution à la crise. Enfin, il a condamné aussi bien « les intégristes islamistes que les intégristes éradicateurs [ceux qui plaident pour l'élimination physique des islamistes] ».

Mais le parcours de Bouteflika est semé d'embûches et l'alliance qu'il a passée avec l'armée repose sur un malentendu. Dans leur entente secrète qui a précédé la candidature de Bouteflika, l'armée et le futur président ont dû laisser des zones d'ombre sur leurs rapports à venir. Chaque partie a estimé que le temps jouerait en sa faveur et qu'elle tenterait, le moment venu, d'infléchir l'accord dans un sens favorable à ses intérêts. Mais le conflit a rapidement éclaté, lorsqu'il s'est agi de savoir qui était le véritable chef et quelle était l'étendue de ses prérogatives. A la mésentente entre les hommes s'ajoute le manque de confiance des généraux dans les civils en général. Les chefs de l'armée tiennent à contrôler directement le domaine politico-juridique et refusent de confier leur avenir à une personne qui pourrait les sacrifier sur l'autel de la paix, du rétablissement d'un Etat de droit et de la place de l'Algérie sur la scène internationale. Ils veulent conserver leurs privilèges et veillent sur l'argent de la rente pétrolière et sur les « monopoles privés » que Bouteflika a dénoncés. Enfin, ils considèrent que les hommes politiques ne font que passer, alors que l'armée représente la permanence de l'autorité et doit donc conserver sa primauté sur toutes les autres institutions. L'armée semble proposer au président le marché suivant : vous représentez la vitrine du pays en tant que porte-parole du régime ; nous incarnons sa continuité stratégique et veillons sur son fonctionnement.

Le président, qui a cherché de façon évidente à s'émanciper de l'armée, a prévenu qu'il ne se satisferait pas de cautionner une politique qui n'est pas exclusivement la sienne. Il a déclaré à maintes reprises qu'il refusait d'être une « cerise sur le gâteau » ou de remplir le rôle d'un « trois-quarts président ». Cela conduit à poser deux questions simples : combien de temps le président Bouteflika pourra-t-il rester à la tête de l'Etat, et de quelle façon un terme pourrait-il être mis à son mandat ? Depuis le référendum plébiscite de septembre, de multiples dysfonctionnements sont apparus au sein du régime ; Bouteflika, qui a été élu en avril, n'a réussi à former son premier gouvernement que huit mois après son élection ; toute la politique prônée au sujet du FIS ou de la lutte anti-corruption est restée lettre morte et la politique étrangère, notamment en ce qui concerne les relations avec le Maroc, a été contrariée... Tout cela a gravement nui à la crédibilité du président.

Le premier gouvernement de Bouteflika, qui est le « gouvernement de l'armée » plus que celui du président, a déçu tous ceux qui avaient cru au changement promis par le président. Il comprend plusieurs ministres connus pour leur corruption, alors que le président a bâti sa popularité sur la promesse de lutter contre ce fléau. Le cas le plus flagrant est celui du seul ministre d'Etat, le ministre de la Justice Ahmed Ouyahyia, l'homme le plus détesté d'Algérie, selon les termes de plusieurs quotidiens du pays. Il s'était illustré, à la tête du gouvernement (1996-1999), en organisant une fraude électorale massive et en faisant incarcérer, pour de longues durées et sans jugement, des milliers de cadres gestionnaires des entreprises publiques.

C'est l'armée qui l'a placé à ce poste stratégique qui doit lui servir de tremplin pour la future élection présidentielle. Le président est averti. D'ailleurs, il a cessé de brandir ses menaces de démissionner, dès octobre 1999, en apprenant que l'armée était prête à le prendre au mot.

Ce mécontentement a été brillamment exprimé dans un éditorial de Nadia Mehdid, une journaliste algérienne à Londres : « La constitution du gouvernement n'a pas été conforme au discours du président [...]. Elle s'est distinguée par un conservatisme qui a marginalisé les jeunes et qui a écarté totalement les femmes [...], alors même que les statistiques algériennes montrent leur supériorité académique [1]. »

La voie de la réconciliation semble longue. Elle exige une diminution progressive de la violence, qui durera peut-être aussi longtemps que les années de guerre civile, avant que la paix soit entièrement rétablie. Car dans l'Algérie profonde, la dette de sang ne s'oublie pas facilement. Et les 200 000 à 300 000 « patriotes », qui cherchent à maintenir le *statu quo* pour préserver leurs prérogatives, peuvent constituer un véritable obstacle à la paix, sans oublier les tenants des doctrines *salafite, djihadiste* ou *takfiriste* des différents courants du GIA, ni la permanence des difficultés socio-économiques, susceptibles d'alimenter une nouvelle révolte, et enfin les rivalités au sein du régime entre le pouvoir apparent et le pouvoir réel.

Bouteflika a commencé son mandat en fanfare. Il a acquis la reconnaissance arabe, africaine et internationale la plus importante depuis Boumediene, et a fait de l'économie sa priorité, en plaidant pour l'arrivée des investisseurs étrangers. Avec lui, l'Algérie a désormais un dirigeant expérimenté qui défend un projet ambitieux. Toute la question est de savoir si le nouveau président algérien pourra disposer un jour des prérogatives nécessaires à l'assainissement et à la modernisation du pays, ou s'il était condamné dès le début à se conformer à la stratégie des généraux qui l'ont appelé pour donner une nouvelle virginité à leur pouvoir.

---

1. *Al-Chark Al-Awssat,* 08 janvier 1999.

Conscient des risques éventuels qui pèsent sur sa vie, d'autant plus qu'il multiplie les apparitions publiques et les bains de foule, Bouteflika, *alias* Si Abdelkader, de son nom de guerre, a dit à ceux qui le mettaient en garde contre ces contacts répétés avec la population : « Je serais heureux de mourir pour l'Algérie », ou encore : « J'ai consacré ma jeunesse à mon pays, je suis prêt à lui offrir le temps qui me reste à vivre. »

CHAPITRE V

LE POUVOIR EGYPTIEN ENTRETIENT ET RÉPRIME ALTERNATIVEMENT L'ISLAMISME

Le 6 octobre 1981, le monde a appris avec stupéfaction la nouvelle de l'assassinat du président égyptien Anouar Sadate, au cours d'une parade militaire commémorant la victoire égyptienne lors de la guerre du *Kippour* en 1973. Le 7 octobre, plus d'une centaine de policiers sont tombés à Assiout, en Haute-Egypte, sous les balles des islamistes qui se sont emparés de la ville le lendemain. Du haut de la tribune d'honneur, le Raïs célébrait fièrement le seul succès des armées égyptiennes et syriennes contre Israël, au cours des premiers jours de combat, en octobre 1973. Cette victoire avait permis de sauver l'honneur des Arabes, maintes fois humiliés par la petite armée de l'Etat hébreu. L'armée égyptienne avait réussi à franchir le canal de Suez et à reprendre pied au Sinaï. Dans l'imagerie populaire, cet exploit n'avait pas été terni par le succès de la contre-offensive de Tsahal, commandée par le général israélien Ariel Sharon, qui était parvenu à prendre position à l'ouest du canal et à encercler la troisième armée de Sadate. Mais l'embargo décrété par les pays arabes exportateurs de pétrole, sous l'égide de l'Arabie Saoudite, a contraint l'Occident à faire stopper net l'offensive très prometteuse de Tsahal. Les accords de Camp David de 1979 ont restitué le désert du Sinaï à l'Egypte et ont débouché sur un traité de paix entre les deux voisins.

Le 17 novembre 1997, le monde a découvert avec horreur que cinquante-huit touristes étrangers avaient été sauvagement assassinés sur les marches du temple de Hatshepsout dans la Vallée des Reines, à quelques kilomètres du site touristique de Louxor. Les meurtriers avaient éventré et démembré certaines de leurs victimes.

Ces deux tueries, qui ont ensanglanté l'Egypte, ont été commises par des mouvements islamistes « révolutionnaires », le *Djihad islamique* et la *Geama'a islamiyya*. En seize ans, il y a eu plus de 2 000 morts parmi les terroristes, les forces de sécurité, la population civile et les touristes dont une petite centaine ont perdu la vie. Ces deux mouvements extrémistes se sont inspirés des enseignements de la confrérie des Frères musulmans qui représente la première source doctrinale et la première force organisationnelle du militantisme islamique au XXe siècle et ont essentiellement puisé leur idéologie dans les écrits subversifs de Sayyéd Qutb (1906-1966).

La *Geama'a* s'est introduite dans l'Université au cours des années 70 en remportant les élections dans plusieurs facultés. Au début de l'année 1980, la rencontre entre l'émir de la *Geama'a,* Karam Zouhdi et Mouhammad Faraj, l'auteur de *L'Impératif occulté,* un livre qui appelle au *djihad*, et le cheikh Omar Abdelrahmane, qui enseignait à l'université *Al Azhar*, a fait basculer le mouvement estudiantin dans la violence.

L'islam politique en Egypte est né avec la confrérie des Frères musulmans, créée par le fils d'un horloger pieux, Hassan Al-Banna (1902-1949), à Ismaïlya en mars 1928, quatre ans après que Kamal Atatürk eut aboli le califat en Turquie. Cette appellation est sans doute inspirée des « Frères » saoudiens, qui avaient constitué l'armée conquérante de Abdelaziz Ibn Saoud au début du XXe siècle. La doctrine des Frères musulmans, qui s'inspire du *salafisme,* est réformiste et globalisante. Elle embrasse l'ensemble des activités humaines (sociales, politiques, spirituelles) et s'adresse à la *Oumma*. Elle est organisée de façon pyramidale sous les ordres d'un Guide, assisté d'un *Majliss Choura* (un Conseil consultatif), qui dirige des organisations sociales de masse. Une branche armée secrète a coexisté, dans ses débuts, avec la structure politique officielle ; c'est le visage caché des Frères musulmans, incarné par *Al Jihaz Al Khass* (le Service spécial). Dès leur fondation, les Frères musulmans ont eu recours aux assassinats politiques, éveillant la suspicion légitime du régime.

Ils ont rapidement réussi à installer des permanences dans les différentes préfectures égyptiennes et, dix ans après leur création, ils avaient infiltré le tissu social égyptien dans toutes les régions et dans tous les secteurs socio-professionnels, et avaient créé une section féminine pour les Sœurs musulmanes.

Lors des élections parlementaires de 1942, les Frères musulmans ont participé à tous les débats politiques. Le haut-commissaire britannique [1] s'en est inquiété auprès du pouvoir égyptien, qui a exercé des pressions sur la confrérie. En 1947, ils ont rejeté la résolution de partage de la Palestine adoptée par l'ONU et ont entamé des préparatifs pour mener « la guerre contre les Anglais et les Juifs ». L'année suivante, Al-Banna, le fondateur de cette organisation, a été accusé d'avoir commandité l'assassinat du juge Ahmed Khazandar et du Premier ministre Mahmoud Nakrachi Bacha ; il a finalement été acquitté mais la confrérie a été dissoute et ses biens confisqués. En février 1949, Hassan Al-Banna a été assassiné au Caire par les agents du roi, devant le siège de l'association des Jeunes musulmans ; transporté à l'hôpital Kasr el-Aïni, il a été privé de soins et a succombé à une hémorragie.

Bien enracinés dans la société égyptienne, les Frères musulmans ont survécu à la disparition de leur fondateur et ont désigné, en 1951, Hassan Al Houdaïbi pour lui succéder. Ils sont restés une force incontournable dans la vie politique égyptienne. Après la Révolution, sous le régime de Jamal Abdel Nasser (1954-1970), ils ont connu un mouvement incessant entre la collaboration, la prison et l'exil.

L'histoire des relations tumultueuses entre le pouvoir politique et la confrérie souligne l'incohérence des gouvernements, uniquement préoccupés par leur survie et maniant successivement la répression du courant islamiste et son intégration dans la vie politique. L'Etat a systémati-

1. La Grande-Bretagne a occupé l'Egypte à partir de 1882. Son protectorat s'est poursuivi jusqu'en 1922, date à laquelle le gouvernement britanique a reconnu son indépendance, tout en poursuivant une politique d'ingérence jusqu'au coup d'Etat des Officiers libres, le 23 juillet 1952.

quement réprimé les islamistes, mais il n'a pas affiché de projet politique, social ou identitaire satisfaisant et, jusqu'en 1977 — date de la visite du président Sadate à Jérusalem —, le régime consacrait tous ses efforts à la lutte contre « l'ennemi sioniste ».

En l'absence d'un clergé islamique autonome qui incarne une autorité incontestable et universellement reconnue par les croyants, l'Etat s'est trouvé confronté à des mouvements très éclatés, dont l'activité s'étend de l'appel à la piété jusqu'à l'exercice de la violence et du terrorisme. Il s'est souvent appuyé sur les Frères musulmans pour compenser ses faiblesses et dissimuler son déficit de soutien populaire. La Confrérie a su exploiter habilement la situation de délabrement socio-économique, grâce à un encadrement efficace et à des prédicateurs de talent. Elle a ajouté à sa dimension de solidarité religieuse une vocation d'entraide sociale et de perfectionnement politique des cadres.

Collusions avec les islamistes

La vie politique égyptienne se caractérise par une bipolarité exemplaire, soulignée par un chercheur cairote spécialisé dans les mouvements islamistes, entre « les mouvements islamistes politiques, qu'ils soient réformistes ou révolutionnaires et l'institution qui exerce le pouvoir[1] ». Tout en reconnaissant que les mouvements islamistes sont issus des mêmes racines que les Frères musulmans et se sont inspirés d'eux, il estime qu'ils sont incontournables dans la société égyptienne, puisqu'ils représentent, aux côtés du pouvoir, la principale force politique du pays.

Le professeur Nasr Hamed Abou Zeïd[2], un intellectuel égyptien spécialiste de l'islam, distingue quatre forces poli-

1. Rifaat Sayyéd Ahmed est directeur du Centre Yafa des études et des recherches, au Caire. Lire son enquête dans *Al Hayat* des 12 et 13 décembre 1997.

2. Abou Zeïd a été condamné par un tribunal de son pays à la séparation d'avec son épouse pour apostasie et s'est exilé aux Pays-Bas, à l'issue d'un procès engagé par un ouléma qui a joué le rôle d'un procureur islamiste autoproclamé et sans qu'aucune charge n'ait été retenue. Je remercie très chaleureusement le professeur Abou Zeïd pour le temps qu'il m'a consacré et pour ses précieuses explications.

tiques en Egypte : le pouvoir, l'islam officiel de l'université d'*Al Azhar*, l'islam d'opposition et les diverses autres forces politiques. L'alliance entre le régime et *Al Azhar* a été une constante en Egypte. Le gouvernement de la Révolution des officiers libres de 1952 avait cherché à asseoir sa légitimité à l'intérieur de la célèbre université, laquelle s'est accommodée de l'idéologie social-nationaliste. Les putschistes de 1952, qui avaient dissous tous les partis politiques, avaient épargné l'« association » des Frères musulmans. Et quand Nasser a décidé de réprimer cette organisation, il a été contraint de recevoir l'autorisation d'*Al Azhar*, en lui faisant de nouvelles concessions. Après avoir vainement tenté de les utiliser[1], Nasser a accusé les Frères musulmans d'avoir cherché à l'assassiner pour arrêter leur guide et condamner sept de leurs dirigeants à la peine capitale ; six ont été exécutés en décembre 1954, et la peine de mort prononcée contre leur guide a été commuée en une peine de prison à perpétuité en raison de son âge avancé. En 1957, la répression s'est abattue sur les Frères qui étaient détenus au bagne de Torra et avaient fait la grève des travaux forcés ; ils ont été mitraillés. Vingt et un Frères y ont laissé la vie. Tout au long des années 60, Nasser a mené une répression très sévère contre la confrérie ; en 1965, 30 000 de leurs militants ont été appréhendés et emprisonnés et leur principal idéologue, Sayyéd

1. L'un des membres du Conseil des Frères musulmans, Saleh Abou Raquik, témoigne des relations perverses qu'entretenait le régime policier de Nasser avec les Frères musulmans. Il écrit qu'en 1954 le pouvoir avait fait arrêter la direction de la Confrérie, accusée dans un communiqué du Conseil de la Révolution d'avoir pris contact avec les Britaniques pour renverser le gouvernement. « Ils nous ont accusés de commettre la haute trahison. En mars, lorsque éclata la crise [au sein du Conseil de la Révolution] entre le Premier ministre Nasser et le président Mouhammad Naguib, le premier a dépêché à notre prison le ministre des Affaires sociales, son secrétaire particulier et le directeur des renseignements du Caire pour nous présenter ses excuses, puisqu'il avait été établi que nous étions demeurés fidèles à la cause nationale. Ils nous ont fait part du vœu de Nasser de coopérer avec nous... Le Guide [Hassan Al Houdaïbi] a déversé sur ses visiteurs toute sa colère : vous nous avez lancé la pire des accusations et nous comptons nous défendre... Plus tard, le secrétaire de Nasser est revenu en proposant un scénario : le Guide et ses six amis sortent de prison. Le Premier ministre Nasser se rendra au domicile du Guide pour le féliciter. L'information sera rendue publique par les médias. Ce qui fut fait. » (*Al-Quds Al-Arabi* du 31 janvier 1996.)

Qutb, a été condamné à mort et exécuté en août 1966[1]. Les survivants se sont réfugiés en Arabie saoudite et dans d'autres monarchies du Golfe. Ils ont été protégés par le roi Faïçal qui encourageait toute opposition à Nasser, considéré comme un révolutionnaire dangereux et un instrument aux mains de l'Union soviétique.

L'accession de Sadate à la présidence de la République en 1970 a permis à la confrérie de connaître son âge d'or. Le nouveau Raïs aspirait aussi à jouer le rôle du guide spirituel ; il invoquait l'Etat de la « science et de la foi », portait souvent la traditionnelle robe blanche des religieux et faisait en sorte que son front heurte le sol lors des prières, pour former la bosse des pieux, la *zabiba*. En 1980, il a fait adopter par plébiscite le droit musulman (la *Chari'a*) comme « la source fondamentale de la loi », satisfaisant au principal slogan de la confrérie : « Le Coran est notre Constitution. » Dès sa prise de fonctions, Sadate a libéré les dirigeants islamistes emprisonnés et a invité les exilés du Golfe à rentrer au pays. Le courant islamiste a alors pris sa revanche sur l'époque de Nasser. Le Raïs a confié aux Frères le contrôle des universités en leur donnant pour mission de liquider la gauche marxiste et la mouvance nationaliste nassérienne.

L'arrivée au pouvoir de Khomeiny a provoqué les premières résistances islamistes à Sadate. Mais la « lune de miel » entre les islamistes égyptiens et iraniens a été de courte durée ; la méfiance, voire l'hostilité traditionnelle entre le sunnisme et le chiisme a repris le dessus et les Frères se sont rappelés que l'Iran soutenait le président Assad de Syrie qui réprimait les « Frères syriens ». De plus, les wahhabites saoudiens ont mené campagne contre l'Iran auprès de la confrérie et ont financé des publications très critiques à l'égard des chiites, à tel point que, quatre ans plus tard, l'Organisation internationale des Frères a créé en son sein un Comité pour la conquête de l'Iran, dont la

1. Lire à ce sujet *Le Prophète et le Pharaon* de Gilles Kepel, La Découverte, 1984.

mission était de convertir les chiites iraniens au sunnisme[1].

L'invasion de l'Afghanistan par l'URSS, en 1979, a permis de renouer progressivement l'alliance entre Sadate et les Frères musulmans. Le Raïs a officiellement encouragé les militants islamistes à combattre l'Armée rouge. Le soutien de Sadate aux islamistes s'est accompagné d'un dénigrement du nassérisme. Le Raïs s'est livré à la démagogie pour satisfaire l'opinion publique pro-islamique en lançant des slogans tels que le « président croyant » ; il cherchait à incarner à la fois l'Egypte et l'islam. La découverte d'hydrocarbures en Egypte a été quasiment présentée comme un don de Dieu au *wali al Amr* (le gouverneur). En réalité, il s'est employé à utiliser la mouvance islamique pour servir sa politique intérieure et étrangère. Mettant à profit cette alliance avec le régime, les islamistes n'ont fait que « tisser leur toile » et renforcer leur pénétration dans l'administration égyptienne.

Forts de leur nouveau positionnement, ils se sont arrogés le droit de restreindre les libertés des écrivains, des poètes et des artistes.

Mouhammad Amara, un intellectuel proche des Frères musulmans, constate une véritable renaissance islamique en Egypte, dont il distingue cinq « composantes » : le courant de la piété populaire, qui se réfère constamment aux règles de la religion ; les volontaires apolitiques de l'action sociale et caritative ; les intellectuels qui s'efforcent de concevoir l'islam comme une culture moderne, soucieux de rapprocher le droit religieux des exigences de la vie actuelle ; les activistes modérés qui constituent la majorité des mouvements islamistes ; les extrémistes qui recourent à la violence. En refusant la modernité, les islamistes radicaux se fondent sur le *hadith* attribué au Prophète : « Le meilleur de ma Nation est le siècle dans lequel je vis. » Les mouvements islamistes égyptiens se divisent entre ceux qui se disent impuissants à changer la société par des voies pacifiques (la *Geama'a,* le *Djihad...*) et ceux qui estiment que la société peut être réformée par la prédication et le

1. Abbas Khamayar, *op.cit.,* pp. 232-254.

dialogue (les Frères musulmans). Mais la frontière paraît souvent très mince entre l'islamisme institutionnalisé et son aile sectaire. Les *Geama'a* disposent d'une organisation telle qu'elles ont pu se substituer à maintes reprises à l'action sociale défaillante de l'Etat. Considérées au début du mandat de Sadate comme une force auxiliaire du régime dans la lutte pour la « dénassérisation » du pays, les *Geama'a* ont été largement soutenues dans leurs efforts pour l'encadrement et le contrôle de la société, et notamment de la jeunesse universitaire. Les islamistes de la *Geama'a* ont pu ouvrir en toute légalité des camps paramilitaires, où ils accueillaient les universitaires pendant les grandes vacances pour les entraîner au maniement des armes et leur apprendre le Coran, sous la direction d'oulémas très intégristes, comme le cheikh Al Mhallawi. Il a fallu l'attentat manqué contre le président Moubarak à Addis Abeba en juin 1995 pour décider la fermeture définitive des camps de scouts islamistes, qui étaient financés par le ministère de la Jeunesse et des Sports. En 1974, Sadate inaugura en personne le 8e congrès de l'Union générale des étudiants égyptiens (UGEE), qui diffusait la littérature islamiste à bon marché. Avant la fin de la décennie, la collusion entre Sadate, les Frères musulmans et les *Geama'a* était devenue flagrante. Les plus radicaux, les *Geama'a,* s'appuyaient sur les moyens que le régime mettait à leur disposition et sur la pensée des Frères pour imposer leur ligne islamiste, mobilisant tous les laissés-pour-compte qui partageaient les conditions de vie difficiles de la jeunesse : promiscuité dans les universités surpeuplées, problèmes de transport, de logement, impossibilité pour les jeunes de se marier en l'absence de moyens financiers suffisants, etc. En 1979, Sadate a pris la mesure de l'emprise de ce courant sur la société et a dissous l'UGEE, privant les *Geama'a* d'une organisation et d'une audience de dimension nationale. La tension s'est encore accrue en 1980, lorsque les *Geama'a* se sont déchaînées contre les Coptes et contre la paix avec Israël. Elles ont affronté les Coptes dans des conditions suspectes, dans le quartier cairote d'Al Zaouiya Al Hamra en juin 1981, avant d'être dissoutes trois mois plus tard ;

le régime avait pris conscience de l'ampleur de leur implantation, au moment où il était englué dans la paix avec Israël. L'islamisme chiite venait de remporter une victoire sur le chah en Iran, créant un précédent dans la région : l'éviction par Khomeiny d'un pouvoir fortement enraciné au profit d'un régime ouvertement islamiste.

C'est à ce moment que le *Djihad islamique* — dont un membre, le lieutenant Khaled al Islambouli, tuera Sadate lors de la commémoration de la guerre d'Octobre — a surgi de l'ombre. Cette organisation s'appuie sur la doctrine de Abdessalam Faraj, développée dans *L'Impératif occulté*[1], qui prône le *djihad* contre le prince qui gouverne. Cette guerre sainte contre le prince aurait dû être relayée par une révolte populaire. Mais, ni les Frères musulmans ni leurs relais idéologiques, y compris les *Gema'a*, n'ont réussi le pari de prendre le pouvoir par le bas et la seule méthode préconisée par le *Djihad* était de supprimer le Raïs et de prendre le pouvoir par le haut, en organisant l'insurrection dans les principales villes du pays.

Au sein des Frères musulmans, un conflit de génération oppose la vieille garde prétorienne issue du service spécial aux jeunes qui ont milité sur les bancs de l'université et ont intégré la confrérie à la fin des années 70. Tous les dirigeants actuels des Frères musulmans se sont cooptés. L'actuel chef de la confrérie, Moustapha Machhour, a été proclamé Guide dans un cimetière lors de l'enterrement de son prédécesseur Mouhammad Hamed Abou Nasr, pour éviter de recourir à un vote démocratique. Cette ruse n'a pas échappé à la jeune garde, impatiente de prendre les commandes et de faire valoir une conception de l'islam beaucoup moins rigide. C'est pourquoi Abou Al A'ala Madi, un jeune cadre, a demandé, en 1996, l'autorisation de fonder un nouveau parti, *Al Wassat* (le Centre). Madi voulait soustraire l'activité politique aux hommes du passé pour la confier aux militants issus de la société civile et il souhaitait créer un parti dans un cadre de pluralité et d'alternance politique, en privilégiant le dialogue avec le

1. *Al Farida Al Ghaïba.*

gouvernement et la participation. L'originalité de son parti est qu'il comprend parmi ses soixante-quatorze fondateurs deux Coptes et quatre femmes. La jeune garde islamique plaide également pour l'ouverture de l'*ijtihad* (l'interprétation des textes sacrés). Alors qu'elle était soutenue par plusieurs personnalités du monde islamique et par l'organisation internationale des Frères musulmans, la demande d'autorisation n'a toujours pas abouti, plus de trois ans après qu'elle eut été formulée auprès de l'administration égyptienne. Car elle est simultanément combattue par le gouvernement, qui ne veut pas accorder d'autorisation à des partis fondés sur la religion, et par la confrérie, qui verrait ainsi se détacher d'elle ses cadres les plus dynamiques et les plus actifs, entraînant avec eux les forces vives du mouvement.

Les Frères musulmans et les organisations terroristes s'aident mutuellement ; le *Djihad islamique* et la *Geama'a islamiyya* recrutent l'essentiel de leurs militants dans le vivier islamiste entretenu par la confrérie, et les ministres égyptiens de l'Intérieur accusent régulièrement les Frères d'alimenter les caisses des terroristes, et leurs avocats de défendre ceux qui sont arrêtés par la police. Inversement, l'agitation terroriste sert les intérêts des islamistes « modérés », car elle accroît leur honorabilité et leur audience auprès du gouvernement [1].

Les deux grandes formations qui recourent au terrorisme en Egypte, la *Geama'a* et le *Djihad*, ont donné naissance à des groupuscules violents, qui ont vu le jour à la faveur de multiples dissidences. Ces deux organisations terroristes sont accusées de recevoir un financement d'origine étrangère ; elles exécutent les ordres transmis par leurs dirigeants installés en Afghanistan ou dans des capitales occidentales. Aux phases de coopération entre ces deux organisations succèdent des périodes de lutte achar-

1. Adel Hussein, le secrétaire général du parti *Al' A'amal,* nous a expliqué la subtilité de cette relation : « Les islamistes qui recourent au terrorisme contribuent à renforcer nos positions et notre capacité de négociation avec le gouvernement [...]. Pour isoler les islamistes qui pratiquent la violence, il nous faudrait établir un régime politique semblable à celui de la Turquie pluraliste. A ce moment-là, nous serions en mesure d'isoler les islamistes armés [...]. » (Entretien du 24 janvier 1994)

née ; le guide suprême du *Djihad*, le commandant Abboud Al Zoummar (condamné à perpétuité après l'assassinat de Sadate) a écrit un livre pour démontrer que « le guide d'un mouvement islamique ne pouvait pas être un aveugle ». Le cheikh Omar Abdelrahmane (qui a connu la cécité à huit mois à cause d'un diabète mal soigné) a répliqué en publiant un livre intitulé *Le commandement d'un mouvement islamiste ne peut être confié à un prisonnier.* La rivalité entre ces deux organisations et leurs multiples ramifications les a souvent conduites à s'excommunier mutuellement. En 1980, ces deux mouvements ont connu une union passagère, sous l'autorité d'un Conseil consultatif présidé par Karam Zouhdi. Cette alliance, qui n'a pas eu de lendemain, a toutefois servi à légitimer l'assassinat du président Sadate ; le *Djihad* s'est appuyé sur une *fatwa* du chef de la *Geama'a* pour exécuter le Raïs pour « apostasie ». Abdelrahmane, qui a été emprisonné à cause de cette *fatwa*, a été rapidement relâché. A la fin des années 80, il a récidivé en légitimant par d'autres *fatwas* les attentats commis contre plusieurs ministres, écrivains et intellectuels égyptiens, comme Zaki Badr, Leila Ouloui, Faraj Foda ou Adel Imam... En décembre 1990, il a réussi à s'installer aux Etats-Unis. Sa présence sur le territoire américain accrédite la thèse de la complicité du gouvernement des Etats-Unis, qui aurait remercié un agent pour les services rendus lors de la campagne d'Afghanistan. Selon le département d'Etat, il aurait obtenu son permis de séjour en profitant « d'erreurs bureaucratiques dues à une mauvaise transcription de son nom et à l'inversion du jour et du mois de sa date de naissance » ! Depuis son refuge américain, Abdelrahmane a ordonné le recours à la violence contre les touristes qui « souillent la terre d'Egypte et viennent visiter des temples païens, en leur rendant hommage ». Au lendemain de l'attentat contre le World Trade Center du 26 février 1993, il a été condamné à la prison à perpétuité, car les principaux auteurs de cet acte terroriste étaient ses disciples.

En Egypte, la *Geama'a* a appelé, le 2 puis le 6 février 1994, « les touristes et les investisseurs étrangers à quitter le pays ». Dans les dix jours qui ont suivi cette mise en garde, plusieurs touristes ont été victimes d'actes terroristes. L'attaque du luxueux train Le Caire-Assouan dans la région d'Assiout a fait deux blessés parmi les touristes. Une autre attaque a été menée à la mi-février contre un autobus transportant dix ingénieurs roumains qui assuraient le fonctionnement d'une cimenterie à Assiout, sans faire de victimes. La Banque centrale, trois autres banques égyptiennes et une banque étrangère ont été visées par des bombes. Au matin du 7 mars, trois trains ont été mitraillés ; bilan, onze blessés, tous égyptiens. En 1996 et 1997, trois attaques d'envergure contre les touristes ont fait quatre-vingt-cinq morts. Ces actions terroristes ont gravement affaibli le tourisme, à court et moyen terme, sans pour autant briser le flux des investissements dans ce secteur qui s'élevaient, fin 1998, aux dires du ministre égyptien du Tourisme Mamdouh Beltaguy, à onze milliards de dollars. Alors que le ministre de l'Intérieur promettait de mener « une guerre totale contre le terrorisme pour l'éradiquer d'Egypte », le président Moubarak accusait, devant l'état-major de l'armée, « des puissances étrangères d'exporter le terrorisme sur les bords du Nil », citant l'Afghanistan, le Soudan et l'Iran. L'écrivain Mouhammad Hassanaïn Haïkal contredit le Raïs et innocente l'Iran. Il a rappelé que « l'existence d'un courant islamiste en Egypte [était] normal. On a bourré la tête de millions de jeunes pendant six ans en répétant que ce qui a été arraché par la force [Israël] ne sera récupéré que par la force [...]. Nous avons décidé de combattre le communisme en Afghanistan, où nous avons envoyé nos citoyens comme des mercenaires. Ils y ont appris une nouvelle idéologie [...]. Ajoutons à cela l'existence de quelque 1,5 million de diplômés de l'université qui se retrouvent au chômage [...] [1]. » Mais il reste que tous les communiqués adressés à la presse déclarant la guerre aux touristes et aux investisseurs étrangers proviennent d'Egyptiens établis à l'étranger, y compris dans les capitales occidentales.

1. *Al Masri* et *Al Arabi* du 6 février 1994.

La violence des « stars » de l'islamisme

Il existe une autre forme de violence, de nature intellectuelle, qui fonde et nourrit la violence de la *Geama'a* et du *Djihad*. Cette violence a été abondamment dispensée, jusqu'au milieu des années 90, par des « stars » de la télévision et des mosquées, comme le cheikh Omar Abdelkafi qui a produit plus de quatre-vingt-dix enregistrements de cassettes que ses partisans recopiaient et vendaient, notamment devant la mosquée Assad Ben Al Fourate, dans le quartier Doqqi, à Jizah. Abdelkafi y a prêché tous les vendredis avec le soutien des renseignements généraux égyptiens, en l'absence d'autorisation du ministère des Biens religieux et malgré la protestation du conseil d'administration de cette mosquée. Que dit Abdelkafi dans ses prêches et ses cassettes, lui qui avait produit pour le ministère de l'Information, au début des années 90, trente émissions par an destinées au grand public ? Dans ses discours, les Coptes représentent une cible privilégiée. Le cheikh cultive le mépris, voire la haine de cette composante nationale égyptienne : « Vous ne devez pas souhaiter la bonne année à votre voisin et collègue chrétien [...]. L'islam vous l'interdit [...] parce que ces gens célèbrent la résurrection du Christ après qu'il se fut endormi trois jours [...], pour gouverner le monde [...]. Quand vous dites aux chrétiens, à Pâques, bonne fête, cela signifie que vous avez reconnu la résurrection du Christ [...]. Et si vous rencontrez sur la route un chrétien et qu'il vous dise : "Je suis triste parce que vous ne m'avez pas souhaité bonne fête", faites l'ignorant, et comme cela vous vous dispensez de lui souhaiter la bonne année. » Dans une autre cassette, il s'interroge sur la *fatwa* condamnant à mort l'écrivain Salman Rushdie et déclare : « Quand j'étais au Canada, on m'a interrogé à ce sujet. J'ai répondu que si j'avais rencontré Rushdie moi-même, je l'aurais tué. » Ces cassettes numérotées sont chantées par Abdelkafi et vendues à des millions d'exemplaires. Ce cheikh a acquis une grande notoriété grâce à la télévision égyptienne et au soutien de plusieurs ministres qui viennent écouter ses prêches du vendredi, donnant à ses propos le sceau de l'approbation de l'Etat. Ses appels à la haine sont d'autant plus dangereux que ses cassettes circulent parmi les jeunes qui côtoient les Coptes à l'école, dans la rue ou sur le lieu de travail. Cette star de la télévision s'exprime aussi sur le rôle de la femme, en s'adressant aux pères de famille. « Peut-on légitimement autoriser une femme à se déplacer sans son *moharram* [l'individu mâle de sa famille, père, mari ou fils] ? Je réponds formellement que c'est interdit, à une seule exception près : quand une femme se rend au pèlerinage à La Mecque. Tout autre déplacement d'une femme sans son *moharram* entraîne sa malédiction par les anges. Elle devient pécheresse. »

Une autre star des médias égyptiens est feu cheikh Metwalli Cha'arawi, qui a passé plus de quinze ans en Arabie et quatre ans en Algérie, et a été ministre des Biens religieux dans le gouvernement de Mamdouh Salem de 1976 à 1978. Jusqu'à sa disparition, en juin 1998, Cha'arawi a animé une émission hebdomadaire sur la télévision égyptienne qui a battu tous les records d'audience. Il s'est acquis une cour de millions d'admirateurs et ses portraits ont été vendus au Caire, comme ceux de Nasser, de Sadate, du chanteur populaire Abdelhalim Hafez ou de Madonna. Exprimer un point de vue divergent du sien est assimilé, dans la société égyptienne, à une offense contre l'islam, tant la notoriété de cet homme est devenue grande. Bien qu'il ait eu accès aux médias officiels, il n'a jamais dénoncé publiquement les islamistes et a toujours adopté une attitude de neutralité dans la lutte féroce qui opposait les mouvements terroristes au gouvernement. Cha'arawi est très ferme dans sa croisade contre la mixité, à commencer par l'université. Le discours de Cha'arawi reproduit habilement les thèses du *wahhabisme* saoudien ; ses propos sur la femme sont une copie conforme de ceux qui sont en vigueur dans le Najd, le cœur de l'Arabie ; « Si Dieu n'avait pas exigé le *hidjab* [le voile], la femme aurait dû le réclamer. Car il constitue pour elle une garantie importante. Comme sa fraîcheur est passagère — elle ne peut dépasser les quinze ans — elle est appelée à flétrir rapidement. Quand un homme dans la force de l'âge [...] rencontre dans la rue une fille toute jeune, toute fraîche, qui ne porte pas le foulard, que va-t-il se passer ? Ou bien il va épouser cette jeune fille en abandonnant son épouse, ou bien, de retour dans son foyer, il va la comparer à sa femme et va alors se désintéresser de cette dernière. Mais quand les femmes dissimulent leur beauté aux hommes, elles exercent un pouvoir de séduction garanti sur leur mari. » Cha'arawi a plaidé publiquement pour l'excision, « indispensable pour sauvegarder l'honneur des femmes. Faute de quoi, elles feraient la chasse aux hommes pour satisfaire leurs instincts. » Les adversaires du cheik lui reprochent de n'avoir jamais condamné le comportement de certains Saoudiens en Egypte, qui pratiquent fréquemment le « mariage de volupté » avec des Egyptiennes, au rythme d'un mariage par séjour. Cheikh Cha'arawi, par ses prêches et sa culture wahhabite, a mis à mal l'unité nationale en Egypte. Il s'est emporté, dans ses émissions télévisées, contre les « impies » (les Coptes) et leurs pratiques. Dans ses interventions, il fait l'éloge de l'Arabie, « une terre où il n'existe aucune église ». Ce sont la femme, les minorités chrétiennes et les musulmans modernistes qui sont les victimes de ses conceptions ségrégationnistes. Il n'a jamais été privé d'antenne, malgré ses appels télévisés à assassiner les dirigeants qui ne respectent pas les préceptes de l'islam[1].

Les islamistes ont acquis une très grande audience dans les universités, où le discours de ségrégation contre les Coptes a longtemps été toléré. On constate aussi une multiplication constante des écoles islamiques privées, qui enseignent aux enfants dès leur plus jeune âge l'idée d'une séparation entre musulmans et chrétiens, et leur apprennent que les femmes non voilées et les Coptes sont des impies. L'hebdomadaire *Rose al Youssef* remarquait, en 1994, que les islamistes avaient le quasi-monopole des postes dans l'enseignement.

L'incontournable cheikh Kichk a, pour sa part, produit à lui seul plus de 425 enregistrements. Ses œuvres sont distribuées gratuitement ou vendues à la sortie des mosquées. Les chauffeurs de taxis collectifs les font écou-

1. Lire *Aama'em wa Khanajer (Turbans et poignards)* de Ibrahim Issa, Sphinks (ABC), 1993.

ter à leurs passagers. Il avait été arrêté dans la rafle menée par Sadate en septembre 1981, mais il a été libéré après l'assassinat du Raïs. Il a alors signé des articles dans *Al Liwa'a Al Islami*, une publication du régime, afin de s'attirer les bonnes grâces de la mouvance islamiste.

Le gouvernement égyptien a vécu dans une grande contradiction, tolérant le discours islamiste qui encourage les actions terroristes, tout en réprimant les conséquences de ce discours quand elles se traduisent par la violence des *Geama'a* et du *Djihad*. Les concessions et le laisser-faire culturels cohabitent avec la répression la plus sévère contre ceux qui mettent en application ces doctrines.

L'islam des institutions traditionnelles

L'islam officiel est représenté notamment par le recteur de l'Université d'*Al Azhar* et le *mufti* d'Egypte, tous deux nommés par décret du président de la République. Cet islam institutionnel est d'autant plus courtisé par le pouvoir que les activistes adhèrent à l'islam politique des Frères musulmans. L'islam institutionnel fait payer au prix fort son soutien au gouvernement, en exigeant de lui des concessions qui conduisent en définitive à faire le lit de l'islamisme.

L'influence islamiste s'étend en Egypte. Le nombre de femmes voilées est en nette progression d'une année à l'autre. Les représentants de l'orthodoxie ont eu, jusqu'en 1997, un accès important aux médias grand public et les autorités traditionnelles d'*Al Azhar* combattent activement les idées et les tendances laïques et modernistes. Les oulémas d'*Al Azhar* sont chargés de la censure ; ils passent au peigne fin toutes les publications égyptiennes et les livres ou les revues importés. Leur verdict pèse lourd, tant sur les auteurs que sur les éditeurs.

Sous le règne du « président croyant » Anouar Sadate, les prédicateurs islamistes agressifs ont eu de plus en plus accès à la télévision publique. De son côté, l'université d'*Al Azhar* a poursuivi sa jurisprudence favorable aux thèses de l'intégrisme. Le successeur de Sadate, Hosni Moubarak, a entamé la première décennie de son mandat en tendant la main aux islamistes et en libérant leurs prisonniers politiques. Il a autorisé les Frères musulmans, dont le parti n'a pas d'existence légale, à s'associer aux partis légaux : *Al Wafd* puis *Al-A'amal* en 1984 et 1987, afin qu'ils participent aux élections législatives. Ils ont ainsi obtenu huit sièges en 1984 et trente-six en 1987.

Dès 1988, la mouvance islamique a plaidé pour la mise en œuvre intégrale de la *Chari'a.* Cette revendication s'est accompagnée d'actes terroristes qui ont visé, à intervalle régulier, les dirigeants du régime, les touristes et les Coptes. Moubarak a mené une répression qui s'est abattue sur les terroristes, mais aussi sur leurs biens, leurs familles et même leurs quartiers. On a rarement vu à la télévision les bulldozers détruire les maisons des terroristes emprisonnés ou fuyant la Moyenne-Egypte, mais beaucoup de témoins l'attestent. Conscient de la faillite des partis légaux et de la forte structuration des partis islamistes, Moubarak a refusé la légalisation des partis religieux, ce qui a créé une situation pour le moins paradoxale ; des partis squelettiques et non représentatifs occupent indûment les devants de la scène et se réunissent avec le gouvernement pour dialoguer « en famille », alors que le véritable dialogue qui aurait pu s'engager entre la grande mouvance islamique et le gouvernement n'a jamais existé. Moubarak répète souvent devant les intellectuels égyptiens que la malheureuse expérience algérienne, qui a commencé par la légalisation des partis islamiques, a conduit le pays à la guerre civile et au chaos, alors que le président tunisien Ben Ali, qui avait écouté ses conseils, a su procurer à la Tunisie la paix sociale et la prospérité. A partir de 1993, Moubarak a rejeté tout dialogue avec cette mouvance ; il a déclaré à une délégation d'intellectuels que « le dialogue des douze dernières années [avait] permis aux islamistes de se renforcer, de s'armer et de recourir à la violence après le retour des combattants d'Afghanistan. Désormais, l'Etat répondra à la violence par la violence. »

Un homme éclairé à Al Azhar

L'ancien grand *mufti* d'Egypte, Mouhammad Sayyéd Tantaoui, nommé à la tête d'*Al Azhar* en mars 1996, a vivement condamné les auteurs d'actes terroristes contre les touristes, les qualifiant « d'ignorants ou de malades dans leur cœur » et a réaffirmé le devoir de tolérance à l'égard des Coptes. Il se distingue de la majorité des *oulémas* d'Egypte par ses positions réformistes. Il a courageusement combattu les plus conservateurs des siens, regroupés dans le Front des oulémas d'*Al Azhar*, une association qui s'est autoproclamée gardienne de la pensée islamique et a vu ses effectifs passer en quelques années de 600 à 3 000. Le Front agissait sans respecter ses statuts et son domaine de compétence ; Tantaoui a eu le courage de demander sa dissolution et de l'assumer publiquement. Le Front a alors bafoué son autorité en éditant des oukases pour le déstabiliser. Il s'était spécialisé dans l'excommunication (*takfir*) des intellectuels, dont celle de Faraj Foda, de Nasr Abou Zeïd et de Hassan Hanafi..., qui devait préluder à leur exécution. Créé en 1946 pour s'opposer à la pensée du doyen de la faculté de littérature arabe, Taha Hussein, qui appelait à relier l'Egypte à l'Europe du Sud pour favoriser sa renaissance culturelle, le Front est tombé aux mains des Frères musulmans qui ont exploité ce label azhariste. Lors de chaque campagne de répression menée contre les Frères, le Front venait à leur secours et appelait à leur libération. Sous le mandat du recteur Gadel Hak Ali Gadel Hak, on a observé une répartition des rôles ; le Front soutenait les positions radicales que le recteur d'*Al Azhar* ne pouvait afficher publiquement.

Tantaoui a également rompu avec son prédécesseur en s'opposant formellement à l'excision. Il a qualifié de « légitimes dans certains cas » les greffes d'organes et l'avortement. Il refuse que les kamikazes soient considérés comme des martyrs, s'ils tuent des innocents, des femmes et des enfants. Il a pris la défense du professeur Abou Zeïd, que les oulémas d'*Al Azhar* avaient qualifié d'hérétique et d'apostat et a plaidé pour qu'il puisse se défendre personnellement devant le tribunal. Ce moderniste a également pris une position à contre-courant dans l'affaire du port du voile dans les écoles françaises, déclarant qu'« une musulmane qui vit en France pouvait se passer de cet attribut vestimentaire si cela lui causait trop de problèmes ». Enfin, il a assumé publiquement sa rencontre avec le grand rabbin Lau, le chef de la communauté ashkénaze en Israël, une première depuis les accords de Camp David de 1979.

Cheikh Tantaoui dirige la plus prestigieuse université du monde islamique. Fondée en 970, baptisée « la Resplendissante » en hommage à la fille du Prophète Fatima-Zahra, elle accueille, avec son réseau d'académies et d'écoles, 1,2 million d'étudiants et emploie 170 000 enseignants. En 1961, son établissement phare du Caire a été transformé en université pluridisciplinaire, comprenant des facultés de médecine, de droit, de génie civil, d'agronomie, de commerce, et bien entendu d'études islamiques. Elle est fréquentée par des étudiants venus de soixante-quinze pays différents. Elle est également dotée d'une Académie de recherches islamiques, dont les membres sont désignés par décret présidentiel. Les avis de cette académie, très sollicités, reflètent normalement les opinions présidentielles, ce qui n'exclut pas certaines divergences de point de vue.

Un début de reprise en main

Sous le mandat de Sadate, plusieurs mesures ont été prises pour satisfaire les revendications des islamistes, comme l'exemption de la moitié de la durée du service militaire, soit dix-huit mois de service au lieu des trente-six réguliers, pour les appelés qui apprennent à réciter le Coran par cœur, et l'exemption de la taxe, pendant dix ans, pour tout propriétaire foncier qui construit un immeuble en y réservant une *zawiya* (un coin) à la prière. Cette mesure, qui a suscité chez des Egyptiens modestes et peu armés intellectuellement, la vocation, ô combien valorisante, de diriger la prière, a enrichi Le Caire de quelque 300 000 mosquées en miniature. Cette profusion incontrôlable de petites mosquées privées a conduit Hamdi Zakzouk, le ministre des Biens religieux, à faire adopter par le Parlement, fin 1996, une loi condamnant à un mois de prison et à une amende allant de 100 à 300 livres égyptiennes (LE) tout imam qui prêcherait dans une mosquée sans autorisation en bonne et due forme établie par le ministère. Le ministre a décidé de recruter et de former 6 500 nouveaux imams, pour les nommer à la tête des 35 000 mosquées privées, alors que le nombre des mosquées directement gérées par son ministère s'élevait à 25 000. Les imams autoproclamés des mosquées non gouvernementales ont manifesté leur colère contre le ministre, affirmant que « la promotion du bien et la répression du vice » prescrits par la loi islamique ne nécessitaient pas d'autorisation pour être mises en œuvre. Le ministre s'est engagé à « nationaliser » toutes les mosquées « privées » avant l'an 2000, puis il a fixé à 2003 le terme de l'intégration de toutes les mosquées. D'autres mesures ont été prises : la limitation de la puissance et de l'usage des haut-parleurs, le remplacement de la *djellabia* blanche des imams par un costume officiel et l'interdiction de se laisser pousser une barbe excessive. Les nouvelles recrues gagnent 230 LE par mois pour quelques heures de prière par semaine. Les imams sont surveillés par des inspecteurs du ministère et doivent s'abstenir d'imiter les « stars » de l'islamisme, de réprimander les croyants pour leur comportement et d'inciter à la haine contre les Juifs et les Coptes.

Deux stars de l'islamisme, Youssef el Badri et Abdel Sabour Chahine, ont été les premiers à être privés de tribune. Une virulente campagne de presse, menée par le courant islamiste a qualifié le ministre de « laïc, qui s'emploie à assécher les sources de l'islam ». Ce terme vaut accusation d'athéisme donc d'anti-islamisme. Les islamistes, qui avaient infiltré les ministères de l'Education et de la Justice, ont alors promu « une véritable culture islamique ». Ils ont décidé la modification des programmes d'enseignement relatifs à l'histoire de l'Egypte pharaonique, désormais reléguée exclusivement dans les classes allant de la 7e à la 5e, alors que l'enseignement reçu dans les classes supérieures est réservé à l'islam et à l'arabisme. Les nouveaux manuels scolaires passent de l'aire pharaonique à la conquête arabe sans mentionner l'époque chrétienne. Ils ne relatent pas non plus le rôle des Coptes dans la lutte pour l'indépendance, au début du XXe siècle.

Le président Moubarak n'a pris la mesure de la menace que douze ans après son arrivée au pouvoir. C'est seulement en 1993 que le ministre de l'Education nationale, Hussein Bahaa Eddine, a décidé de muter des milliers de professeurs d'obédience islamiste vers d'autres ministères, pour supprimer tout contact entre eux et la jeunesse. Il a également dénoncé l'obligation imposée par plusieurs directrices d'écoles du port du voile et s'est opposé à la pratique d'un *apartheid* de nature religieuse, qui consistait à séparer les étudiants coptes et musulmans dans certaines écoles.

Les Coptes, des laissés-pour-compte

Le contenu ségrégationniste de l'enseignement explique que les Coptes d'Egypte, qui représentent de six à sept millions d'habitants, soient traités par les islamistes comme de la « chaire à canon ». Pourtant, leur rôle fondateur dans la constitution de la nation égyptienne n'est pas à prouver. Jean-Pierre Valognes nous rappelle que le mot copte « vient du grec *aïguptios,* c'est-à-dire "égyptien" [...]. Les Coptes sont une communauté dont l'identité ne se résume pas à son appartenance ecclésiale, puisqu'il existe également une langue (bien que sa pratique se soit perdue), une culture et un vécu collectif coptes. Même si le christianisme est un élément essentiel de leur personnalité, leur dimension égyptienne compte au moins autant dans l'image qu'ils se font d'eux-mêmes, puisqu'ils s'estiment — au terme d'un raccourci historique prêtant à controverse — les véritables descendants des Egyptiens de l'Antiquité, alors que les musulmans seraient les héritiers des conquérants. Quelle que soit la réalité des choses, force est de reconnaître que les musulmans égyptiens éprouvent un sentiment d'appartenance au monde arabe et islamique au moins aussi fort que leur patriotisme national, tandis que les Coptes se présentent d'abord comme égyptiens et privilégient résolument cet aspect de leur personnalité collective[1]. »

Les membres de cette communauté — dont de rares élites appartiennent à la sphère dirigeante et occupent d'importants postes de responsabilité — subissent régulièrement de graves persécutions. En mars 1992, seize coptes ont été assassinés dans la province d'Assiout par la *Geama'a islamiyya*. La société égyptienne ne réagit pas aux attaques systématiques qui visent cette communauté, ni aux assassinats de militaires, de policiers, de magistrats ou d'intellectuels. Ce n'est que lorsque les terroristes ont commencé à poser des bombes dans les bus et les cafés et à attaquer les touristes que l'Egyptien moyen s'est senti concerné et a violemment réagi. A maintes reprises, des citoyens ont tenté d'arrêter les terroristes ; le 27 décembre 1993, lorsqu'un groupe a tiré sur des touristes autrichiens, blessant huit personnes, la foule s'est précipitée sur les tueurs pour tenter de les maîtriser. Huit Egyptiens ont alors été blessés par les terroristes qui ont réussi à prendre la fuite. En protégeant le tourisme, l'Egyptien défend tout d'abord sa prospérité. Chaque touriste qui débarque en Egypte crée un emploi pendant un an.

Mais en persécutant les Coptes, les *Geama'a islamiyya* ne font qu'appliquer de manière violente ce que le gouvernement exprime dans un langage politique. Les biens de l'Eglise copte ont été saisis et placés pendant longtemps sous la tutelle du ministère des Biens religieux. Soumise à une intimidation systématique, l'Eglise copte a fini par faire de la surenchère pour se disculper des fausses accusations portées contre elle, notamment en ce qui concerne le refus de la normalisation des relations avec Israël ; le pape d'Alexandrie, Shénouda III, a interdit à ses fidèles le pèlerinage à Jérusalem, alors que le *mufti* d'Egypte l'autorise. Il a même demandé aux Coptes qui s'étaient rendus à Jérusalem au lendemain des accords de paix israélo-palestiniens de 1993 d'acheter des encarts

1. Lire à ce sujet l'ouvrage de référence sur les chrétiens d'Orient de Jean-Pierre Valognes, *Vie et mort des chrétiens d'Orient*, Fayard, 1994, p. 233.

publicitaires dans les journaux pour faire part de leurs excuses publiques.

Les Coptes sont de plus en plus maltraités en Haute-Egypte, face à l'indifférence coupable du gouvernement. Après les multiples massacres qui ont repris dans cette région dès 1992 et se sont aggravés au début de l'année 1997, l'Organisation égyptienne des droits de l'homme (OEDH) s'est inquiétée de la barbarie de ces crimes commis contre des citoyens désarmés. L'OEDH a relevé que les criminels s'acharnaient contre les cadavres de leurs victimes. Aux actes de violence physique s'ajoute le racket organisé en Haute-Egypte par les *Geama'a* qui taxent les Coptes de façon arbitraire dès que ceux-ci réalisent une affaire, quand ils ramassent la récolte ou quand un expatrié est de retour. Les *Geama'a islamiyya* ont réintroduit la *jizia* (l'impôt dû par les minorités juive et chrétienne aux musulmans qui assurent leur protection), alors que cette pratique avait été supprimée par le gouvernement égyptien à la fin du XIXe siècle. La *jizia* ressemble aux pratiques des plus puissantes mafias. Quand les *Geama'a* ont besoin d'argent pour acheter des armes, ils viennent exiger cette somme auprès des chrétiens. Les réfractaires sont abattus, et s'ils prennent la fuite, leurs parents sont exécutés. Un parlementaire du Rassemblement de la gauche, Rifaat Assaïd, a révélé que « beaucoup de Coptes avaient peur d'informer la police des menaces qu'ils recevaient. Ils doutent que les officiers s'en préoccupent, parce que ceux-ci se disent au fond d'eux-mêmes : “Qu'est-ce que cela peut me faire si les Coptes sont taxés [1] ?” ». Ces pratiques sont courantes dans les préfectures d'Assiout et de Ménya, où vit la majorité des Coptes.

Comment s'étonner de ces massacres à répétition, puisque la littérature des Frères musulmans a toujours considéré « les Coptes comme des croisés » ; n'est-il pas du devoir de tout bon musulman de combattre les croisés ? Le Guide des Frères musulmans, Moustapha Machhour, a appelé, dans une déclaration au journal officiel *Al Ahram Weekly,* à expulser les Coptes de l'armée, car « [...] la pré-

1. *Al-Quds Al-Arabi* du 16 avril 1997.

sence d'éléments chrétiens dans l'armée islamique pourrait provoquer une collusion avec l'ennemi[1] ». Le gouvernement égyptien se soucie peu du sort des Coptes tant qu'il ne s'expose pas à des critiques internationales. Le président Moubarak a démis quatre ministres de l'Intérieur, mais aucun ne l'a été à cause des massacres qui ont frappé cette communauté.

Les Coptes, qui ont été très présents dans la politique égyptienne tout au long du XXe siècle, étaient encore majoritaires à Assiout en Haute-Egypte, avant la révolution de 1952. Aujourd'hui, ils ne représentent plus que le quart de la population de cette ville, après que leurs élites eurent choisi de s'installer au Canada ou aux Etats-Unis. Leurs voisins qui se sont enrichis dans le Golfe ont racheté leurs terrains, de gré ou de force. La discrimination exercée à l'encontre des Coptes est telle qu'ils ont beaucoup de mal à poursuivre leurs études supérieures dans les universités égyptiennes, ce qui incite les plus brillants d'entre eux à trouver refuge dans les universités occidentales, comme le très célèbre cardiologue Magdi Yaacoub, refusé par l'université du Caire parce qu'il appartenait à la communauté copte.

Une trêve bancale

Condamnés à de lourdes peines par les tribunaux militaires, victimes des rafles successives qui n'ont pas épargné leurs familles et d'exécutions extrajudiciaires, marginalisés dans la société par leur propre violence, les dirigeants de la *Geama'a islamiyya,* emprisonnés à la prison de Torra, le principal établissement pénitentiaire d'Egypte, ont capitulé au mois de juillet 1997. Sept des chefs historiques de cette organisation ont appelé à une trêve inconditionnelle ; ils ont été rejoints par leur Guide, cheikh Omar Abdelrahmane, emprisonné aux Etats-Unis. Le *Djihad,* dirigé par Aïman Al-Zaouahiri jusqu'en décembre 1999, semble lui aussi s'engager dans cette voie après la démission de son chef historique. Deux mois après

1. *Al-Ahram Weekly*, avril 1997.

la trêve de la *Geama'a,* deux frères, qui se réclamaient du *Djihad,* ont mitraillé un car de touristes devant le Musée archéologique du Caire, tuant neuf Allemands. Le principal accusé, Saber Farhat, avait déjà assassiné trois étrangers, dont un ancien doyen de la faculté de droit d'Aix-en-Provence dans le luxueux hôtel Sémiramis du Caire, en octobre 1993. La littérature du *Djihad* est ouvertement antisémite ; dans un communiqué publié le 17 mars 1997, les organisations du *Djihad* et de *Tala'eh el Fateh* ont déclaré : « La seule voie pour retrouver nos droits est celle du sacrifice et du martyr. C'est cette voie qu'a suivie le *moudjahed* jordanien qui avait vidé le chargeur de son arme dans les poitrines des descendants des singes et des porcs [des écolières israéliennes]. » En raison de l'important flux de touristes allemands qui se rendent en Egypte (environ 500 000 pour la saison 1996-1997), la justice a agi avec une célérité exceptionnelle. Les « frères assassins » ont été condamnés à mort et exécutés quarante jours après leur crime. Farhat a déclaré devant le tribunal qu'il voulait tuer cent juifs pour venger le blasphème de l'Israélienne Titiana Susskind qui avait placardé à Hébron (en Cisjordanie) des affiches injurieuses pour le Coran et le Prophète ; faute de juifs, il a tiré sur des Allemands, car, de toute façon, son objectif était de frapper les touristes mécréants. Dix-huit mois plus tôt, le 18 avril 1996, d'autres islamistes avaient tué dix-huit touristes grecs, à proximité des pyramides, en les « confondant » avec des juifs. Mais le plus grave restait à venir ; le 17 novembre 1997, six islamistes de la *Geama'a* ont commis le massacre du temple de Hashepsout, à proximité de Louxor, provoquant un véritable traumatisme dans le pays. Les conséquences de cet attentat ont été multiples ; outre les pertes humaines et l'image ternie de l'Egypte sur la scène internationale, le nombre des touristes a brutalement chuté de plus de 50 % ; 82 000 vols en direction des aéroports égyptiens ont été annulés. Les Egyptiens ont estimé leurs pertes à 2 milliards de francs durant les six premières semaines qui ont suivi ce massacre.

Or le tourisme, avec quelques trois milliards de dollars de revenus en 1997, représente la première source de devises pour l'Egypte. Les attentats dirigés contre les touristes répondent à plusieurs objectifs : donner une audience internationale à la lutte armée grâce à des actions spectaculaires, toucher des cibles vulnérables et enfin, affaiblir économiquement le gouvernement en le privant d'une ressource majeure en devises. C'est pourquoi les travailleurs immigrés ont été assimilés à des touristes, car ils participent à l'enrichissement de l'économie du pays. Les expatriés ont été la cible des attaques de la *Gea-ma'a* en 1994. Hantés par la tuerie des Croates en Algérie, plusieurs groupes d'étrangers qui avaient subi les premières attaques en Moyenne-Egypte ont été rapatriés sur Le Caire.

Le massacre de Louxor, qui a eu lieu au lendemain d'un discours d'autosatisfaction prononcé par Moubarak devant le Parlement, vantant « les succès de la lutte anti-terroriste, qui a[vait] contribué à la prospérité économique de l'Egypte et qui [allait] ouvrir la voie à la privatisation [...] », a remis en cause la double politique en vigueur jusque-là, celle du tout répressif, d'une part, et celle qui consistait à surenchérir sur l'attitude des islamistes afin de leur « couper l'herbe sous le pied », de l'autre. Or « ce n'est pas en essayant d'être plus royaliste que le roi que l'on renverse une monarchie, mais en prêchant des idées républicaines », a justement déclaré un militant de la droite libérale au correspondant du *Monde* au Caire, Alexandre Buccianti. Le président Moubarak a limogé sur-le-champ le ministre de l'Intérieur, le général Hassan Al Alfi et l'a remplacé par le général Habib Al Adili. Six officiers chargés de la sécurité à Louxor ont été déférés devant les instances de leur ministère. Moubarak a qualifié les mesures de sécurité prises à Louxor de « clownesques » et le député Mouhy Kattan a comparé devant le Parlement cet échec de la police à la défaite de l'armée égyptienne face à Israël en juin 1967. Un autre député, Omar Abou Stit, a demandé qu'un coup d'arrêt soit mis aux arrestations massives des islamistes, qui avaient brisé toute coopération entre la police et la population, en provoquant un isolement réel des forces de sécurité. C'est à partir de cette date que le nouveau ministre de l'Intérieur a libéré, en catimini et en plusieurs étapes, environ 5 000 des 20 000 islamistes qui étaient détenus sans jugement. L'entente informelle conclue avec leurs dirigeants était destinée à encourager les tendances réconciliatrices en leur sein. Au cours des années 1998 et 1999, la *Geama'a* n'a mené aucune action militaire. Mille deux cents autres prisonniers ont recouvré la liberté en décembre 1999, à l'occasion du Ramadan. Le plus surprenant dans la conversion de la *Geama'a* — qui aujourd'hui tend la main au gouvernement, réclame le dialogue et sollicite la création d'un parti politique — c'est qu'elle n'avait cessé de qualifier le régime égyptien d'« impie » et de proclamer le *djihad* contre lui, et avait toujours critiqué le multipartisme et l'existence d'un Parlement.

Devant les effets très néfastes du massacre, les *Geama'a Islamiyya* ont soutenu qu'ils n'avaient pas commandité cette attaque et qu'il s'agissait d'une initiative individuelle prise sans concertation. Leur porte-parole, Oussama Rushdi, qui vit aux Pays-Bas, a condamné l'opération et a prôné l'arrêt de la violence, mais le chef militaire Rifa'ï Taha, qui vit en Afghanistan, a continué à soutenir les opérations militaires.

En novembre 1998, sept des dirigeants de la *Geama'a* incarcérés à la prison de Akrab (Scorpion), au sud du Caire, ont appelé leurs camarades établis à l'étranger et à l'intérieur du pays à respecter l'initiative de l'arrêt de la violence, lancée par les chefs historiques de l'organisation en juillet 1997. Les dirigeants les plus hostiles à l'arrêt de la violence sont ceux qui vivent en Grande-Bretagne, comme Yasser Al-Serri ou Moustapha Kamel (Abou Hamza), qui dirige à Londres l'organisation *Ansar Al Chari'a* (Les Partisans de la Chari'a). Il a invité la *Geama'a islamiyya* à s'autodissoudre, considérant que son dernier communiqué représentait une trahison pour le sang des martyrs. L'appel à la trêve a finalement été relayé par les dirigeants de cette organisation établis à l'étranger, et notamment en Afghanistan. Mais en décembre 1999, deux vétérans de la *Geama'a,* Mouhammad Al Islambouli et Rifa'ï Taha, ont démissionné de son conseil consultatif, révélant au grand jour l'ampleur des divisions en son sein, ce qui pourrait provoquer l'effondrement de la plus importante organisation terroriste égyptienne.

La *Geama'a* est victime de la trêve *de facto* qu'elle observe depuis la fin 1997. Après seize ans de lutte armée, elle s'est reniée et a élaboré un nouveau fondement religieux pour justifier l'arrêt du combat armé. Une partie de la *Geama'a* retrouve la voie des Frères musulmans, celle de la prédication et de l'appel à la création de l'Etat islamique par des voies pacifiques. En guise de justification, les dirigeants emprisonnés ont estimé en novembre 1998 que la *Geama'a* cherchait à mettre à profit son expérience pour conclure à l'échec de la lutte armée, qui n'avait pas servi les objectifs recherchés et était devenue une fin en soi.

La modernité divise les islamistes

Le premier objectif des musulmans qui se préoccupent de l'avenir de leur civilisation est que l'islam retrouve sa grandeur passée et rivalise avec les civilisations avancées de notre temps. Pour atteindre ce but, les voies proposées divergent ; certains, comme les *salafites,* plaident exclusivement pour un retour aux sources de l'islam, faisant abstraction de l'évolution de l'humanité depuis la naissance de l'islam. D'autres, moins médiatisés, estiment que l'islam renaîtra si les musulmans adaptent les textes sacrés aux réalités et aux exigences des temps modernes. Ils soutiennent qu'il vaut mieux prendre le train du progrès en marche, car les civilisations renaissantes se sont toujours appuyées sur les acquis de celles qui les ont précédées, avant de développer ces réalisations et de les porter vers de nouveaux horizons. Ce schéma pêche toutefois par son simplisme.

Pour bien des chercheurs et des gouvernements, il est commode d'opérer une distinction entre les mouvements islamistes extrémistes et modérés. D'autres, comme Nasr Hamed Abou Zeïd, considèrent que « ce qui oppose ces deux types de discours est une différence de degré et non de nature. On ne peut trouver entre eux aucune différence quant à leurs fondements intellectuels et leurs mécanismes[1]. » Modérés et extrémistes s'accordent sur les fondements essentiels de l'islamisme que sont l'anathème *(al takfir)*[2] et l'abolition du mal par la force *(al hisba)*, en prescrivant le bien et en proscrivant le mal. Le très célèbre cheikh Mouhammad Al Ghazali a déclaré qu'il fallait « abolir le mal et tuer l'apostat » et que « [...] l'accomplissement de la *hisba* n'exige[ait] pas l'approbation du gouvernement, et met[tait] son auteur à l'abri de tout châtiment », ce qui autorise les individus à se substituer à la force publique pour l'application de la loi civile, et permet à ceux qui se prétendent de « bons » musulmans d'excommunier et d'assassiner les « mauvais », au nom de l'observation des règles islamiques. Les mouvements islamistes égyptiens partagent d'autres revendications communes : la réinstauration du califat, la souveraineté des textes sacrés et l'application de la *Chari'a.* C'est Sayyéd Qutb qui a forgé le concept de « l'anathème » contre le gouvernement et la société dans le monde arabe du XXe siècle. Il s'est appuyé sur les concepts de *jahiliyya*[3], de *takfir* et de *hakimiyat* (souveraineté de Dieu), qui avaient été développés notamment par Ibn Taïmiyya et ultérieurement par Aboulal'a Al Maoudoudi. Qutb qualifie le pouvoir en place de *« jahili »*, puisqu'il n'applique pas l'islam véritable et retourne à l'état d'ignorance antérieur à l'islam. Il préconise de rompre avec le pouvoir et la société qui le tolère, comme l'avait fait le Prophète Mouhammad qui avait quitté La Mecque,

1. *Le Discours religieux contemporain*, texte présenté par Nasr Hamed Abou Zeïd au cours du séminaire « Médiateurs et métaphores » organisé par le CEDEJ. Il est extrait de la revue *Qadhaya fikriyya*, octobre 1989, p.73. Lire aussi deux ouvrages d'Abou Zeïd : *Naqd al-Khitab al-Dini,* Madbouli, Le Caire, 1994 ; et *Al-Tafkir fi zaman al-Takfir*, Madbouli, Le Caire, 1995.

2. *Al takfir* : c'est une conséquence de la *jahiliyya.* Certains oulémas, comme Ibn Taïmiyya, Qutb, Al Maoudoudi, qualifient de *kafer* tout individu, gouvernement ou société (pour le GIA algérien) qui ne respectent pas les préceptes de l'islam. On peut distinguer les islamistes modérés qui, tout en reconnaissant le principe du *takfir*, n'en font pas usage, et les radicaux, qui en usent abondamment. En qualifiant un homme, un groupe ou un gouvernement de *kafer*, on l'excommunie, on lui retire la protection qu'un musulman doit à un autre musulman, et on rend son élimination licite, voire recommandable.

3. *Al Jahiliyya* : le temps de l'ignorance et du paganisme qui a précédé l'arrivée salvatrice de l'islam. C'est la caractéristique de la société arabe qui a précédé l'islam et contre laquelle le Prophète s'est révolté.

contrôlée par les infidèles, et s'était installé à Médine pour y fonder une communauté de croyants authentiques, avant de reconquérir La Mecque, dix ans plus tard. Le Prophète avait eu recours à l'exil volontaire pour préparer le « *djihad*[1] » et instaurer une société islamique. Cette référence sacrée a permis à Qutb de développer le concept de « *jahiliyya* » et ses corollaires : le « *takfir* » et le « *djihad* », indispensables pour restaurer l'islam véritable. Les adeptes de ces trois concepts, qui plaident souvent pour l'action violente sans se satisfaire de la prédication et de la gestion pragmatique du fait accompli, peuvent être considérés comme des islamistes radicaux, comme le *Djihad*, la *Gema'a* égyptiens, « la Société des Musulmans » (appelée communément *Al takfir wal Hijra*), le GIA algérien, etc. Mais la distinction entre modérés et extrémistes disparaît quand il s'agit de pourchasser le mal culturel incarné par la musique, les arts plastiques, la chanson, les représentations théâtrales ou encore le roman, autant de divertissements détestables qui sollicitent les sens et les instincts. Les dirigeants actuels des Frères musulmans et leurs proches s'efforcent de minimiser la responsabilité de Qutb dans le lancement des anathèmes. L'actuel guide, Moustapha Machhour, s'acharne à nier la pensée takfariste développée dans les livres de Qutb[2]. Le penseur Mouhammad Amara, très proche des Frères musulmans, attribue aux séjours en prison et autres centres de travaux forcés la responsabilité de l'extrémisme islamique. Il estime que « le mouvement islamique égyptien est resté modéré jusqu'au placement de Sayyéd Qutb en situation génocidaire dans un four crématoire, ce qui a contraint ce dernier à écrire des textes excessifs à la fin de sa vie — lui, le centriste modéré — en qualifiant la société de *jahiliyya* et le régime de *kafer* ». Amara tente de disculper Qutb de son rôle de théoricien de la violence islamiste : « Qutb avait davantage

1. Le *djihad* : c'est l'obligation de proclamer la guerre sainte. Les islamistes en font une obligation individuelle et impérative *(Fardh aïn)*, alors que pour l'islam traditionnel, le *djihad* est une obligation collective et facultative *(Fardh kifaya)*, exigée de ceux dont les conditions de vie leur permettent d'y participer.

2. *Al Mouslimoun* du 15 novembre 1996, un hebdomadaire islamiste édité par la dynastie des Saoud.

les qualités d'un artiste, d'un écrivain que celles d'un ouléma ou d'un philosophe [...]. Ses écrits révèlent la sensibilité d'un poète. Certains les ont confondus avec les propos d'un ouléma et leur ont donné la force d'une loi religieuse. »

La tolérance des islamistes vis-à-vis des intellectuels s'est érodée au fil des ans. Après l'attribution du prix Nobel au vieil écrivain Naguib Mahfouz, deux terroristes ont tenté de l'assassiner en le poignardant en plein jour, au Caire, en octobre 1994. Lors de leur procès, ils ont avoué qu'ils n'avaient pas lu l'ouvrage incriminé. L'écrivain, âgé de quatre-vingt-treize ans, a échappé à la mort mais il a perdu le plein usage de sa main droite. En janvier 1996, le cheikh Youssef El Badri a intenté un procès pour apostasie contre le professeur Abou Zeïd, et a exigé le divorce de celui-ci d'avec son épouse. Il lui a dénié le droit à la tolérance que Mahfouz revendiquait pour les artistes quand ils abordent les enseignements de la religion. Badri a sommé Mahfouz de se repentir. L'intéressé a qualifié l'attitude du cheikh de « terrorisme contre les penseurs et les artistes qui réclament un peu de liberté » et a rappelé que « l'islam [était] une religion de tolérance qui a[vait] connu les plus grands poètes et penseurs [...] [1] ». Plusieurs oulémas hostiles à toute expression artistique feignent d'ignorer que dès le début du Ier siècle de l'Hégire, vers la fin du règne du calife Othman et le début de celui de Mouawiya, la poésie et la chanson arabes s'étaient développées à La Mecque et à Médine grâce à des apports romains et perses. Sous le règne de Mouawiya (603-680), puis sous la dynastie des Abbassides (750-1258), les femmes de compagnie n'étaient autorisées à rejoindre le calife qu'après avoir fait la preuve de leurs talents en récitant des poèmes et en interprétant des chants [2].

L'islamisme égyptien, très marqué par le wahhabisme saoudien, prétend s'identifier à la parole sacrée et agir au nom de Dieu. Cette attitude avait pourtant été largement évitée tout au long de l'histoire de l'islam, à quelques

1. *Al-Chark Al-Awssat*, 18 janvier 1996.
2. Kamal Najmi, *Al Hayat*, 18 novembre 1995.

exceptions près. Ce faisant, les islamistes contemporains figent l'islam dans une conception immuable et se décrètent gardiens de la foi. Ils s'érigent en autorité supérieure qui monopolise la fonction de dire le droit et impose ses interprétations. Ils s'acharnent contre le concept de « laïcité », qu'ils confondent avec l'athéisme, parce qu'ils y voient un danger pour le rôle qu'ils revendiquent, celui de détenir la vérité absolue. Ces propos de cheikh Al Karadaoui illustrent l'amalgame entre laïcité et athéisme : « La laïcité s'accorde avec la pensée occidentale qui considère que Dieu a créé le monde puis l'a abandonné, et que sa relation avec lui est celle d'un horloger avec la montre qu'il a fabriquée puis a laissée fonctionner indépendamment de lui. Cette conception est héritée de la philosophie grecque, celle d'Aristote surtout, selon lequel la divinité laisse l'univers à lui-même, à la différence de notre conception à nous, musulmans, pour qui Dieu est le créateur de l'Univers, le Souverain du royaume, l'ordonnateur des choses. Il est celui qui connaît tout, recense tout, exerce sa miséricorde sur tout et nourrit tout être vivant : ainsi il a révélé la loi islamique, a permis ce qui était licite et a interdit ce qui était illicite[1]. »

Les islamistes attribuent au colonialisme européen la responsabilité de tous les maux qui frappent les pays islamiques, en passant sous silence l'ampleur du retard qui existait avant la colonisation. Le mouvement nationaliste est présenté comme un complot européen visant à diviser le monde islamique et un mouvement laïc hostile à la foi et à la religion. Qutb proclame que la civilisation islamique est « musulmane et non arabe, religieuse et non nationale ». Dans ses premiers ouvrages, écrits au début des années 50, Qutb oppose la culture islamique à la culture occidentale et critique le divorce qui s'est opéré en Occident entre l'Eglise et la science. Il a été le théoricien de ce que certains modernistes musulmans qualifient de « régression islamique » en condamnant Avicenne, Averroès et

1. *Al Sahoua Al Islamiyya Bayna Al Joumoud wal Tatarrof (Le Réveil islamique entre passivité et extrémisme)*, Dar Al Chourouk, Le Caire, 1986, p. 216. Cité par Abou Zeïd.

les autres « philosophes de l'islam », qu'il considérait comme l'ombre de la philosophie grecque détachée de tout lien avec l'islam, alors que celui-ci disposait d'une philosophie propre fondée sur le Coran et la *Sounna*. Abou Zeïd réagit ainsi à ce sujet : « Et si la renaissance européenne moderne a eu pour dessein de libérer la raison de l'autorité des textes, dont l'Eglise monopolisait la compréhension et l'interprétation, il était tout naturel que la rationalité de la culture islamique, assaillie jusqu'à son anéantissement, y trouvât un appui. » Ce qui revient à recommander, pour engager la renaissance islamique, l'affranchissement de la pensée des musulmans de la censure, voire du terrorisme intellectuel, qu'exerce sur elle une hiérarchie religieuse rigide.

Le principal théoricien des Frères musulmans, Sayyéd Qutb, a été très marqué par les écrits d'Al Maoudoudi. Les tortures qu'il a subies justifient, au regard de plusieurs commentateurs, son développement du concept de « souveraineté » et sa condamnation des régimes politiques. Il a dénigré ceux des écrivains musulmans, tel Taha Hussein, qui ont appelé à la « libéralisation de la pensée et de la raison ». Qutb, suivant son inspirateur Al Maoudoudi, a entrepris la démolition des slogans en vogue sous le nassérisme : unité, liberté et socialisme, jugés illégitimes parce que non fondés sur le précepte croyance-souveraineté. Or, l'environnement d'Al Maoudoudi était totalement différent du contexte égyptien, puisqu'il adaptait sa pensée à la situation conflictuelle qui opposait les musulmans aux hindous dans le sous-continent indien, à la veille de l'indépendance. Abou Zeïd écrit que « si la dictature est le phénomène le plus révélateur du degré de détérioration d'une société dans ce monde, le discours religieux contribue directement, par son recours au concept de souveraineté, à perpétuer ce phénomène en dépit des contradictions qui émergent de temps à autre et qui sont dues à notre avis à des abus dans le comportement politique plutôt qu'à des divergences idéologiques ». Le concept de souveraineté introduit le défaitisme chez les hommes et la perte de toute confiance en soi. Il développe un sentiment d'impuissance et prépare intellectuellement les hommes à une soumission au pouvoir, quel qu'il soit. Rejetant ce concept, Youssef Idriss constate : « Nous voulons quelqu'un qui résolve pour nous les problèmes de l'Egypte [...]. Quant à résoudre nos problèmes nous-mêmes, de nos propres mains, avec notre réflexion et nos potentialités, sans attendre que la Révélation nous tombe du ciel, c'est une autre question que nous ne tranchons pas, ou en d'autres termes à laquelle nous ne pouvons rien [...]. Comment a-t-il grandi en nous, ce sentiment bien enraciné que nous serons toujours trop petits, trop faibles pour résoudre nos problèmes [1] ? »

La problématique qui oppose les modernistes aux islamistes est celle de l'interprétation des textes religieux ; pour les premiers, elle peut changer en fonction du temps et du lieu, alors que, pour les autres, « il n'y a pas de place pour l'interprétaion dans les questions tranchées par des textes ». Abou Zeïd qualifie cette démarche de « pure prétention. Car recourir à certaines interprétations anciennes pour répondre à des problèmes actuels constitue en soi une interprétation fondée sur la mise en relief d'une opinion et l'occultation d'une autre. [...] Le Coran est un texte religieux immuable dans son énoncé. Abordé par la raison, il perd ce caractère immuable et devient un concept *(mafhoum)* dynamique aux significations multiples. L'immuabilité est la qualité de l'absolu et du sacré. Quant à l'humain, il est relatif et changeant. Or le Coran, texte sacré dans son énoncé, devient compréhensible grâce à ce qui est relatif et changeant, c'est-à-dire l'homme, qui le transforme ainsi en un texte humain ou humanisé [...]. De telles allégations conduisent à une sorte d'idolâtrie du fait qu'elles confondent absolu et relatif, immuable et changeant, intention divine et perception humaine [...]. Elles conduisent à diviniser le Prophète ou à le sacraliser en dissimulant sa nature humaine et en insistant sur sa qualité de Prophète [2] ». En développant cette approche, Abou Zeïd mobilise contre lui l'ensemble de la mouvance islamiste qui s'est autoproclamée gardienne de l'orthodoxie. Il

1. *Al-Ahram* du 16 octobre 1989, cité par Abou Zeïd, *op.cit.*, p.119.
2. Abou Zeïd, *op.cit.*, pp. 109-112.

va à contre-courant de la pensée dominante, voire unique, qui a longtemps gardé la haute main sur les organes culturels, administratifs et médiatiques. Ce faisant, il a pris un risque considérable. Il a été la cible d'un terrorisme culturel, qui prélude généralement à la violence terroriste ; l'écrivain Faraj Foda a été exécuté après avoir été accusé par des islamistes d'être un apostat. Abou Zeïd poursuit sa démonstration : « En insistant sur la souveraineté des textes dans tous les domaines de la réalité et de la pensée, tout en limitant l'interprétation aux incidentes à l'exclusion des principes, et aux textes secondaires, les *hadith*, à l'exclusion du texte fondamental, le Coran, le discours religieux en vient à figer le texte et la réalité tout à la fois [...]. L'on réalise que ce discours vise en fait à faire régresser la société et non à la faire progresser, comme il le prétend. Le passé auquel il veut nous ramener n'est pas celui de l'épanouissement intellectuel et de la raison qui croit au pluralisme et accepte les divergences, mais celui qui substitue à l'interprétation l'imitation et à la création la répétition. Le discours religieux ne rappelle ce passé prestigieux que pour rivaliser avec la raison européenne et sa civilisation matérielle édifiée sur les expériences qu'elle a tirées de l'esprit islamique [...]. Finalement, le discours religieux en arrive à s'enfermer dans les textes, après les avoir figés et vidés de leur vitalité[1]. » La solution, selon Abou Zeïd, consiste à « retourner au point de départ, c'est-à-dire à l'autorité de la raison qui sert de fondement à la Révélation même. Raison envisagée non pas comme un mécanisme formel et dialectique, mais comme un acte socio-historique mouvant [...]. Conscient que le recours à cette autorité le prive de ses armes et fait tomber son masque idéologique, le discours religieux est incapable de dialoguer sur le terrain de la raison. Face aux tentatives [...] d'instaurer la raison dans notre culture, il fait appel à l'accusation d'incroyance, arme efficace dans un monde sous-développé où la majorité de la population est illettrée et où ceux qui ont reçu une éducation sont analphabètes. Les gens rationnels capitulent souvent devant ce chantage

1. Abou Zeïd, *op.cit.*, p. 113.

et se résolvent à pactiser avec le discours religieux [...]. Nous n'avons d'autre choix que d'instaurer la raison [...]. La société à laquelle la Révélation s'adressait était une société tribale et esclavagiste. Les relations s'y organisaient en fonction de ces deux dimensions. La langue a défini ces relations fondées sur le loyalisme par un terme qui prête à équivoque ; le mot *mawla,* au pluriel *mawali,* signifie aussi bien esclave que seigneur [...]. Or, si la langue suit l'évolution de la société et de la culture, si elle formule de nouveaux concepts, il est normal et même nécessaire de réinterpréter les textes. Les mots anciens restent vivants et en usage mais ils ont acquis des sens allégoriques. S'obstiner à les ramener à leur sens littéral, antérieur, aboutit à nier et le texte et la réalité, à falsifier les intentions globales de la Révélation[1]. »

« Des masses sans partis et des partis sans masses »

Depuis que Sadate a autorisé la création de partis politiques en 1976, ces formations ressemblent à des clubs fermés où l'on se retrouve en petits comités autour d'une tasse de thé. Les adhésions à ces partis se sont faites rares et la jeunesse a été davantage attirée par les mouvements islamiques que par ces structures fossilisées et dominées par des apparatchiks immuables. Aucun débat sérieux n'a lieu dans les enceintes de ces partis dont la pratique démocratique interne est quasi inexistante. Les formations de l'opposition légale n'ont pas réussi à attirer la jeunesse, si assoiffée de changements. Car le régime, en autorisant la création de partis d'opposition, a énormément limité leur liberté d'action. Ils servent d'alibi démocratique et ne peuvent espérer conquérir le pouvoir lors de consultations populaires, ce qui exclut toute possibilité d'alternance politique par les urnes.

Le plus puissant parti « informel » d'Egypte est celui des Frères musulmans, qui n'a plus d'existence légale depuis sa dernière dissolution, en 1954. Mais les Frères musulmans sont présents sur l'ensemble du territoire,

1. *Ibid.*, p. 115.

d'Assouan à Marsa Matrouh, dans les villes comme à la campagne, alors que l'influence des partis légaux se limite aux grandes cités. Ces derniers manquent de ramifications dans l'Egypte profonde et ils n'ont aucune présence militante dans les quartiers misérables des grandes villes. Lors des élections législatives de 1987, le parti *Al Tajamoh Al Yassari* (Rassemblement de gauche) a perdu la moitié de ses suffrages par rapport à son score de 1984 ; il a engagé un débat interne et ses instances dirigeantes ont reconnu les failles de cette organisation exclusivement citadine, qui ne couvrait ni les chefs-lieux des préfectures ni les campagnes. Cette carence est encore plus grave pour le Parti libéral *Al Ahrar* ; après quinze ans d'existence, il n'a pas réussi à compléter ses structures organiques, notamment au niveau des préfectures. Le parti du Nouveau *Wafd,* créé en 1978, a dû suspendre son activité trois mois et demi après sa création en raison d'un conflit avec le gouvernement, pour la reprendre en 1983 ; il a alors concentré sa présence dans les chefs-lieux de préfecture et a renoué des liens avec les notables qui avaient adhéré à la prestigieuse formation de l'ancien parti indépendantiste *Wafd*.

La seule formation légale qui abrite un courant issu des Frères musulmans est le parti *Al A'amal* (le Travail), créé par Ibrahim Choukri en 1979. En 1989, ce parti s'est officiellement transformé en une formation islamiste et Adel Hussein en est devenu le secrétaire général. Hussein est un ex-marxiste qui a passé huit ans dans les prisons de Nasser ; il associe les méthodes marxistes au populisme des Frères musulmans. L'annexion d'*Al A'amal* par un courant islamiste marque la fin du monopole des Frères musulmans sur l'islamisme politique en Egypte. Le ministre de l'Intérieur accuse régulièrement ce parti « d'œuvrer pour renverser le gouvernement ». Ses dirigeants et ses principaux cadres sont souvent arrêtés puis relâchés, car la police égyptienne frappe préventivement.

Les Frères musulmans contrôlent les syndicats, dont l'élection se déroule de façon démocratique, même si le nombre des participants aux scrutins est très peu élevé. Ils ont conquis les syndicats des ingénieurs, des médecins, des dentistes, des vétérinaires, des pharmaciens, des commerçants et, en septembre 1992, celui des avocats, avec un score remarquable pour Seïf Al Islam Hassan Al-Banna, le fils du fondateur de la confrérie. Dès 1995, le gouvernement a vivement réagi contre ces syndicats ; il a procédé à la dissolution des conseils d'administration de la plupart de ces « tribunes de l'opposition » et a nommé des administrateurs provisoires. Le conseil de l'ordre des avocats a été dissous après que plusieurs avocats inscrits au barreau eurent été arrêtés et torturés. L'un d'eux, maître Abdelhareth Madani, a succombé à la torture. Quelque temps auparavant, le même tribunal du Caire sud avait dissous le conseil du syndicat des ingénieurs, également contrôlé par les Frères musulmans, et celui des médecins où ils avaient la majorité. Ces succès de la confrérie ont été obtenus malgré une nouvelle loi qui exigeait pour le scrutin syndical un quorum de 50 % des inscrits pour le premier tour, et de 30 % pour le second.

Cet acharnement du gouvernement contre les Frères s'explique par le fait que la Confrérie est très représentative ; dans des élections libres, elle obtiendrait de très bons scores. C'est sans doute pour cette raison que les modernistes de la confrérie, rassemblés autour de Abou Ala'a Madi, n'ont pas obtenu l'autorisation de former le parti du Centre, *Al Wassat*, de peur qu'il ne représente, aux yeux des Etats-Unis et de l'Occident, une alternative acceptable au régime de Moubarak.

Les publications des syndicats ont politisé le débat et réclamé des libertés démocratiques et le respect des droits de l'homme. Leur programme se résume en quelques mots magiques : « L'islam est la solution », ou « L'avènement d'une République islamique enrayera le chômage en Egypte ». Les syndicats mobilisaient leurs troupes sur des thèmes porteurs, comme la défense des *moudjahedin* afghans, le lancement de fonds spéciaux pour secourir les Bosniaques et les Somaliens victimes de guerres. Ils ont envoyé des volontaires pour défendre les musulmans en Tchétchénie, en Bosnie et au Kosovo.

Les Frères musulmans ont également fondé des sociétés commerciales et industrielles qui vendent leurs productions à des prix compétitifs, pour se mettre à la portée du peuple. Ils ont créé des dispensaires, des hôpitaux et des écoles islamiques et ont organisé des pèlerinages à La Mecque. L'islamisation de la société passe aussi par l'action de quelque 15 000 associations caritatives contrôlées directement ou indirectement par la confrérie. Lors du tremblement de terre du Caire au printemps 1993, les moyens financiers des Frères se sont révélés au grand jour ; en une seule matinée, le syndicat des médecins qu'ils contrôlent a déboursé un million de LE pour dresser des tentes et fournir les premiers secours aux sans-abri. L'énorme puissance financière des Frères musulmans d'Egypte leur sert d'instrument de pénétration de la société. Grâce aux fortunes réalisées dans le Golfe et au soutien de leurs amis saoudiens et koweïtiens, ils ont créé des sociétés dans tous les domaines et accordent des aides substantielles aux commerçants en difficulté, aux étudiants qui n'ont pas les moyens de se marier, de louer ou de meubler un appartement. Ils ont instauré un mariage allégé [1] à l'attention des jeunes universitaires désargentés, dont la cérémonie se déroule en présence de deux témoins, avec une modeste dot et sans festivités. La confrérie offre au mari un millier de LE, dont 300 vont à titre de dot aux parents de la mariée. Ce procédé est d'une efficacité remarquable pour attirer les jeunes militants.

Depuis 1991, les Frères musulmans s'intéressent également à la politique étrangère. En novembre, ils ont violemment critiqué la conférence de Madrid pour la paix au Proche-Orient et ont organisé des mouvements de protestation dans les universités et aux portes des mosquées. Ils ont aussi diffusé des tracts hostiles à la réconciliation israélo-arabe, en mobilisant les syndicats qu'ils contrôlaient et les partis de l'opposition. Ils ont soutenu très ouvertement les mouvements palestiniens du *Hamas* et du *Djihad islamique* et ont tenté de mobiliser leurs fidèles en faveur des musulmans de Bosnie, en condamnant l'attitude du gouvernement égyptien. Le bannissement par Israël de 415 Palestiniens, en décembre 1992, leur a donné

1. *Azzawaj al ourfi.*

l'occasion d'aller leur rendre visite au Sud-Liban, en se faisant passer pour des journalistes.

Mais l'efficacité des structures organisationnelles des Frères musulmans ne compense pas l'absence d'un dirigeant charismatique, capable d'unifier sous son commandement l'appareil et les moyens dont dispose ce mouvement pour instaurer le changement en Egypte. Cette mouvance connaît beaucoup de divisions dans ses rangs, qui se manifestent notamment dans les colonnes du journal du parti *Al-A'amal*, le bihebdomadaire *Al Chaab*, à travers les confrontations répétées entre le dirigeant de la Confrérie, Ma'amoune Al Houdaïbi, et le secrétaire général du parti *Al-A'amal*, Adel Hussein.

Quant au Parti national démocratique (PND) [1], le parti du régime créé par le président Sadate en 1978, il est loin de couvrir l'ensemble des régions du pays. En mai 1981, Moubarak a publiquement reconnu les carences de ce parti, qui a uniquement tiré sa puissance du président et de l'administration. Le Raïs a déclaré en janvier 1982 que « le Parti national n'existait pas dans la société ». *Mayo*, le journal du parti, écrivait le 22 mars 1982 que « le parti a[vait] besoin d'une secousse radicale », mais cette secousse ne s'est jamais produite. Le PND au pouvoir contrôle l'écrasante majorité des sièges du Parlement, alors qu'il est dépourvu d'une base sociale ou partisane. De 1986 à 1991, le bureau politique et le secrétariat général de ce parti n'ont tenu aucune réunion. En 1991, ils ont décidé de démocratiser le fonctionnement interne du parti et de recourir partiellement aux élections pour renouveler sa direction mais cette mesure n'a pas été adoptée au niveau de la base militante. Cela explique que l'Etat ne dispose d'aucun relais populaire et social dans sa lutte contre le terrorisme et mène exclusivement ce combat sur le plan de la sécurité. Le Parti national en Egypte est coupé de la société, comme le FLN algérien qui est entré dans une phase de dégénérescence active avant la fin du règne de Chadli (1979-1992).

Le discrédit qui frappe les partis égyptiens légaux profite

1. *Al Hizb Al Watani Al Dimocrati.*

incontestablement aux mouvements et aux courants islamistes qui se présentent comme la seule alternative crédible. Ils servent de caisse de résonance à tous les mécontentements, tout en revendiquant l'application de la *Chari'a*. La formule de l'avocat des groupes islamistes, Mountasser Al Zayyat, reflète bien la situation politique égyptienne : « Des masses sans partis et des partis sans masses. »

Les élections législatives, organisées à la fin de 1995, ont été une véritable mascarade. Elles ont été précédées par des rafles d'opposants et par l'interpellation des milliers de scrutateurs qu'ils avaient désignés. Une semaine avant le premier tour, 54 condamnations à des peines de prison ont été prononcées contre des dirigeants des Frères et leur quartier général a été fermé. Le fils du fondateur de la confrérie, Seïf Al Islam Hassan Al-Banna, a été arrêté à plusieurs reprises et n'a pu organiser aucune manifestation publique, d'autant plus que l'état d'urgence, en vigueur depuis 1952, interdit toute réunion de plus de cinq personnes. L'attitude du régime justifie la position des terroristes, qui ont toujours estimé que l'islamisme n'a rien à gagner dans les urnes, puisque le régime refuse l'alternance, et que la seule solution est de le renverser par les armes. Aux élections de novembre et décembre 1995, le PND au pouvoir, qui n'a désigné sur ses listes aucun candidat copte et aucune femme, a « obtenu » 97 % des sièges du Parlement.

Le chef du *Djihad islamique,* Aïman Al-Zaouahiri, écrivait dans sa publication, *les Moudjahedin*, que les Frères se trompaient lourdement en croyant qu'ils accéderaient au pouvoir en collaborant avec le gouvernement. « La catastrophe (électorale) en Algérie a démontré, sans l'ombre d'un doute, l'échec de la voie démocratique. L'Occident ne permettra à aucune formation islamique d'accéder au pouvoir, même si elle renonce à son programme [1]. » En raison de la fraude institutionnalisée, des irrégularités et des pressions flagrantes exercées par le régime, l'Organisation égyptienne des droits de l'homme (OEDH) a

1. *Al Hayat,* 18 septembre 1995.

demandé l'annulation pure et simple de ces élections, d'autant plus que le tribunal administratif avait ordonné l'annulation des résultats dans 109 circonscriptions sur les 222, soit 218 sièges sur 444. Quarante-deux personnes ont trouvé la mort et des centaines d'autres ont été blessées lors de la campagne. Le département d'Etat américain a souhaité que le gouvernement égyptien diligente une enquête sur la fraude. La violence contre l'opposition qui a marqué cette campagne a été encouragée en sous-main par les forces de sécurité qui ont fait du zèle. On a constaté également, lors de ces élections, l'ampleur de la corruption par l'argent, qui s'est substituée au dialogue politique.

La corruption mafieuse favorise l'islamisme radical

La corruption en Egypte est une pratique courante, depuis une époque bien antérieure à l'indépendance. Mais elle a atteint, notamment depuis l'*infitah* (l'ouverture économique de Sadate), une ampleur telle que la presse officieuse du Caire a été contrainte de l'évoquer, sous la pression du mécontentement croissant de l'opinion publique et de la presse d'opposition. Ce fléau touche tous les secteurs d'activité du pays et particulièrement celui du bâtiment. L'exemple le plus frappant est celui du « milliardaire de la ville de Nasr ». En 1985, le gouvernement a décidé la création d'un nouveau quartier au Caire, distinct de celui de Masr al Jadida. Sa construction a été confiée à une société privée. Le mètre carré valait à l'époque 70 LE, il a été multiplié par 50 dix ans plus tard. Le plus illustre des hommes impliqués dans cette affaire s'appelle Fawzi Assayed. Son système reposait sur la complicité de l'ensemble des rouages de l'administration. Il faisait construire des tours sur les terrains d'autrui, en « arrosant » tous les décideurs, selon l'influence de chacun. Les fonctionnaires, les élus, les ingénieurs de l'administration — dont le salaire moyen est de deux cents LE par mois — ne résistaient pas à ses avances. L'auteur de ces escroqueries est devenu richissime dans les années 90, grâce aux quatre-vingt-neuf tours qu'il a édifiées, alors qu'il n'était qu'un simple menuisier vingt ans plus tôt. Le montant de la fraude qui lui est imputable s'élève à plus de cent millions de LE. La société dont il est propriétaire avec ses deux épouses et leurs neuf enfants a impliqué dans ses malversations l'ensemble de l'administration égyptienne. Pour se mettre à l'abri de toute poursuite judiciaire, le milliardaire a cédé à quelque trois cents dignitaires du régime des appartements situés dans ses tours, à des prix attractifs ; on retrouve parmi les bénéficiaires des généraux, des procureurs, des magistrats, des enfants de ministre, des préfets et des journalistes. Le fils du directeur de cabinet du président Moubarak a été accusé par la presse d'opposition d'avoir lui aussi bénéficié de ces largesses. Le procureur général chargé des affaires financières a reconnu que le milliardaire de la ville de Nasr « dissimulait son activité grâce au soutien de certains dirigeants politiques ».

Mais la corruption touche également les membres du gouvernement. L'ancien ministre de l'Intérieur Zaki Badr a accusé son successeur Abdelhamid Moussa de complicité dans des actes de corruption ; celui-ci s'était associé au cours de son mandat à une société de sécurité privée, l'Internationale pour les services, qui comptait parmi ses actionnaires le propre fils du ministre et deux Saoudiens de la famille Bin Laden. Il lui reproche également d'avoir engagé des dépenses frauduleuses au profit de son cabinet ministériel et d'avoir fourni des armes et des autorisations de port d'armes à des parlementaires, contre deux appartements situés sur une place du Caire. Il aurait utilisé ce même procédé avec des agriculteurs, qui auraient revendu les armes à des terroristes au prix de 4 000 à 5 000 LE l'unité. Le ministre accusé a répliqué en mettant en cause son prédécesseur, qui aurait permis l'évasion de commerçants et de trafiquants mafieux qui avaient introduit de la nourriture avariée sur le marché égyptien et celle de Hoda Abdel Mounem, la « dame de fer » de l'Egypte, dont la société Hedico avait construit des immeubles en infraction à la loi.

Quelle a été la réaction des autorités publiques face à ces scandales en cascade ? Le Premier ministre de l'époque, Atef Sedki, a affirmé que la « réforme économique [devait] être accompagnée d'une réforme administrative complète », ce qui a été interprété comme un signal pour le maintien du *statu quo* ; la mafia peut continuer à sévir tant que la réforme économique n'est pas achevée. L'absence de réaction significative du pouvoir démontre la déliquescence de ses structures, l'usure de ses dirigeants et la perte de leur crédibilité. Les scandales n'épargnent aucun secteur d'activité. Le régime de la Sécurité sociale a souffert d'une dilapidation de quelque 150 millions de LE selon les estimations de l'administration, alors que le secrétaire général de cette caisse n'en reconnaît que 98 millions seulement. La dénonciation de la corruption a même mobilisé une partie de la rédaction de l'officieux *Al-Ahram*. Le directeur d'*Al-Ahram International*, Salaheddine Hafez, nous a fait part de son intime conviction qu'il existait « une alliance tacite » entre la corruption et le terrorisme. « Les terroristes tirent de la corruption des hautes sphères dirigeantes de l'Etat une justification pour déclarer que la société et l'Etat sont anti-islamiques, afin d'attaquer l'Etat et de le détruire. Ils se servent de la corruption et de ses manifestations pour mieux convaincre de l'utilité du recours à la violence et aux armes. La mafia de la corruption, elle, profite de l'action des organisations terroristes, prétend que ce qui se passe est le prélude à la prochaine chute du pouvoir et en tire la conclusion que le moment est opportun pour piller ce qui peut l'être, le transférer en fraude à l'étranger, et quitter le navire avant qu'il ne coule. »

La crise économique aggrave le mécontentement

A la veille de l'invasion irakienne du Koweït en 1990, l'Egypte, qui était au bord de la cessation de paiement, a pu surmonter cette crise financière et assainir sa situation économique grâce à l'annulation de sa dette dans le cadre du Club de Paris. Elle a été exemptée de presque la moitié de sa dette qui s'est établie, fin 1998, à 28,7 milliards de dollars pour un pays de quelque 63 millions d'habitants, où le PNB par habitant s'élève à 1 200 dollars. 98 % de la population vit sur 4 % de la surface du pays. La participation de l'Egypte à la coalition anti-Saddam, lors de la deuxième guerre du Golfe, lui a permis de prendre un nouveau départ économique, grâce aux arrangements obtenus avec la Banque mondiale et le FMI, qui ont engagé une réforme de l'économie nationale. Le service de la dette varie entre 1,3 et 1,5 milliard de dollars par an. Les réserves égyptiennes en devises s'élèvent aujourd'hui à près de 20 milliards de dollars, soit plus du triple des réserves disponibles de l'Arabie Saoudite. Les paramètres retenus par les organismes de contrôle internationaux conduisent à évaluer positivement l'évolution économique de l'Egypte : un déficit budgétaire avoisinant les 2 %, une inflation ramenée à 3,8 %, pour les années 1997 et 1998, au lieu de 12,8 %, cinq années plus tôt, une croissance économique de l'ordre de 5,2 % entre 1996 et 1998. Mais le programme de privatisation de trois cent vingt entreprises d'Etat, lancé au début de la décennie, n'a obtenu qu'un succès partiel avec la vente de moins de soixante sociétés, la cession des autres sociétés étant freinée par une main-d'œuvre pléthorique. Les avoirs des Egyptiens à l'étranger sont évalués à 80 milliards de dollars. Le chômage, estimé à 10,8 % selon les statistiques officielles, dépasserait en réalité le double. L'âge légal du travail en Egypte est fixé à 15 ans et 60 % de la population égyptienne a moins de 20 ans. Parmi ces chômeurs, il y a environ 2 millions d'universitaires diplômés. Nasser avait garanti un emploi dans l'administration pour chaque diplômé, mais cette disposition a été abrogée par Sadate qui l'a jugée désastreuse. Le montant des exportations égyptiennes s'élevait à 4,8 milliards de dollars en 1998, alors que les exportations de Singapour (3,75 millions d'habitants) ont atteint 122 milliards de dollars et celles de Hongkong (6,5 millions d'habitants) 177 milliards de dollars.

Pour « joindre les deux bouts », les Egyptiens cumulent deux, voire trois emplois : fonctionnaire le matin (le fonctionnaire égyptien travaille vingt-sept minutes par jour, selon un organisme officiel, le service central pour l'organisation et l'administration), il recherche un deuxième emploi pour l'après-midi et tente enfin d'en trouver un troisième pour la nuit, comme chauffeur de taxi ou serveur de restaurant. Les inégalités entre les riches et les pauvres s'accentuent au fil des ans. En 1990, 10 670 personnes possédaient des fortunes dont le montant variait entre 5 et 200 millions de dollars. Trois ans plus tard, douze à seize Egyptiens sont devenus milliardaires, sans avoir investi dans des activités productives et en se contentant de spéculer. Cette situation suscite le mécontentement de la population, qui se tourne alors vers les organisations extrémistes.

L'écrivain égyptien Mouhammad Hassanaïn Haïkal qualifiait, en 1996, les islamistes qui recourent à la violence de mouvements pratiquant « la violence politique et non le terrorisme », étant donné le soutien dont ils bénéficient auprès de la population. Il a cité une étude de l'administration qui établit que la « géographie de la violence correspond aux régions les plus pauvres ». L'Egypte souffre de l'augmentation très rapide de sa population, soit 1,2 million de personnes par an, alors que les ressources du pays sont limitées. La croissance démographique a été ramenée de 3,2 % à 2,2 % en dix ans, mais cette baisse demeure très en-deçà des chiffres attendus. Malgré les programmes parrainés par le *US Aid*, les efforts consentis par les médias officiels et les spots télévisés, un bébé voit le jour toutes les 24 secondes en Egypte. En 2020, le pays devrait compter 100 millions d'habitants, alors que sa superficie utile ne dépasse pas celle de la Belgique. Le ministère des Affaires sociales déploie des efforts substantiels qui ne sont pas suffisamment récompensés, prenant en charge quelque 15 000 associations, 1 600 unités sociales et 203 directions sociales chargées de promouvoir le contrôle des naissances. L'amélioration des conditions sanitaires a réduit le taux de mortalité infantile à 56 pour 1 000, alors que la moyenne en Afrique du Nord et au Moyen-Orient est de 54 pour 1 000. L'espérance de vie s'élève à soixante-trois ans. De l'aveu du ministre égyptien des Collectivités locales, l'augmentation des naissances est un problème fondamental qui nuit à la croissance économique du pays. La croissance démographique se traduit par l'arrivée de 800 000 nouveaux demandeurs d'emploi par an sur le marché du travail. L'Egypte doit impérativement relever ce défi démographique, d'autant plus qu'elle est contrainte d'importer 70 % de ses besoins alimentaires en blé. Les résistances à la limitation des naissances sont d'abord d'ordre religieux, et, pour les contrées les plus reculées du pays, d'ordre économique. Les islamistes rejettent la limitation des naissances et se réfèrent à l'islam qui promet aux parents que leurs futurs enfants seront dotés par Dieu des biens dont ils auront besoin. La plupart des Egyptiens pensent que c'est Dieu qui envoie ou retient les enfants et décide de leur nombre. *« Di iradat rabina »*, « C'est la volonté de Dieu », dit-on dans les milieux populaires. En outre, dans les régions reculées du pays, avoir beaucoup d'enfants permet d'accroître la main-d'œuvre familiale qui participe aux travaux agricoles, dans une économie primitive où la mécanisation n'a pas beaucoup progressé.

L'Egypte connaît, dans ses villes comme dans ses campagnes, des situations de pauvreté révoltante. Les quartiers d'Imbaba, de Aïn Chams, et les cimetières du Caire hébergent quelque 2,5 millions de personnes qui vivent dans des conditions très dégradantes. A l'origine, les pauvres de la préfecture d'Assiout, en Moyenne-Egypte, sont venus habiter aux portes du Caire à la recherche d'un emploi d'éboueur. Au fur et à mesure que Le Caire s'est développé, ces personnes ont attiré des parents pour remplir la même fonction. Puis elles ont découvert que les déchets pouvaient servir pour l'élevage de porcs, prohibé par la *Chari'a*. Elles ont alors ouvert des fermes porcines en construisant leurs premières masures en utilisant des objets en tôle ou en bois récupérés dans les déchets de la ville. Le quartier d'Imbaba a été pendant longtemps inaccessible à la police. Ce n'est qu'en envoyant une force armée de 14 000 hommes assistés par des blindés que l'Etat égyptien a pu pénétrer, en mars 1993, dans ce ghetto où l'extrémisme avait proclamé sa première République islamique. La police a démantelé une radio locale de la *Geama'a* et a saisi environ trois millions de cassettes audio et vidéo qui diffusaient les *fatwas* les plus fanatiques de Zaouahiri, Abdelrahmane, Chukri, et qui contenaient les modes de fabrication des explosifs. La reprise en main de ce fief de la *Geama'a islamiyya*, au nord-ouest du Caire, a coûté la vie à vingt-trois personnes. Si la population de ce quartier, qui compte près de 1,7 million d'habitants, a été sensible aux sirènes islamistes, c'est parce que l'action sociale de l'Etat était inexistante dans cette banlieue extrêmement pauvre. A Imbaba, les eaux usées et l'eau potable se mélangent, les égouts crevés et les flaques boueuses couvrent les ruelles, et les poubelles et les mouches envahissent la chaussée. Les cimetières sont squattés par des pauvres qui ont élu domicile sur les tombes. Certaines familles, devenues « aisées », versent même un maigre loyer aux parents des défunts. L'Etat a fini par légaliser *de facto* cette situation, faute de pouvoir proposer une solution de rechange à ces quelque 250 000 habitants des cimetières. Selon une étude du Centre démographique du Caire, organisme dépendant du ministère de la Santé et de la Population, 51 % des membres des organisations armées sont issus des six quartiers « chaotiques » de la capitale, 38 % de la Haute-Egypte et de 6 à 7 % du Delta. 12,6 millions de personnes vivent dans ces quartiers. L'étude recommande de raser 81 quartiers dont 25 immédiatement. Le Caire, après Mexico, détiendrait aujourd'hui le deuxième rang au monde pour le taux de pollution, avec les maladies qui l'accompagnent. Les usines fabriquant de l'aluminium et les particules rejetées par les échappements de plus d'un million de vieilles voitures mal entretenues font respirer aux Cairotes une fumée grisâtre. Le journal *Al-Akhbar* révèle que « 2,5 % des habitants des quartiers périphériques du Caire sont atteints de tuberculose, alors que les malades fuient les hôpitaux spécialisés qui sont occupés seulement à 40 % de leur capacité [1] ». L'officieux *Al-Ahram*, dans un reportage sur l'école Mastred qui abrite 5 000 élèves, fait la description suivante : « Les eaux usées qui noient l'établissement atteignent parfois soixante centimètres. Et ce, depuis plus de deux ans sans que l'administration n'intervienne pour mettre un terme à cette situation qui menace la santé de milliers d'écoliers [2]. » Une étude réalisée par un chercheur à la faculté de pédagogie

1. *Al-Akhbar*, du 30 janvier 1994.
2. *Al-Ahram*, du 27 janvier 1994.

à l'université d'Alexandrie, Samir Mouhammad, révèle que « 65 % des enfants et des adolescents égyptiens souffrent d'anémie[1] ». Lors d'une intervention devant les forces armées, le président Moubarak a reconnu une certaine impuissance de l'Etat devant ces « régions chaotiques » qui ont vu le jour « dans les années 60 » et qui, depuis, n'ont cessé de grossir et d'attirer les familles de la campagne égyptienne. Il a avoué que l'Etat était dans l'incapacité de détruire ces quartiers et d'offrir des appartements décents à leurs occupants et a plaidé pour contenir la croissance démographique.

La misère existe également dans les campagnes de la Haute et de la Moyenne-Egypte. Même les villages proches des sites touristiques sont d'un dénuement extrême. Les infrastructures des villages situés dans la périphérie immédiate de la riche ville touristique de Louxor sont très insuffisantes. Les routes reliant les sites touristiques desservent rarement les ruelles de la plupart de ces localités. Les maisons sont souvent en terre cuite et ne disposent d'aucun équipement sanitaire ou électroménager. Quel touriste n'a pas constaté l'habillement sommaire de ces villageois, et les pieds nus des enfants qui ne fréquentent pas l'école ? Le taux d'analphabétisme adulte est de 49 %. En parcourant la route qui relie les sites touristiques aux hôtels, le visiteur découvre des exploitations agricoles où l'on pratique toujours les mêmes méthodes depuis le Moyen Age, notamment dans les plantations de canne à sucre. La coupe se fait généralement à la main et les cannes sont transportées à dos d'âne. Les réformes agraires de Nasser avaient détruit les notabilités terriennes et le nouveau système n'a pas réussi à instaurer un mode de production efficace. Il a appauvri une couche de la population sans en enrichir aucune autre. L'ouverture instaurée par Sadate n'a pas eu les effets escomptés pour permettre le redémarrage de l'économie, la pesanteur de la bureaucratie ne permet pas de relayer les directives administratives du Caire et le déficit de formation des cadres entrave la relance de la production.

1. *Al-Chark Al-Awssat*, le 7 mars 1994.

La défaillance du gouvernement et la faillite des partis légaux ont accéléré le divorce entre le pouvoir et la société. Cette situation a profité au courant islamiste, qui a recueilli dans les mosquées qu'il contrôlait l'adhésion des jeunes diplômés en quête d'emploi et de perspective d'avenir. Ce courant a cristallisé tous les mécontentements qu'ils soient d'ordre social, économique ou identitaire. La corruption du régime, les mauvaises conditions socio-économiques, l'usure et l'inertie du pouvoir ont fait se reporter tous les espoirs sur le courant islamiste contestataire et sa devise simple et magique : « L'islam, c'est la solution. » Après l'échec du socialisme national de Nasser et les cruelles insuffisances du capitalisme de Sadate et de son successeur, les Egyptiens sont tentés de recourir à une nouvelle méthode, celle qui consiste à appliquer la *Chari'a*. Les atermoiements de l'Etat, incapable de suivre une ligne de conduite cohérente, et la détention de plus de quinze mille prisonniers politiques ne font qu'aggraver la crispation sociale et accréditer l'idée d'une autre politique.

La violence islamiste encouragée par des apports extérieurs

La violence n'est pas un phénomène récent en Egypte. Son origine remonte au cinquième congrès des Frères musulmans, tenu en 1938, au cours duquel la confrérie a décidé de créer le « service spécial », organe militaire des Frères musulmans. D'autres facteurs sont venus nourrir la violence ; au cours des vingt dernières années, près de cinq millions d'Egyptiens ont participé à des guerres (la guerre Irak-Iran en 1980-1988, et les guerres du Liban en 1975-1990) en tant que mercenaires pour gagner leur vie. Ce faisant, ils ont pratiqué ou côtoyé une violence gratuite, puisqu'elle ne les concernait pas au premier chef. Seuls les Egyptiens mobilisés pour combattre l'Armée rouge en Afghanistan l'ont été pour des raisons idéologiques. Sans compter les 1,5 million d'Egyptiens émigrés dans plusieurs Etats du Golfe, où ils sont nourris d'intégrisme pur et dur.

Plusieurs dignitaires religieux du régime, comme le cheikh Cha'arawi, ont longtemps séjourné en Arabie et ont adhéré aux valeurs du wahhabisme en vigueur dans ce pays. Le flux constant de pétrodollars — notamment après la flambée du prix du baril, consécutive à la guerre d'octobre 1973 — a contribué au renforcement du courant islamiste, alors qu'il suffit de 200 dollars seulement pour entretenir un intégriste pendant un an en Egypte. L'attrait du pétrodollar saoudien dans une société soumise à de multiples privations est tel que les résistances se font très rares. Quand Nasser a violemment réprimé les Frères musulmans en 1954, puis en 1962, ces derniers ont trouvé refuge en Arabie où ils ont été accueillis à bras ouverts, notamment par le roi Faïçal, un adversaire irréductible du Raïs. Pour contrer la vague national-socialiste levée par Nasser, les Saoud encourageaient et finançaient l'islamisme militant, ce qui a largement profité aux Frères musulmans égyptiens qui ont trouvé en Arabie un exil confortable et prospère. Les donateurs saoudiens publics, parapublics et privés ont participé au renforcement du courant islamiste sous couvert de soutenir les œuvres sociales, caritatives et religieuses des associations islamiques. Parmi les donateurs les plus généreux figuraient des familles liées à la dynastie des Saoud. A partir de 1993, Moubarak a exercé des pressions publiques sur Riyad pour faire cesser ce soutien financier. Les Saoudiens se sont défendus de pouvoir contrôler ce flux, d'autant plus que leurs ressortissants détiennent des comptes à l'étranger, dont le gouvernement ne peut en aucune façon surveiller ni le mouvement ni l'usage.

Plusieurs millions d'Egyptiens se sont succédé en Arabie pour y travailler. Une infime minorité y a fait fortune, grâce au soutien des intégristes wahhabites eux-mêmes. Malgré l'absence de toute vie sociale en Arabie, l'impossibilité d'y voir le visage d'une femme, les conditions de travail souvent très difficiles, l'absence de toute vie culturelle, l'obligation d'avoir un tuteur qui retient le passeport du travailleur émigré depuis son arrivée jusqu'à son départ, l'impossibilité de se déplacer entre deux villes sans autorisation ; malgré tout cela, une partie de ces Egyptiens d'Arabie reste toujours attirée par ce pays et adhère aux valeurs les plus conservatrices des bédouins du désert. Les Egyptiens ont aussi été impressionés par la « technologie du pèlerinage : les transports en commun, le marbre, les voitures climatisées, l'abondance de la consommation [...] [1]. » Ibrahim Issa cite une étude statistique du chercheur Saad Addine Ibrahim, réalisée à la demande du Centre des études pour l'unité arabe. Les conclusions de l'enquête démontrent que 35,4 % des Egyptiens souhaitent se rendre en Arabie et qu'à la question : "quel est le meilleur peuple arabe ?", ils ont désigné, à l'instar de tous les autres peuples arabes, celui dont ils étaient issus, mais en mentionnant l'Arabie en deuxième position. L'étude conclut que les Egyptiens « qui se rendent dans les pays arabes reviennent en Egypte après avoir adhéré à des courants religieux étrangers à la société égyptienne ». L'influence saoudienne en Egypte s'étend à l'activité culturelle. La production cinématographique égyptienne était connue pour sa modernité et pour sa fraîcheur, souvent provocatrice. Or, depuis une quinzaine d'années, « l'analyse des films égyptiens destinés aux pays arabes, et notamment à l'Arabie, et qui sont également projetés en Egypte, montre la prédominance d'une orientation religieuse inspirée par les pratiques en Arabie qui reflètent les valeurs tribales et bédouines [2] ».

Mais la majorité des Egyptiens qui vivent en Arabie manifestent un fort mécontentement dû aux conditions de vie et de travail dans ce pays, d'autant plus que leurs salaires, confortables comparés à ceux de l'Egypte, demeurent insignifiants par rapport aux normes saoudiennes. Ils servent une société qui les rejette et les traite souvent de façon méprisante. Une étude réalisée par Abdel Latif Mahmoud, chercheur au Centre des recherches sur l'éducation au Caire, et publiée dans le n° 6 de la *Tribune d'Orient*, révèle que 56 % des enfants issus de familles dont le père est dans le Golfe se livrent à la délinquance, que 37,5 % sont confrontés à de graves conflits familiaux et que le taux d'adultère chez les femmes dont le mari est dans le Golfe s'élève à 18,8 %. L'étude conclut que l'expatrié, qui redoute

1. Ibrahim Issa, *L'Islam saoudien en Egypte*, Dar Al Chabab, Le Caire, 1993.
2. *Rose Al Youssef*, 2 mai 1993.

la délinquance de ses enfants et l'adultère de son ou de ses épouses, n'a pas de meilleur refuge dans son exil que d'adhérer à l'islam dans sa version intégriste. De retour d'Arabie, ces émigrés rapportent avec eux des cassettes sur le thème de la femme et de la culture conformes à la vision saoudienne, qui sont vendues ou généreusement distribuées par millions d'exemplaires devant les mosquées d'Arabie, favorisant l'adhésion de millions d'Egyptiens à l'intégrisme.

Pour la première fois dans l'histoire du monde arabe, les courants d'idée se déplacent dans un sens contraire à la tradition. Dans le passé, c'était l'Egypte qui « exportait » son idéologie vers les pays du Golfe. Le pétrodollar a inversé le flux des échanges intellectuels et les valeurs de la civilisation « citadine » d'Egypte ont cédé devant les valeurs « bédouines » en vigueur dans le désert saoudien.

Une diplomatie compensatrice

Afin de compenser ses échecs sur la scène intérieure, le régime égyptien mène une action tous azimuts à l'extérieur. Cette diplomatie hyper-active, comparable par son ampleur à celle de la France ou de la Grande-Bretagne, vise à conforter la légitimité du pouvoir et sa stabilité interne, et à combler ses retards socio-économiques. La diplomatie « déclarative » satisfait l'opinion publique égyptienne qui se convainc que l'Egypte est une pièce maîtresse dans le monde : *Misr, oumm el dounia,* « l'Egypte est la mère de l'Univers ». L'activisme diplomatique, qui s'apparente parfois à la gesticulation, remonte à la Révolution des Officiers libres en 1952, qui conduisit l'Egypte à soutenir activement les mouvements de libération nationale et à jouer un rôle important au sein du mouvement des non-alignés, qui affichait la volonté de trouver un équilibre entre les blocs socialiste et occidental. Il s'est accentué grâce à l'exubérance de Sadate et à son goût pour le spectaculaire et la communication internationale.

Le Caire a toujours surévalué son influence sur les pays du Moyen-Orient et de l'Afrique pour se présenter comme un acteur incontournable dans les crises qui affectent ces régions. Il valorise ce rôle en s'appuyant sur la propension de Moubarak à consacrer le plus clair de son temps aux relations internationales, sur le talent de quelques orateurs habiles, comme le ministre des Affaires étrangères Amr Moussa, et sur le soutien des médias cairotes. Toute crise qui implique un Etat arabe suscite la mobilisation diplomatique immédiate du Caire, parfois avec succès, comme lors du dénouement de la crise syro-turque d'octobre 1998. Le Caire mène une double politique étrangère : offensive pour accroître son influence et son rayonnement régional, et défensive pour se prémunir contre un islamisme qui a pris le pouvoir chez son voisin soudanais, qui menaçait le régime algérien au milieu des années 90 et qui est fortement implanté en Libye.

Après avoir hébergé sur son territoire beaucoup d'« Afghans arabes », le Soudan a été accusé, en 1995, d'avoir abrité le commando qui a tenté d'assassiner Moubarak sur la route de l'aéroport d'Addis-Abeba, à l'occasion d'un sommet de l'Organisation de l'unité africaine (OUA). En se coupant de l'Egypte et de l'Arabie, le Soudan s'est privé de précieux relais avec le camp occidental, alors qu'il a d'énormes besoins financiers et technologiques, qu'il doit impérativement satisfaire pour assurer son développement économique. La Libye, qui abrite entre 500 000 et 800 000 travailleurs égyptiens selon les saisons, se révèle un voisin imprévisible. Les dirigeants égyptiens redoutent un coup de tête de Kadhafi, qui pourrait renvoyer des centaines de milliers d'Egyptiens qui se retrouveraient alors au chômage et gonfleraient le nombre des pauvres. En raison du taux de chômage élevé et du manque de devises, l'Egypte reste hantée par le cauchemar qu'a représenté l'expulsion d'un million d'Egyptiens de l'Irak en 1990, et par celle de quelque 900 000 Yéménites d'Arabie, au lendemain de l'invasion du Koweït. Kadhafi joue sur du velours, car il est conscient que le seuil de tolérance égyptien est élevé dans la mesure où Le Caire redoute sa chute, dont la conséquence serait l'installation d'un gouvernement dominé par les Frères musulmans.

L'Egypte connaît de graves déceptions dans ses rapports avec les pays du Golfe. La « proclamation de

Damas », signée entre les six monarchies arabes du CCG (Conseil de coopération du Golfe), la Syrie et l'Egypte, au lendemain de la libération du Koweït en 1991, n'a eu aucune suite politique et économique tangible. Les six monarchies ont choisi la fiabilité de la garantie militaire américaine, sans honorer leurs promesses d'investissement dans les économies syrienne et égyptienne. L'Etat le plus proche de l'Egypte, les Emirats arabes unis, recourt systématiquement à la main-d'œuvre issue du Sud-Est asiatique, en refusant de privilégier les travailleurs égyptiens. Plus d'un million et demi d'Egyptiens sont employés dans les monarchies du CCG, dont environ un million en Arabie. Et en dépit des problèmes que connaît l'Irak, plusieurs centaines de milliers de travailleurs égyptiens y sont retournés. Ce retour massif dans un pays qui connaît un désastre économique s'explique par les capacités d'emploi très réduites de l'économie égyptienne et les rémunérations très basses dans ce pays. Plus de trois millions de familles égyptiennes vivent grâce aux ressources apportées par les expatriés, dont le montant avoisine les trois milliards de dollars par an — somme qui équivaut quasiment aux recettes du tourisme.

Mais le rôle le plus important et le plus valorisant pour le gouvernement égyptien est celui qu'il revendique dans le conflit israélo-arabe. Premier Etat du Proche-Orient à avoir reconnu Israël et signé la paix avec lui en 1979, l'Egypte veut jouer un rôle déterminant dans le rapprochement israélo-arabe, en général, et israélo-palestinien, en particulier. Le président Moubarak joue le rôle de parrain de la paix à l'égard des Palestiniens et celui d'intermédiaire auprès des Etats-Unis, afin de justifier l'aide américaine, supérieure à deux milliards de dollars par an depuis 1979. C'est pourquoi beaucoup de négociations israélo-palestiniennes se sont déroulées à Taba ou au Caire. Le sommet qui a réuni plusieurs dizaines de chefs d'Etat au lendemain de l'assassinat du premier ministre israélien Yitzhak Rabin, en novembre 1995, s'est tenu à Charm el Cheikh, en territoire égyptien. Mais en Egypte, les débats sur cette question sont marqués par la démagogie, car le camp hostile à la paix s'attaque à la normalisation avec Israël et attribue à l'Etat hébreu la responsabilité de tous les maux qui frappent l'Egypte. Israël est par exemple accusé « d'avoir volé le savoir-faire égyptien dans la production et l'exploitation du coton », ce qui expliquerait « les mauvais résultats du coton égyptien » et la coopération israélo-égypto-américaine dans le domaine agricole est vivement critiquée. La psychose du mal israélien est entretenue par la société. En juillet 1996, une information s'est répandue dans la ville de Mansoura, réputée pour la beauté de ses filles, qui incrimine un *chewing-gum* de fabrication israélienne pour ses effets aphrodisiaques. Cette accusation a été évoquée au Parlement, dans les médias et a fait l'objet de plusieurs prêches dans les mosquées. Les affirmations du ministre de la Santé, Ismaïl Salam, fondées sur les résultats d'analyses du laboratoire de son département, n'ont pu calmer les esprits. Le député de la ville a considéré que « la commercialisation de ce *chewing-gum* faisait partie d'un plan général visant à détruire la jeunesse égyptienne ». Depuis des années, une liaison quotidienne entre Le Caire et Tel-Aviv s'effectue la nuit, dans des conditions de quasi-clandestinité ; le bureau de la compagnie israélienne *El Al* est placé dans le terminal réservé aux vols intérieurs et n'ouvre qu'à mi-temps et l'avion d'*El Al* qui assure la liaison quotidienne ne porte pas l'étoile de David, ni aucune autre inscription de la compagnie israélienne.

Yasser Arafat, dans ses difficiles négociations avec le gouvernement israélien, demande systématiquement conseil aux Egyptiens. Le Caire, en s'impliquant dans les négociations, compte demeurer le parrain de la paix après en avoir été l'initiateur et le pionnier. L'Egypte, qui est le pays arabe le plus peuplé, tient une place centrale dans l'évolution des rapports israélo-arabes, grâce au siège cairote de la Ligue des Etats arabes et à son secrétaire général, l'ancien ministre égyptien des Affaires étrangères, Issmat Abdelmagide. C'est dans l'enceinte de cette organisation que se réglera théoriquement la levée du boycottage arabe d'Israël, en vigueur depuis le mois de mai 1951.

La soif de reconnaissance internationale de l'Egypte s'explique aussi par le fait que son alliance avec les Etats-Unis est contestée. Se montrer trop pro-américain nuit au gouvernement égyptien et le discrédite, au moment où Washington soutient systématiquement Israël dans son conflit avec les Palestiniens et les autres Etats arabes et maintient un cruel embargo sur l'Irak, qui étrangle le peuple irakien sans affaiblir les dirigeants de Bagdad. En outre, les intellectuels égyptiens redoutent, à terme, que les Etats-Unis se désintéressent de l'Egypte, car Le Caire n'est plus ce partenaire stratégique qu'il avait fallu arracher à tout prix à l'influence soviétique, au milieu des années 1970. La normalisation égypto-israélienne est en dents de scie et connaît parfois de sérieuses rechutes, mais elle pourrait bien se passer de l'assistance américaine pour se développer. Dans la mesure où la paix israélo-arabe demeure inachevée, Bill Clinton a confirmé les accords de « coopération stratégique » et « d'entente stratégique » signés par Moubarak avec Ronald Reagan et George Bush, mais les Etats-Unis n'inscrivent plus cette relation dans un cadre triangulaire égypto-israélo-américain ; elle prend désormais une forme bilatérale, entre Washington et chacun de ces deux alliés proche-orientaux. A terme, quand la paix sera signée avec le Liban et la Syrie et en passe d'être conclue avec les Palestiniens, l'aide américaine apportée à l'Egypte au titre de « dividendes de la paix » risque de se tarir et d'être redéployée pour récompenser les nouveaux venus pour leur option en faveur de la paix. Le rôle du Caire serait alors réduit et il perdrait son statut de partenaire privilégié, ne gardant au mieux que celui de *primus inter pares*. L'influent sénateur démocrate, Lee Hamelton, pourtant considéré comme l'un des meilleurs amis de l'Egypte au Congrès américain, a régulièrement appelé, depuis 1985, à diminuer l'aide américaine à l'Egypte et à Israël, qui monopolisent à eux deux environ 30 % de l'aide réservée aux pays étrangers, alors qu'elle est en nette diminution pour des pays comme la Turquie, membre de l'Otan, ou les Républiques ex-soviétiques.

Les droits de l'homme en Egypte sont régulièrement menacés et l'usage routinier de la torture est dénoncé par toutes les organisations internationales. Les forces de l'ordre et les tribunaux militaires confondent lutte antiterroriste et répression. La société civile est soumise à une double pression : la violence terroriste des groupes islamistes et la répression pratiquée par une administration zélée. Certains écrivains égyptiens attribuent cette dérive de l'Etat à la prépondérance des généraux dans l'administration et aux postes politiques. L'état d'urgence ouvre la voie à tous les excès, car la police agit souvent sans chercher à se justifier. L'organisation Human Rights Watch (HRW) a adressé, fin 1998, une lettre au président Moubarak dans laquelle elle exprime sa « profonde préoccupation devant la poursuite de l'usage courant de la torture par les forces de sécurité, en vue d'obtenir des informations ou d'arracher des aveux dans des affaires allant du délit de droit commun au crime politique ». La HRW souligne que les « brutalités policières sont exercées à l'encontre de tous les Egyptiens, quels que soient leur âge, leur sexe, leur religion ou leurs idées politiques ». Cette organisation note l'aggravation du mécontentement populaire face à ces brutalités et révèle qu'en avril et en août 1998 de violentes émeutes se sont produites dans le delta du Nil, après la mort sous la torture de plusieurs prévenus dans des commissariats de police. En août, dans la localité de Koch'h en Haute-Egypte, où les Coptes représentent 70 % de la population et disposent de cinq églises, quelque 1 200 villageois ont été raflés et torturés par la police. L'Organisation égyptienne des droits de l'homme (OEDH) a dénoncé les châtiments collectifs et la torture qu'ont subis les prévenus, qui ont été suspendus par les poignets comme dans des abattoirs ou soumis à des électrochocs sur l'« ensemble de leur corps, y compris sur leurs organes génitaux ». Le secrétaire général de l'OEDH, Hafez Abou Saada, a été arrêté pour divulgation de « fausses informations » avant d'être rapidement relâché, en raison du tollé qu'a suscité son incarcération. L'hebdomadaire britannique *Sunday Telegraph* a évoqué ces rafles et les persécutions de chrétiens crucifiés et violés dans les commissariats. L'OEDH a contesté l'article tout en condamnant l'attitude du gouvernement égyptien qui a gardé le silence pendant plusieurs mois et a dénoncé un

« complot étranger » — l'évêque de Sohag, Mgr Wissa, accusé de communiquer des informations à l'étranger et de porter atteinte à la paix sociale, a été momentanément détenu — avant de muter plusieurs officiers supérieurs à l'extérieur de cette province. Dans son rapport annuel, fin 1998, l'OEDH a violemment dénoncé les « accusations répétées d'appartenir à des groupes constitués en infraction à la loi, et de détenir des livres et des publications qui véhiculent leur pensée, incitent à la haine du régime et compromettent gravement la sécurité. Avec ces accusations creuses et non fondées, le tribunal militaire a arrêté, à la veille des élections législatives de 1995, 49 personnes, dont certaines personnalités publiques, députés, professeurs d'université, chercheurs, dirigeants syndicalistes, hommes d'affaires, avec pour seule charge de collaborer ensemble pour participer aux élections parlementaires ». Après la tentative de certains membres des Frères musulmans de former un parti légal, *Hizb Al Wassat*, treize de ses fondateurs ont été déférés devant le tribunal militaire et huit ont été condamnés à la prison. A la veille des élections communales de 1997, la répression s'est abattue contre les militants des Frères musulmans. L'OEDH dénonce également les descentes des « visiteurs de l'aube », qui terrorisent les familles des personnes recherchées, violent leur domicile et ne respectent aucun de leurs droits. Pourtant, les articles 42 et 57 de la Constitution égyptienne garantissent les droits de chaque citoyen à être traité convenablement. L'OEDH évoque également l'arrestation de plusieurs dizaines de militants des Frères musulmans, fin 1998, dont une partie reste détenue à la prison de Torra où ils subissent une torture systématique. L'Organisation demande vivement aux autorités égyptiennes de « garantir le droit des citoyens à la libre expression et au rassemblement pacifique [...], conformément aux termes de la Constitution et de la Convention internationale relative aux droits politiques et sociaux, ratifiée par le gouvernement égyptien ». Le Caire a également tout intérêt à surveiller son comportement à l'égard des Coptes, après que le Congrès américain a placé l'Egypte sur la liste des pays qui persécutent leurs minorités religieuses, ce qui donne au président des Etats-Unis le droit de prendre des mesures de rétorsion. Mais Washington se montre très peu exigeant à l'égard de ses amis arabes, notamment ceux du Golfe, et ferme les yeux sur leurs violations répétées des droits de l'homme.

CONCLUSION

Le XXe siècle s'est achevé sur un véritable désastre pour la mouvance islamiste radicale dans les pays arabes, qui a réduit ses chances d'accéder au pouvoir dans le court terme. Prêchant une doctrine en rupture avec le monde moderne, usant d'une violence aveugle, les islamistes divisés, manipulés par les polices politiques et diabolisés aux yeux des populations, ont perdu les batailles qu'ils avaient engagées contre les gouvernements établis, car ils ont affronté les pouvoirs autoritaires sur leur terrain privilégié : celui de la violence et de la répression. Les régimes arabes, qu'ils soient monarchiques ou « républicains » — ces derniers battent des records de longévité et tendent systématiquement à instaurer des dynasties à chaque fois qu'ils ont une descendance [1] — se défendent avec la dernière énergie, sans se soucier de leur image auprès des opinions publiques nationale, arabe ou internationale.

La première n'est jamais prise en compte dans ces « démocraties » où les présidents sont très souvent élus, réélus ou plébiscités — jusqu'à leur mort ou leur renversement — par une majorité qui frôle ou dépasse 99 % des votants [2]. Les échéances électorales, quand elles existent,

1. Les exemples sont nombreux : les présidents Assad en Syrie, Saddam Hussein en Irak, Moubarak en Egypte, Kadhafi en Libye, Saleh au Yémen.

2. Le Liban et l'Algérie font exception à cette règle. Le pays du Cèdre, occupé à 80 % par la Syrie depuis 1975 (Israël occupe 8,5 % de son territoire) voit son chef d'Etat désigné par Damas depuis 1989. Il en va de même des ministres, des officiers supérieurs, des députés, qui sont pourtant « élus »... Quant aux élections en Algérie — où deux chefs d'Etat ont été destitués et un troisième assassiné en six ans —, elles sont caractérisées par une fraude massive. Les chefs d'Etat bénéficient d'une majorité confortable, tout en entretenant l'illusion d'un vote démocratique.

ont pour vocation de légitimer les régimes discrédités et de leur donner un verni démocratique. Abdel Bari Atouane, directeur du quotidien londonien *Al-Quds Al-Arabi,* réagit à la double reconduction, sans surprise et à trois jours d'intervalle, des deux chefs d'Etat yéménite et égyptien, à l'automne 1999 : « Aucun chef d'Etat arabe ne perd les élections ou les référendums qu'il organise. [...] Sinon aucune consultation ne serait programmée. Les résultats sont arrêtés avant même les élections [1]. »

Les démocraties occidentales ont toujours opté pour ce qu'elles considèrent comme un « moindre mal » entre un pouvoir corrompu et déconsidéré qu'elles connaissent, et des « aventuriers » islamistes — même quand ceux-ci sortent vainqueurs d'un rarissime scrutin libre, comme le FIS en Algérie — qui menacent d'exporter la révolution. L'opinion publique internationale, instruite par le précédent iranien, influencée par les choix de ses gouvernants et alarmée par les opérations spectaculaires des islamistes, s'est souvent montrée compréhensive, voire complice, de la répression menée par les régimes arabes autoritaires contre les islamistes. L'exigence démocratique formulée par l'Occident s'affaiblit lorsqu'elle doit bénéficier aux mouvements islamistes, mais elle ressurgit avec vigueur pour condamner les Etats qui résistent à Washington, comme l'Irak. Aussi paradoxal que cela paraisse, l'Occident a offert, à travers la capitale britannique, un refuge aux idéologues les plus violents de l'islamisme arabe pourchassés par leurs gouvernements ; Londres est devenue incontestablement la capitale intellectuelle et le QG de la mouvance radicale islamiste, reléguant bien loin derrière elle la capitale afghane, Kaboul.

Enfin, l'opinion publique arabe est généralement réduite au silence par des gouvernements autoritaires. La société civile n'est invitée à s'exprimer que pour applaudir les pouvoirs en place. Les régimes compriment les libertés individuelles et contrôlent souvent les médias en recourant à la censure, à la répression des intellectuels, des

1. *Al-Quds Al-Arabi,* 27 septembre 1999.

artistes et des journalistes, et à la suspension des titres[1]. Ils pèsent sur le capital social des entreprises de presse et influencent la répartition discrétionnaire de la publicité. Le souci de leur image a conduit plusieurs Etats pétroliers à créer des médias en Europe, afin de s'adresser à leur opinion publique au moyen d'instruments qui échappent à la suspicion, puisqu'ils paraissent hors de leurs frontières.

Est-ce à dire pour autant que le danger islamiste soit définitivement écarté ?

Bien que nous abordons la fin d'un cycle qui débouche sur une nouvelle situation, nous sommes bien loin de conclure à la fin de l'islamisme comme idéologie politico-religieuse qui aspire à exercer le pouvoir, condamne les « déviants », prononce des exclusions, prône et exerce la violence. Compte tenu de la permanence des causes qui ont favorisé l'émergence et le développement de l'islamisme contemporain, nous assisterons dans l'avenir à de nouvelles reviviscences de ce phénomène, notamment dans des pays qui n'ont pas connu les affres de la violence ou de la guerre civile, alors que cette violence se poursuit avec une intensité variable en Algérie, là où elle a fait irruption en 1992.

Les jeunes nations arabes, dont la tradition étatique est souvent récente, ont beaucoup souffert de la colonisation. La plus sévère et la plus longue — bien qu'elle ait été longtemps tolérée puisqu'il s'agissait d'un califat islamique — a été celle des Ottomans. La durée de cette colonisation a parfois excédé quatre siècles dans certaines régions arabes. La colonisation européenne, qui est intervenue relativement tard, a également eu des conséquences négatives. Le fait qu'elle ait été exercée par des puissances de

1. Le Liban a longtemps représenté la principale exception à cette règle. En dépit de l'enlèvement et de l'assassinat de plusieurs journalistes avant la guerre et de l'occupation de son territoire depuis un quart de siècle, Beyrouth demeure la capitale arabe de l'édition et de la presse. Mais elle observe scrupuleusement les « lignes rouges » à ne pas franchir, souvent dictées par les intérêts de Damas. Historiquement, les principaux régimes arabes ont toujours financé des médias libanais dévoués à leur cause. Mais la censure qu'exercent dans les pays arabes des « procureurs islamistes zélés et autoproclamés » a sévèrement touché Beyrouth en 1999, pourtant proclamée « capitale culturelle du monde arabe ».

culture chrétienne a causé une blessure psychologique chez les peuples musulmans. Par la suite, la rhétorique qui a servi à justifier le retard pris par les Arabes sur le reste du monde a largement incriminé les Etats européens. La blessure coloniale a été d'autant plus douloureuse que le Prophète Mouhammad s'était adressé au peuple arabe en ces termes : « Vous formez la meilleure communauté créée par les hommes » (Coran, sourate III, verset 110).

Cette première blessure a été aggravée par une seconde : l'installation triomphante de l'Etat d'Israël dans ces marches du Levant considéré comme une terre d'Islam. L'humiliation a atteint son comble lorsque le petit Etat hébreu a réussi à défaire — et combien de fois ? — ses voisins arabes, avant de devenir l'unique puissance nucléaire dans la région et la superpuissance moyen-orientale. Géant économique à l'échelle régionale, Israël a exporté pour plus de 24 milliards de dollars en 1998, contre moins de 11 milliards pour ses quatre voisins arabes réunis, alors que l'Etat hébreu ne compte que 5,85 millions d'habitants, contre 88 millions pour ses voisins immédiats. Le PIB par habitant s'élève à 16 770 dollars en Israël, alors qu'il dépasse à peine 3 100 dollars pour le plus performant de ses voisins, le Liban[1]. Les islamistes, qui attribuent le succès de l'Etat hébreu au complot occidental, mais surtout au respect de la nature et de l'identité juive de l'Etat, se montrent très nostalgiques des premiers temps de l'islam. Ils rappellent les conquêtes des armées islamiques, à l'époque des *salafs* (les successeurs du Prophète) et l'avance des savants musulmans à l'aube de l'islam sur leurs homologues européens. Ils attribuent les succès de leurs ancêtres à l'application de la *Chari'a* (la loi islamique) et rejettent les pouvoirs établis qui ne la respectent pas et sont de ce fait incapables de donner à l'islam sa place et son rayonnement au sein de la communauté internationale. Après avoir envahi l'Afrique du Nord, les armées islamiques avaient franchi le détroit de Jabal Tarek (l'actuel détroit de Gibraltar) en 711, pour installer le califat

1. *Risque Pays*, *in* Rapport annuel de la Coface sur l'évaluation du risque dans 118 pays, Le Moci, Paris, 1999.

en Andalousie pendant sept siècles. On est aujourd'hui surpris de l'intensité de la phobie des Arabes à l'égard d'Israël ; ils lui imputent la responsabilité de tous leurs maux et manifestent une grande réticence à s'ouvrir sur l'Etat hébreu, de peur d'être dominés culturellement et économiquement par ce pays.

L'insatisfaction des islamistes est justifiée et légitime. Les régimes arabes, dans leur écrasante majorité, représentent aujourd'hui l'un des derniers bastions de la dictature dans le monde. Les Etats islamiques, en général, et arabes, en particulier, ont pris un retard considérable sur le monde moderne : 65 millions d'Arabes abordent le troisième millénaire en étant analphabètes (soit environ le quart de la population totale) ; le chômage atteint officiellement 14 % de la population active [1] (il est sans doute supérieur au double du taux annoncé) ; le nombre d'Arabes qui vivent sous le seuil de pauvreté (moins d'un dollar par jour) est estimé à 70 millions de personnes par une agence de l'ONU ; le nombre de réfugiés arabes les place au premier rang des réfugiés au monde ; le système éducatif est si archaïque qu'il exclut les enseignements scientifiques adaptés aux filières technologiques, au profit de l'enseignement religieux ; les trois prix Nobel, dans les domaines scientifiques, qui appartiennent à l'islam (un Pakistanais en 1979, un Albanais en 1998 et un Egyptien en 1999, si l'on exclut deux Libanais chrétiens) ont effectué leurs recherches dans des laboratoires en Occident et au profit de leur nationalité d'adoption ; le nombre de biens de consommation fabriqués par les Arabes est dérisoire [2] et ils sont souvent contraints d'importer l'essentiel de leurs besoins alimentaires. Dans la mesure où la croissance démographique est totalement incontrôlée — le

1. Selon le directeur général de l'Organisation arabe du travail, Ibrahim Kouaïder, *Al-Hayat*, 15 août 1999.

2. Le prince Khaled Bin Soultan, le neveu du roi Fahd d'Arabie, s'est publiquement interrogé (le 30 novembre 1999), lors du congrès annuel du groupe de presse qu'il dirige, sur « les réalisations des Arabes tout au long de ce siècle. Où sommes-nous sur l'échiquier du monde ? [...] Qu'avons-nous fait pour rattraper le train qui avance à toute vitesse, sans attendre les retardataires ? Allons-nous rester des wagons tractés ou bien jouerons-nous un jour le rôle de locomotive ? [...] Celui qui opte pour le repli payera cher son retard et son isolationnisme ».

nombre des Arabes passera de 275 millions à la fin du XXe siècle à 360 millions en 2010 et à 500 millions en 2025 — les perspectives économiques sont loin d'être prometteuses [1]. La croissance économique, souvent médiocre, est bien inférieure à 7 % par an — taux nécessaire pour accompagner l'explosion démographique et satisfaire les besoins élémentaires de la population. En outre, les pays arabes n'attirent que 1 % des centaines de milliards de dollars d'investissements internationaux à la recherche de nouvelles opportunités, dont le montant devrait dépasser 1 300 milliards de dollars en l'an 2000. Le grave manque de liberté, l'environnement politique, juridique, bureaucratique et fiscal inadéquat, et les infrastructures défectueuses constituent les obstacles majeurs qui découragent les entrepreneurs internationaux. Selon une étude de la Banque mondiale, citée par l'économiste Henri Azzam, les chefs d'entreprise arabes consacrent environ 30 % de leur temps à résoudre les problèmes qui surviennent avec l'administration gouvernementale.

Un chiffre traduit cruellement le désespoir des peuples arabes : en 1998, un millier de candidats à l'émigration clandestine ont péri en franchissant le détroit de Gibraltar. Le ministère marocain de l'Intérieur assure qu'il a arrêté 17 000 clandestins qui cherchaient à effectuer leur *aliah* (montée) vers l'Europe promise, alors que Madrid estime le nombre de ceux qui tentent de s'introduire clandestinement dans le pays à 30 000 Nord-Africains par an. Si l'Occident devait ouvrir la porte à l'émigration, combien de jeunes Arabes resteraient dans leurs pays d'origine, au sud et à l'est de la Méditerranée ? L'hémorragie toucherait d'abord les cadres éduqués, dont la présence est nécessaire au progrès de leurs sociétés d'origine. En août 1998, sur les deux cents jeunes Marocains, majoritairement issus des partis de la coalition au pouvoir, qui ont participé au Festival international de la jeunesse réuni au Portugal, une petite trentaine seulement est revenue au pays. Les autres

1. Selon les experts de l'ONU, la croissance démographique des pays arabes est supérieure à 3,6 % par an, à l'exception du Liban et de la Tunisie (moins de 2 %) et de l'Egypte qui a réussi à contenir son explosion démographique. *Al-Wassat*, 20 décembre 1999.

se sont « évaporés » en Europe, à la recherche d'un travail, fût-il clandestin. Jamais l'URSS déclinant n'avait connu un tel taux de désertion.

Plus grave encore, l'inhospitalité à l'égard des investissements internationaux provoque la fuite des capitaux arabes, qui émigrent vers des contrées plus accueillantes. En 1999, alors que l'endettement de ces pays s'élève à plus de 225 milliards de dollars, les avoirs de leurs ressortissants placés à l'étranger sont estimés à 800 milliards de dollars. Car le capital déteste les incertitudes, les zones de turbulence politique, la bureaucratie, l'espionnite aiguë des Etats autoritaires, le manque de transparence, l'omnipotence des pouvoirs, le harcèlement administratif...

La frustration est également alimentée par le fait que le sous-sol arabe renferme plus de 60 % des réserves avérées de pétrole brut dans le monde, sans que les Arabes ne parviennent à déterminer son prix, ni à se servir de cette richesse comme d'une arme politique [1]. Et l'armée américaine campe depuis 1990 dans les monarchies du Golfe qui détiennent les principales ressources en pétrole dans le monde.

En dépit des dépenses colossales qui sont affectées à la défense et à la sécurité — supérieures à 30 % des budgets arabes —, les armées de ces pays ont rarement démontré leur efficacité au combat, alors que leurs redoutables polices politiques maintiennent un ordre souvent stalinien, et ne reculent devant aucune pratique : internement sans jugement des opposants et des militants des droits de l'homme — ils sont 45 000 prisonniers d'opinion au minimum, selon Me Patrick Baudouin, le président de la Fédération internationale des Ligues des droits de l'homme (FIDH) [2] — procès fabriqués de toutes pièces, multiplication des tribunaux militaires ou de sécurité de l'Etat, exé-

1. L'embargo pétrolier décrété par les producteurs arabes, lors de la guerre israélo-arabe de 1973, a provoqué le premier choc pétrolier et la montée vertigineuse des prix de l'or noir. Mais depuis cette date, cette arme politique leur a totalement échappé et de nouvelles découvertes, réalisées sur les cinq continents, ont largement réduit leur part de brut sur le marché international.

2. Compte rendu de la conférence des défenseurs des droits de l'homme dans les pays arabes en 1996.

cutions extrajudiciaires... Par leurs pratiques, les régimes arabes, qu'ils appartiennent à des partis islamiques ou à des formations hostiles à cette mouvance, se posent en champions du non-respect des droits de leurs citoyens.

Enfin, les islamistes souffrent de l'absence de solidarité entre les différents Etats arabes, qui a volé en éclats après l'invasion du Koweït par l'Irak en 1990. Aujourd'hui, plus que jamais, la politique arabe se fait à Washington. Et malgré les cent trente-deux accords interarabes sur les échanges bilatéraux, seulement 7 % du commerce global arabe s'effectue entre ces pays. Les ressortissants arabes rencontrent souvent plus de difficultés pour obtenir un visa pour un pays « frère » que pour un pays non arabe, tant la suspicion est grande dans des Etats où les services secrets tiennent les commandes. Et les régimes arabes, tout en réprimant sévèrement leurs propres islamistes, hébergent et financent ceux des autres pays arabes avec lesquels ils sont en conflit.

Cette crise multiforme, à laquelle s'ajoute l'inconscience des gouvernements, et la courbe démographique (environ 55 % des Arabes sont âgés de moins de vingt ans), favorisent « l'émigration » des jeunes vers les mouvements radicaux qui ont prospéré à l'abri des mosquées et ont promis le changement.

Les musulmans en général et les islamistes en particulier, s'ils s'accordent à dresser un constat d'échec de la situation de leurs pays, divergent sur le remède à prescrire. Privées d'un clergé unificateur, leurs doctrines, à l'image de leurs courants, foisonnent et diffèrent d'un pays à l'autre, et sont loin de former une « internationale ». Et il existe d'importants désaccords à l'intérieur même de chaque mouvance. Les « Afghans arabes », aux ordres de leur chef, le dissident saoudien Oussama Bin Laden, représentent la notable exception à cette règle.

L'éclatement du courant islamiste favorise son échec, face à la répression des Etats. Les Frères musulmans — l'organisation islamique la plus ancienne et la plus structurée — n'ont pas su renouveler leurs élites et ont perdu le monopole de la « normalité » islamique, ouvrant la voie à la vague islamiste contestataire.

Devant ce sombre tableau du monde arabe, où une dizaine d'Etats vivent sans discontinuer depuis trente ou quarante ans sous le régime très commode de l'« état d'urgence », on ne peut que souscrire au constat de l'écrivain égyptien, Mouhammad Hassanaïn Haïkal : « Les Arabes fortunés ont émigré en Occident et les pauvres vers les mosquées[1]. » Car ces lieux de rassemblement et de prière sont le seul espace qui tolère une relative liberté d'expression et de contestation des régimes. Les partis politiques sont souvent interdits, à l'exception du parti au pouvoir et des formations satellites tenues en sous-main par les services secrets, pour donner l'illusion du multipartisme. Plus de dix ans après l'effondrement du mur de Berlin, l'imitation du modèle soviétique de dictature « progressiste » par les régimes arabes « républicains » survit à la disparition de son idéal déconsidéré. Après la défaite du nationalisme arabe et de son corollaire, le socialisme, le dernier espoir s'est reporté sur la seule idéologie authentiquement arabe : celle de l'islam.

Mais s'ils accédaient un jour au pouvoir par la voie des urnes, les islamistes ne se comporteraient pas différemment des régimes qu'ils combattent et tourneraient, sans nul doute, la page d'une éventuelle alternance, car celle-ci profiterait aux « mécréants » qui s'écartent de l'application intégrale de la *Chari'a*. Dans leur ensemble, les mouvements islamistes — qui prônent l'application de la loi divine (« l'islam est la solution »), au détriment de celles qui sont élaborées par les hommes — ne peuvent promouvoir les valeurs de la démocratie, puisque celle-ci accorde aux hommes le soin de légiférer et, éventuellement, de contredire les lois du Prophète. Le même sort serait réservé aux droits de l'homme puisque le statut des « minorités », comme celui de la femme, du chrétien et du juif, est clairement défini par le Coran et la *Sounna*. La doctrine des islamistes, qui se résume vaguement à l'application de la loi islamique interprétée par leur soin, ainsi que leurs pratiques semblent peu compatibles avec les règles de la démocratie et du respect des droits de l'homme. Tant

1. Entretien avec l'auteur

que l'islam sera dominé par des oulémas qui prônent une interprétation littérale des textes sacrés, les valeurs universelles défendues par l'Occident s'arrêteront aux portes des Etats islamiques. Or, les musulmans éclairés qui veulent adapter le contenu de l'islam authentique aux exigences de l'époque moderne, comme le professeur Nasr Hamed Abou Zeïd, sont les victimes d'un terrorisme qui les contraint à l'exil ou les réduit au silence. Pour les islamistes, les valeurs de l'Occident sont relatives puisqu'elles sont conçues par les hommes, alors que les leurs sont absolues, puisqu'elles ont été dictées par le Prophète.

L'expérience islamiste du tandem Tourabi-Bachir, qui a pris le pouvoir au Soudan à la faveur d'un coup d'Etat en 1989, et qui s'est achevée dix ans plus tard par un deuxième coup d'Etat, sans effusion de sang, mené par le général Al-Bachir contre l'idéologue Tourabi, n'a pas laissé un souvenir impérissable dans la mémoire du peuple soudanais. L'islamisme dans sa version soudanaise n'a pas réussi à instaurer un modèle viable de développement économico-social « islamique » ; les problèmes du pays n'ont fait que s'aggraver : les libertés se sont réduites, la pauvreté reste très élevée, la guerre et la famine se poursuivent dans le Sud. En revanche, l'évolution de la situation iranienne se révèle prometteuse puisqu'il s'agit d'un processus de libéralisation qui est né au sein même de la mollarchie khomeinyste et se développe au cœur du système. La société civile a joué le rôle d'arbitre en soutenant les islamistes éclairés et modernistes du président Khatami contre les conservateurs en leur permettant de remporter les élections. Le président iranien effectue une lecture du Coran adaptée aux exigences de notre temps et élève les valeurs de liberté et de modernité à un rang fondateur. Le reflux idéologique de l'islamisme pionnier en Iran donne le signal de la retraite générale.

Les islamistes incarnent incontestablement une volonté de changement, qui est à la mesure des frustrations et des malaises ressentis par la société. Face à cette situation, ils hésitent entre deux voies : d'une part, celle qui se tourne vers le passé et prône le retour aux pratiques et aux valeurs qui prévalaient à l époque du Prophète et de ses premiers successeurs ; de l'autre, celle qui regarde vers l'avenir et préconise de résoudre la crise multiforme qui frappe les sociétés islamiques en rattrapant la modernité avec les moyens adaptés. Le premier courant est majoritairement sunnite et arabe. Il exerce un « terrorisme intellectuel à géométrie variable » contre les élites qui plaident pour une approche moderniste de l'islam. Le second prend souvent ses racines et son essor auprès des chiites en Iran. Il nous paraît plus probable que la renaissance des sociétés islamiques se fasse en appliquant la méthode préconisée par les modernistes : engager un mouvement tourné vers l'avenir en profitant de l'expérience de l'Occident, au lieu de se réfugier dans un repli isolationniste en magnifiant un passé très lointain. Pour qu'un véritable dialogue s'engage entre ces deux civilisations, il faudra attendre que les intellectuels islamiques éclairés parviennent à libérer l'islam de la tutelle qui pèse sur lui, ouvrant ainsi la voie à un partenariat entre deux puissances démographiquement égales, mais dont les réalisations dans d'innombrables domaines souffrent d'immenses inégalités.

Plusieurs expériences en la matière pourraient inspirer les Etats arabes, à commencer par celle qui a permis à la Malaisie, ce pays musulman d'Asie de 22 millions d'habitants, de décoller économiquement en moins de vingt ans, alors qu'il ne dispose pas d'importantes ressources naturelles. Entre 1993 et 1999, ce pays a énormément développé ses exportations, qui sont passées de 46 à 80 milliards de dollars[1]. Les « dragons » du Sud-Est asiatique ont réussi un développement économique spectaculaire que plus d'un Etat arabe envie, sans pour autant adopter la démocratie. La percée asiatique s'explique par le fait que les Etats en question ne se sont pas embarrassés de considérations idéologiques ; ils se sont fixé pour objectif d'accéder au progrès, quelle que soit la nature du modèle à imiter et ont investi dans les filières scientifiques et technologiques, sans chercher à rejeter leurs échecs passés sur de « fantomatiques obstacles venus de l'étranger [...] ».

---

1. *Risque Pays, in* Rapport annuel de la Coface.

Les musulmans sont tiraillés entre trois forces : celle du *statu quo* incarné par les pouvoirs établis, souvent autoritaires, dont le seul souci est de durer ; celle des différents courants islamistes, nostalgiques d'une grandeur déchue ; enfin, l'appel de la modernité qui leur parvient par le biais de la technologie occidentale, à savoir Internet et les émissions télévisées captées grâce aux paraboles qui fleurissent sur les toits arabes. Sur les 120 millions de foyers raccordés pour l'ensemble de la planète, seuls 500 000 Arabes (sur 275 millions de personnes) sont abonnés au réseau des réseaux, tout en étant soumis à une sévère censure par leurs gouvernements respectifs, contre autant d'abonnés pour le seul Israël. Mais la demande de raccordement à Internet ne cesse d'augmenter ; en juin 1999, ce média a même fait son apparition dans la deuxième ville sainte de l'islam, Médine, où les non-musulmans sont interdits de passage et de séjour ; il a été installé dans un café, situé en face de la Grande Mosquée où est enterré le Prophète. Récemment autorisé en Arabie Saoudite, Internet, bien qu'il soit soumis à la censure, est devenu le premier lieu de la libre expression, lors des « salons » qui se tiennent le soir. Il a eu un tel succès que les utilisateurs ont fait grève pour contraindre les autorités à baisser le tarif des connexions. Les autorités publiques s'inquiètent à l'idée que leurs ressortissants puissent communiquer entre eux ou avec l'étranger, sans pouvoir contrôler tous leurs messages. Prenant prétexte de son conflit avec Israël, la Syrie a empêché l'introduction de cet instrument de communication jugé « potentiellement subversif », à l'exception de quelques privilégiés, et la Tunisie du président Ben Ali impose une autorisation préalable pour le raccordement à Internet et prévient les utilisateurs qu'ils sont soumis à la censure[1]. En réalité, les gouvernements arabes redoutent moins l'influence de l'Occident sur leurs populations que celle des réseaux islamistes qui ont créé leurs propres sites et ont fortement marqué de leur présence cet incontournable média, alors

1. Selon Volker Pertes, chercheur allemand à la Fondation *Stiftung wissenschaft und politik*, spécialiste du monde arabe.

qu'aucun autre courant intellectuel arabe ne s'est organisé pour faire face au quasi-monopole islamiste, qui bénéficie du soutien financier de généreux donateurs du Golfe.

Un autre facteur de progrès réside dans l'éducation de la femme et sa prise de conscience des exigences du monde moderne, même dans les sociétés arabes les plus fermées, comme l'Arabie. Car il est impossible de donner aux femmes l'accès à l'enseignement supérieur et de leur laisser découvrir, grâce aux paraboles et aux voyages en Occident, la condition de leurs semblables à travers le monde, tout en les traitant socialement et juridiquement comme des mineures à vie. L'appel du progrès et la soif croissante de liberté sont si forts qu'ils ont secoué les traditions ancestrales saoudiennes. Beaucoup de femmes revendiquent désormais un statut « moderne », compatible avec leur désir d'exercer une profession et d'avoir une perspective de carrière. En outre, il n'est pas concevable de faire cohabiter indéfiniment la modernité en matière de connaissance et de mode de consommation avec l'ultra-conservatisme social. Dès 1997, l'épouse du gouverneur de Dubaï dans les Emirats arabes unis, Bouchra Bint Mouhammad, a bravé les interdits en apparaissant publiquement tête nue et visage découvert. En 1999, l'émir du Qatar, cheikh Hamad Bin Khalifa Al-Thani, a accordé à la femme le droit de vote et d'éligibilité. Mais une régression s'est produite dans l'un des émirats du Golfe, le Koweït, lorsque le seul Parlement démocratiquement élu au sein de ces monarchies a rejeté, en décembre 1999, le projet de loi qui accordait aux femmes leurs droits politiques. Les députés islamistes et conservateurs ont lourdement pesé sur l'issue de ce vote [1]. Deux femmes, Leila Osman et Aliah Chouaïb, mènent dans ce pays un combat courageux contre les islamistes qui les harcèlent et leur refusent toute liberté d'expression. A terme, la confrontation semble inévitable entre les forces de progrès et les forces conservatrices, pour définir la place de la femme dans la société. Sur cette question, les islamistes sont plus tributaires des

1. Au Koweït, au Liban, au Yémen, en Algérie, au Maroc et en Jordanie, les islamistes disposent de formations politiques reconnues par les gouvernements.

traditions de leurs pays respectifs qu'ils ne sont attachés à une ligne doctrinale uniforme, même si, dans le Coran, le rôle de la femme au foyer, sa tenue vestimentaire et ses relations de subordination à l'égard de son tuteur (père, frère ou mari) sont clairement définis et laissent peu de place à l'interprétation des oulémas. Ainsi, le rôle social des élites féminines dans les sociétés du Proche-Orient et en Afrique du Nord est beaucoup plus reconnu que dans les pays du Golfe. Les femmes s'en trouvent évidemment plus émancipées et participent davantage à la vie de la société.

En l'espace d'une génération, le monde arabe s'est détaché de certaines pratiques culturelles empruntées à l'Occident et s'est attaché à observer ses propres valeurs. Dans les années 70, les mœurs sociales n'étaient que faiblement empreintes de marques de dévotion individuelle ; l'activité culturelle inspirée de l'islam ou conforme à ses enseignements était quasiment absente, de même que les partis islamistes engagés. Au fil des ans, et notamment au lendemain de la Révolution khomeinyste et de l'invasion de l'Afghanistan, nous avons assisté à l'émergence des *Hezbollahs* et autres partis islamistes dans tous les pays arabes, à l'apparition d'une littérature islamiste, à l'observation de tout ou partie de la loi islamique dans les Etats arabes, au retour en force du foulard islamique qui a également touché les communautés musulmanes émigrées en Occident, à la disparition progressive des débits de boisson dans ces pays... La Grande Mosquée de La Mecque, dont la surface a été décuplée à la suite de travaux d'agrandissement, est prise d'assaut pendant le mois de Ramadan, durant lequel elle abrite jusqu'à deux millions de pèlerins pour la prière du soir (*taraouihs*). Cette ferveur, qui est l'expression socioculturelle d'une identité islamique, tient à marquer son opposition à la société occidentale et se maintient en dépit de l'échec de l'islamisme militant à vocation politique. Les islamistes ont progressivement réussi à dicter aux sociétés arabes certaines de leurs « normes de la conduite islamique agréée ».

Les chercheurs s'accordent la plupart du temps sur le diagnostic qu'ils font de l'état général des pays arabes, mais divergent souvent en ce qui concerne l'évolution du mouvement de contestation islamiste ; ainsi, l'Américain Graham Fuller, ancien responsable des « prévisions long terme » à la CIA entre 1982 et 1987, a dressé un constat très pessimiste de l'avenir des régimes arabes et a annoncé, en 1996, le proche effondrement du pouvoir algérien et l'accession des islamistes au pouvoir [1], puis, un an plus tard, celui de la monarchie saoudienne. Il s'est lourdement trompé, car il n'a pas suffisamment pris en compte la capacité des régimes à résister. Ceux-ci ne sont nullement représentatifs de leurs peuples ; appuyés sur leurs clans respectifs, qu'ils impliquent volontairement dans la corruption pour instaurer une solidarité clanique face aux menaces extérieures, et sur les forces de l'ordre, ils ne reculent devant aucune pratique et répriment sans états d'âme les opposants. Les seuls cas où l'islamisme a remporté d'incontestables succès sont ceux où il a bénéficié du franc soutien des régimes, comme le wahhabisme en Arabie et le *Hezbollah* au Liban. Le succès de cette organisation est dû au fait que le Parti de Dieu — qui a sacrifié des centaines de combattants, dont le propre fils du secrétaire général du parti — a servi d'instrument dans la stratégie de la Syrie et de l'Iran et a bénéficié du soutien déterminant de ces deux Etats dans leur lutte contre l'armée israélienne. Dans cette perspective, la Syrie a obligé le gouvernement libanais à considérer le *Hezbollah* comme étant l'incarnation de la « résistance » face à l'occupation israélienne du Sud. La Syrie a doté cette milice, directement ou par le biais de l'Iran, des armes nécessaires pour harceler les forces d'occupation. Elle a bénéficié d'une liberté de mobilisation, de recrutement, d'action militaire et sécuritaire dans le cadre bien défini des intérêts de ses parrains étatiques. Mais le jour où Damas signera la paix avec Israël, le *Hezbollah* n'aura d'autre choix que de déposer les armes et de rentrer dans le rang. Faute de quoi, il implosera par le biais des agents syriens qui sont déjà implantés dans ses structures politiques et militaires. Les récalcitrants connaîtront une impitoyable répression.

A ce jour, les régimes arabes ont affiné leur stratégie

1. Graham F. Fuller, chercheur à la Rand Corporation, a réalisé en 1996 une étude pour le compte du Pentagone intitulée : « Algeria, the next Fundamentalist State ? »

de « bunkérisation ». La sécurité des chefs d'Etat et celle des gouvernements sont très bien assurées. Les coups d'Etat ne sont plus une tâche aisée, comme dans les années 60. Les officiers, notamment islamistes, sont étroitement surveillés ; leurs promotions sont freinées et ils restent confinés à des fonctions subalternes. Les mouvements islamistes se trouvent donc dans une impasse, car ils ne peuvent accéder au pouvoir ni par les urnes ni par les armes. D'où les irruptions de violence, plus ou moins graves, qui ponctuent l'actualité internationale et font figurer ces mouvements en bonne place dans la rubrique du terrorisme.

Une seule organisation islamiste échappe encore au contrôle des Etats, qu'ils soient arabes ou occidentaux : celle d'*Al-Ka'ida,* dirigée par le milliardaire saoudien Oussama Bin Laden depuis son sanctuaire afghan. Cette organisation transnationale, très déterminée dans son combat contre l'Occident, pourrait abriter des armes de destruction massive. Toutes les tentatives qui ont été menées pour capturer ou éliminer son fondateur ont échoué. Mais ce *Che Guevara de l'islam* sait qu'il est recherché par de nombreux Etats : les Etats-Unis, la Russie, la France, la Grande-Bretagne, mais aussi l'Arabie Saoudite et l'Egypte, et il mesure combien ses chances sont minces d'échapper à la poursuite dont il fait l'objet. Son éventuelle élimination fera-t-elle disparaître la « nouvelle génération » de la violence islamiste, ou conduira-t-elle au contraire à forger le mythe d'un nouveau martyr, dont le souvenir inspirera d'autres *Che Guevara de l'islam ?* Car Bin Laden n'est que le porte-parole d'un puissant courant qui s'appuie sur une doctrine fortement enracinée dans la culture islamique et soutenue par le « Vatican wahhabite » d'Arabie.

Les peuples musulmans abordent le XXIe siècle dans un climat de malaise et de violence, et avec un sentiment d'humiliation. Ils sont à la recherche de leur identité, s'interrogent sur leur rôle et leur place dans le monde, et veulent participer à la marche du monde, en refusant de rester à la traîne des grandes civilisations. Mais ils devront encore affronter de nombreuses épreuves, avant de parvenir à restaurer leur identité, à s'émanciper sur le plan culturel et à emprunter la voie du progrès technologique. Après la faillite de l'islamisme violent des années 90, et devant l'incurie des régimes, une relève islamiste, dont on ne connaît pas encore les contours, prendra, à n'en pas douter, le relais de la vague qui vient de s'abattre.

INDEX

TABLE DES MATIÈRES

Cet ouvrage a été composé par Nord Compo

Impression réalisée sur CAMERON par
BRODARD ET TAUPIN
La Flèche

pour le compte des Éditions Hachette Littératures
en octobre 2001

Imprimé en France
Dépôt légal : 20317, octobre 2001
N° d'impression : 9677
ISBN : 2-01-235272-3
23-5272-2